Danaan Parry · Krieger des Herzens

»Seien Sie gewarnt.
Wie Danaans Workshops und Projekte ist auch
dieses Buch weise und wirkungsvoll.
Es könnte unter Umständen Ihr Leben verändern.«
ROBERT GILMAN

Danaan Parry

KRIEGER DES HERZENS

Eine Schulung
zur friedlichen Konfliktlösung

Verlag Alf Lüchow

Titel der amerikanischen Ausgabe:
WARRIORS OF THE HEART by Danaan Parry
© Copyright 1989 by Danaan Parry
Original English language edition published by
Sunstone Publications, Cooperstown, U.S.A.

Aus dem Amerikanischen übersetzt von
Tatjana Kruse, Stuttgart

Die Deutsche Bibliothek – CIP-Einheitsaufnahme

Parry, Danaan:
Krieger des Herzens : eine Schulung zur friedlichen Konflikt-
lösung / Danaan Parry. [Aus dem Amerikan. übers. von Tatjana
Kruse]. – 2. Aufl. – Freiburg i. Br. : Lüchow, 1995
    Einheitssacht.: Warriors of the heart <dt.>
    ISBN 3-925898-16-6

2. Auflage 1995
© Copyright der deutschen Ausgabe 1991
by Verlag Alf Lüchow, Freiburg i. Br.
Alle Rechte vorbehalten

Umschlaggestaltung: Christian Gusewski, CH–Rünenberg
Satz: Fotosetzerei G. Scheydecker, Freiburg i. Br.
Druck und Bindung: Freiburger Graphische Betriebe
Gedruckt in Deutschland
ISBN 3-925898-16-6

Danksagungen

Vielen Dank an –

* *Happi McQuirk, die nicht nur tippen und redigieren kann, sondern – im Gegensatz zu mir – auch buchstabieren.*

* *Roger Day, der es wundersamerweise fertigbringt, daß Computer miteinander reden.*

* *alle Menschen im Earthsteward Network*

* *die über hundert Menschen, die verrückt genug waren, mit mir in unbekannte, ungeheure Plätze auf diesem Planeten und in uns selbst zu folgen.*

* *Agnes Marie Murray Parry, die mir sagte, daß ich es tun könne.*

* *Lori, meine Verlegerin, Herausgeberin und Schwester-Kriegerin*

Inhaltsverzeichnis

Vorwort

Vertrauen ...
Den meisten Menschen begegnet Danaan zuerst als Lehrer. Ich begegnete ihm zuerst als Tourist. Wir waren zusammen in Leningrad. Meine ersten Erfahrungen der Eremitage und von St. Isaak machte ich mit ihm. Der Gegensatz war eindrucksvoll – die reiche Einfachheit von Danaan und die überladene Komplexität der Kathedrale und des Museums. Und doch, die erstaunliche Schönheit von Lapislazuli und Malachit, die Tausenden von Arbeitsstunden des Herausklopfens und Polierens, erinnerten an Danaan. Sein Polieren ist innerlich. Die Herrlichkeit leuchtet in der Kathedrale seines Herzens und seines Geistes; er beherrscht die Kunst, die kommunikative Verbindung zwischen allen Fühlern seines Seins völlig rein zu halten.

Mir war klar, daß ich einen Mann gefunden hatte, dem ich vertrauen konnte.

Unsere Wege kreuzen sich nicht oft. Ich neige dazu, nervös und hyperaktiv zu sein, um die Welt zu eilen, externe Dinge zu organisieren – Angst vor dem Versuch zu haben, mich selbst zu organisieren. Mir fehlt die entspannte Bewußtheit, die Danaan ausstrahlt. Dennoch sind wir vom gleichen Fach: der Diplomatie der Bürger, der Harmonie zwischen den Menschen, des Verwaltens der Erde und des Befähigens junger Menschen, für dieses Verwalten die Verantwortung zu übernehmen. Es geschieht schon eine Menge Verrücktes in unserem Fach, das es schwer macht, in Frieden mit sich selbst oder anderen zu leben. Konflikte gibt es zuhauf, ebenso Eifersüchteleien und oft das niederschmetternde Gefühl des Versagens oder der Unfähigkeit des Versagens. Ich gehe schlecht damit um.

Danaan zu kennen, hat mir geholfen. Seine starke Ruhe zeigt, daß alles irgendwie so sein soll. Um überhaupt Frieden zu finden, müssen wir durch die Agonie. Danaan sagt, daß »das Auge des Sturms der einzig sichere Platz ist, den es gibt«. Ich nahm im Mai an seinem Workshop teil; ich wußte, daß mein Herz und mein Geist Zeit brauchten nach 40 Jahren in diesem Geschäft. Mein Vertrauen in ihn wuchs. Ebenso mein Vertrauen in mich selbst. Es war ungewöhnlich, in einem Raum zu sein, der voll war von Leuten mit den erschreckendsten Problemen – Scheidung, Familienprobleme und persönlichen Krisen, die mit der Geburt begannen und seitdem nie aufhörten. Und doch standen am Ende des Workshops alle auf und bestätigten mit zitternder Intensität: »Ich bin eine große Persönlichkeit. Ich bin unglaublich mächtig!«

Als ich aufstand, sprach ich über meine Zweifel an meiner eigenen Kraft. Typisch britische Bescheidenheit – ich hielt das für eine ziemlich reizvolle Eigenschaft. Falsch! Danaan bat uns, einen Brief an uns selbst zu schreiben. Ich schrieb: »Meine Kraft ärgert sich über mich! Wie kann ich es wagen, an dieser Kraft zu zweifeln! Ich muß aufhören, mich für unzulänglich zu halten. Laß es zu, daß sich Deine Kraft wirklich ausdrückt. Ich liebe dich so sehr. Erinnere dich daran ...«

Letzte Woche erhielt ich diesen Brief – gerade als ich ein gewaltiges Friedenskonzert bei den Vereinten Nationen auf die Beine stellen sollte. Ich war verängstigt. Aus heiterem Himmel traf der Brief ein und stellte meinen Glauben an mich wieder völlig her. Genau das wird dieses Buch für Sie tun. Es wird Sie zu jenem machtvollen Teil Ihres Selbst zurückführen, wo Ihre Zweifel und Bescheidenheit verschwinden – wo Sie Ihr wahres, mächtiges Selbst – einer Kathedrale gleich – sein können. Vertrauen Sie ihm.

In jeder Zeile dieses Buches spürt man Danaans Suche nach Integrität. Und doch: indem man das Vertrauen akzeptiert, akzeptiert man auch den Betrug – den Petrus-Betrug, Betrug durch Angst oder Unzulänglichkeit, der in stärkendem Vertrauen endet. Nicht den Judas-Betrug, der in Selbstmord endet. In diesem Buch mögen Dinge enthalten sein, die Ihnen nicht helfen. Das sollte Ihr Vertrauen nicht brechen. Wir alle machen Fehler – wir alle deuten manches falsch. Selbst Danaan.

Das sollte unser Sich-Einlassen stärken. Denn in Danaans perfekter Metapher des Trapezes, lassen wir das erste Trapez los im sicheren Glauben, daß wir das Trapez, das auf uns zufliegt, zu fassen bekommen. Aber was, wenn nicht?? Diese Frage dürfen Sie stellen. Danaans Antwort lautet, daß Sie die noch erstaunlichere Wirklichkeit des »Fliegen lernens« erfahren werden. Glauben Sie es!

David Woollcombe

David ist der Gründer und leitende Direktor der Peace Child Foundation, die junge Menschen aus den USA, der UdSSR, Großbritannien, Costa Rica, Nicaragua und anderen Ländern in Hunderten von Aufführungen des Stückes »Peace Child« in der ganzen Welt zusammengebracht hat.

Krieger des Herzens

Dieses Buch ist für jede Frau und jeden Mann geschrieben, die bereit sind, die Verantwortung für ihren Teil an dem leidenschaftlichen, positiven Wechsel zu übernehmen, der gerade unseren Planeten verändert.

Da ich die Macht habe
So muß ich auch den Mut haben
Laß es über die Erde strahlen
Russ

Dieses Buch handelt von Ihnen – von dem Menschen, der Sie sein könnten, von dem Menschen, der das unerklärliche Gefühl hat, daß er für mehr bestimmt ist, daß sein Leben ein größeres Ziel hat.

Diese praktische Anleitung wurde auch für diejenigen geschrieben, die wissen (vielleicht nicht verstehen, aber wissen), daß sie Teil einer ganz neuen Sache sein wollen, einer Sache, die unsere Spezies vom Rand der Zerstörung zur Schwelle eines völlig neuen Konzepts menschlicher Beziehungen bringen könnte.

Unser Planet ruft Männern und Frauen zu, ihre Macht in Besitz zu nehmen und positive Vertreter dieses friedlichen Wechsels zu sein. Dieses Buch handelt davon, wie Sie lernen können, genau dies zu tun.

Der Krieger des Herzens ist jemand, der einen Unterschied macht, der sein Leben auf positive Weise anders lebt. Das kann in einem abgelegenen Dorf geschehen oder im internationalen Fernsehen. Vielleicht erfährt niemand davon außer Ihnen und Ihren Kindern, oder Ihnen und dem Gemeinderat, oder aber es sind Tausende daran beteiligt – darauf kommt es nicht an.

Worauf es ankommt, ist die Tatsache, daß die Welt ein besserer Ort zum Leben wird und die bewußte Evolution unserer Spezies um eine weitere Stufe vorankommt, einfach, weil Krieger des Herzens den Mut haben und den festen Willen, gemäß dem zu leben, was er oder sie glaubt.

Dieses Potential für einen bewußten, positiven Wechsel ist in jedem von uns gegenwärtig und lebendig. Bei den meisten liegt dieses

Potential nach Jahren der Konditionierung mit Aussagen wie »Kümmere dich um deine eigenen Angelegenheiten«, »Säg nicht am Ast, auf
dem du sitzt« und »Du kannst eh' nichts bewegen« in tiefem Schlaf.
Diese Konditionierungen sind Lügen, die wir benutzen, um weiter-
zuschlafen oder um »auf Nummer Sicher zu gehen«. Aber der Zustand unseres Planeten sagt uns, daß es nicht länger sicher ist, schlaf-
wandelnd durchs Leben zu gehen.

Ich werde so handeln, als ob das,
was ich tue, einen Unterschied macht.
William James

Sich durch die Angst zu begeben
Um in Licht und Schatten zu leben
Mit Leidenschaft zu lieben
Diane

Wenn Sie dieses Buch lesen, werden Sie einer Vielfalt von persönlichen Erfahrungen und Zitaten begegnen, die einen Bezug zu den
Grundlagen der Kriegerschaft des Herzens haben. Sie dienen dazu,
von der traditionellen Aneinanderreihung von Ideen und Konzepten
zu einem komplexen Gebilde zu gelangen von miteinander in Beziehung stehenden, aber unterschiedlichen Arten, den Weg eines Kriegers des Herzens zu betrachten und zu beschreiten. Dies wird Sie
hoffentlich dazu anregen und herausfordern, diese Konzepte zu einem
wichtigen Bestandteil Ihres Lebens werden zu lassen.

Sie werden die kurzen, dreizeiligen Verse bemerken, die am Anfang einiger Kapitel stehen. Das sind Haiku-Verse. Das Haiku ist ein
japanisches Tongedicht, bei dem die vorgegebene Struktur Sie dazu
anleitet, Ihre Gefühle im gegenwärtigen Augenblick einfach und klar
auszudrücken. Versuchen Sie es selbst.

Die Haiku-Verse in diesem Buch wurden während »Krieger des
Herzens«-Seminaren für Fortgeschrittene in Virginia und Washington geschrieben. Sie erzählen von dem Schmerz und der Freude,
denen man begegnet, wenn man den Weg des Kriegers auf neue Art
beschreitet.

I
Vorbereitung zum neuen Krieger

*»Die Aufgabe des Kriegers besteht darin,
den Stamm zu ändern.«*
Yaqui Lehre

KAPITEL 1

Der Weg des Kriegers – alt und neu

Der Frage gegenüberstehend
Suchend, Findend, Sich-einlassend,
bin ich ein Friedensstifter
Warren

Unsere Welt braucht Männer und Frauen, die bereit sind, heute den Weg des Kriegers zu gehen, die in ihr tägliches Leben die Krieger-Energie einbringen und jeden Tag dieses Sich-Einlassen, die Lebendigkeit und das Bewußtsein des Kriegers leben.

»Nichts
ist so wichtig
wie der heutige Tag.«
Goethe

Müssen Sie Ihr Leben vollkommen umstellen, um den Weg des Kriegers zu gehen? Müssen Sie sich zwanzig Jahre lang in einen Tempel auf der Spitze eines Berggipfels schulen? Natürlich nicht. Da wir im zwanzigsten und nicht im vierzehnten Jahrhundert leben, würden Sie – ließe man Ihren eigenen, inneren Krieger frei – in Wirklichkeit wohl eher davonlaufen, als ihn freudig zu empfangen. Bei dem Zustand unseres Planeten sind Sie und ich zu einem »Lernen bei der täglichen Arbeit« aufgerufen. Wir sind hier, um uns des Krieger-Geistes inmitten unseres täglichen Lebens, das wir uns geschaffen haben, bewußt zu werden, und nicht um wegzulaufen, um diesen Geist anderswo zu finden.

Wir sind in der glücklichen Lage, daß viele Techniken und Bewußtseinshaltungen, die über Jahrhunderte Teil des inneren Trainings der Krieger waren, immer noch bruchstückhaft in den Weisheitslehren vieler Kulturen überliefert sind. Über die Jahre bestand meine Arbeit darin, diese Bruchstücke zusammenzutragen und sie auf eine solche Art zu präsentieren, daß eine Schulung zum friedlichen Krieger in unserer gegenwärtigen Kultur – da wo wir sind – möglich wird. Sie und ich müssen unseren eigenen friedlichen Kriegern Leben ein-

hauchen, inmitten unserer Liebesbeziehungen, an unseren Arbeits-
plätzen, auf dem Marktplatz und in unserem sozialen und politischen
Leben; genau das soll dieses Buch bewirken.

Zum Gebrauch dieses Buches

Um ihren inneren Krieger zu wecken, lesen sie dieses Buch durch.
Wenn Sie dann bereit sind, ernsthaft den Weg der Kriegerschaft anzutreten, gehen Sie nochmals das Buch durch und machen Sie diesmal
nacheinander jede Übung. Schaffen Sie in Ihrem Leben Raum für die
beschriebenen Aktivitäten. Um alle Einführungsübungen zu vollenden,
sollten Sie nicht länger als sechs Monate benötigen. Diesen Prozess
länger als sechs Monate hinauszuziehen, schwächt seine Wirkung auf
Ihre Psyche ab.
    Es leuchtet ein, daß dieser Weg von Ihnen fordert, es mit Ihrem
Wachstum ernst zu meinen und die Idee des Sich-Einlassens freudig
in Ihrem Leben zu begrüßen. Bitte denken Sie nicht, daß Sie dieses
Buch einfach lesen können, ein paar willkürlich gewählte Übungen
machen und dennoch Ihren inneren Krieger öffnen können. Das
können Sie nicht. Das heißt nicht, daß es nutzlos wäre, dieses Buch
nur zu lesen. Was immer Sie tun können und auch bereit sind zu tun,
wird in Ihnen einige neue/uralte Bewußtseinshaltungen auslösen. Tun
Sie, was Sie tun können, aber gehen Sie nicht herum und nennen Sie
sich einen »Krieger des Herzens«, bevor Sie nicht die ganze Schulung
vollendet haben. Integrität ist eines der wichtigsten Attribute eines
Kriegers des Herzens.

*Es gibt eine Legende aus der Zeit, als die Chinesen Tibet über-
rannten. Auf einem Berg im Himalaya-Gebirge lag ein Kloster tibe-
tischer Buddhisten. Vor seinem Tor war ein Dorf entstanden. Als die
Menschen in diesem Dorf erfuhren, daß die chinesische Armee heran-
nahte, flohen alle. Als er im Dorf ankam, war der Kommandant des
chinesischen Batallions sehr zornig darüber, daß es keine Menschen-
mengen gab, die man zu unterwürfigen Willkommensrufen zwingen
konnte. So befahl er seinen Soldaten zu dem Kloster hochsteigen und
allen Mönchen den Bauch aufzuschlitzen. Schon bald kam sein Leut-
nant mit der Nachricht zurück, daß alle Mönche außer einem, dem
Abt des Klosters, geflohen seien und daß dieser eine eigentümliche
Energie ausstrahle, die den Soldaten Angst mache. Sie wollten sich*

ihm nicht nähern. Empört peitschte der Kommandant sein Pferd den Pfad hinauf und durch die Tore hindurch. Er fand den meditierenden Abt. Der Kommandant stieg ab, stolzierte zu dem Abt hinüber und zog sein Schwert. Er ließ die Spitzes seines Schwertes auf dem Gürtel des Abts ruhen und höhnte: »Weißt du nicht, wer ich bin? Weißt du nicht, daß ich mit einem einzigen Stoß dieses Schwertes deinen Bauch aufspießen könnte?«

Der Abt blickte aus seiner Meditation auf, lächelte merkwürdig und sagte: »Ja, ich weiß, wer Ihr seid. Wißt Ihr nicht, wer ich bin? Wißt Ihr nicht, daß ich mir mit einem einzigen Stoß dieses Schwertes den Bauch aufspießen könnte?«

Man sagt, daß der verwirrte Kommandant sein Schwert in die Scheide schob und davonritt.

In dieser einfachen Geschichte liegen alle Elemente des Weges des Kriegers. Natürlich war der Abt der wahre Krieger, der Krieger des Herzens, nicht der aufgeblasene Soldat.

In jeder alten Kultur, die das Konzept des friedlichen Kriegers beinhaltet, tauchen mehrere Eigenschaften immer wieder auf:

Verpflichtung
Integrität
Innere Ruhe
Selbst-Bewußtsein
Intensität
Zielgerichtete Kraft (Wille)
Mitgefühl
Bewußtsein einer größeren Wirklichkeit
Gebrauch von Ritualen und Symbolen
Verantwortung für das Ganze
Ein freudiger Sinn für das Wunder der Neu-heit
Innerer Mut
Bescheidenheit

*Die heißesten Plätze in der Hölle sind für
diejenigen reserviert, die in Zeiten
großen moralischen Umbruchs ihre Neutralität bewahren.*
Dante

Die Welt ertrinkt in ihrer eigenen Mittelmäßigkeit. Aufregung und Lebendigkeit wurde oft den hohlen Charakteren in Fernsehserien zugewiesen. Doch tief in uns spüren wir den Ruf des Geistes, der uns drängt, das Leben, das uns gegeben wurde, ganz zu umarmen. Den Weg eines Kriegers des Herzens zu gehen, heißt, das Leben ganz zu leben, bewußt und leidenschaftlich. Wenn Sie diesen Weg des Kriegers wählen, befreien Sie sofort ihren eigenen, inneren Geist und sind auf faszinierende Weise zur gleichen Zeit auch Teil der Bewegung, die andere zur gleichen Freiheit führt. Der Weg eines Kriegers des Herzens fordert von Ihnen, bewußt zu leben, eingestimmt auf Ihre Rolle in dem größeren Spiel des Lebens auf dieser Erde.

Das Wort »Krieger« stört viele Menschen. Es wird mit einem Mißbrauch der Macht in Verbindung gebracht, mit dem Beherrschen anderer. Aber das Bild des Kriegers wurde ursprünglich nicht mit Krieg und Aggression in Verbindung gebracht und es ist an der Zeit, daß wir die wahre Bedeutung dieses alten und mächtigen Bildes zurückfordern. Die buddhistische Tradition definiert den Krieger als »einen, der den Mut hat, sich selbst zu erkennen«. Warum glauben Sie wohl, waren die Buddhisten der Ansicht, daß es Mut erfordere, sich selbst zu erkennen? Weil sie davon sprachen, das ganze Ich zu erkennen, nicht nur den netten Teil, sondern auch die dunkle Seite in sich. Sie wußten, daß die einzig wirklichen Kämpfe, denen Sie sich als Krieger stellen müssen, diejenigen in Ihrem Inneren sind, wenn Sie in sich gehen und Ihrem inneren Drachen gegenüberstehen. Das Geheimnis liegt darin, daß der Krieger diesen Drachen nicht tötet; der Krieger wandelt die Energie des Drachens in eine positive Kraft um und gibt sie an die Welt zurück.

Im Geiste dieser Verbindung zwischen dem Weg des Kriegers und dem inneren Mut, lautet die noch ältere, tibetische Definition eines »Kriegers« die eines Menschen, »der seinen eigenen Ängsten ins Auge schaut«. Sie werden bemerken, daß keine der beiden Definitionen etwas mit der äußeren Wirklichkeit zu tun hat. Beide definieren den Weg des Kriegers als etwas, das in Ihrem Inneren liegt.

Die Yaqui Indianer, die einfallsreichen Bergvölker im Norden Mexikos, definieren das Konzept des Kriegers auf eine wundervolle Art. Sie sagen, daß in jedem Stamm bestimmte Männer und Frauen berufen sind, dem Weg des Kriegers zu folgen. Dieser Ruf erfolgt aus dem Inneren ihres eigenen Herzens. Aus der Sicht eines Außenstehenden wäre es sehr schwierig, diese Menschen zu identifizieren. Sich selbst mit Bescheidenheit zu betrachten, als »niemand Besonderes«, ist ein wichtiger Teil des Weges eines Kriegers. Die Krieger haben einfach eine bestimmte Rolle innerhalb des Stammes zu spielen. Sie sind diejenigen, die Neu-heiten in die Welt bringen.

Die Yaqui sagen, daß unsere »konzeptionelle Wirklichkeit«, von der jedermann denkt, sie sei wirklich, der Tischplatte unseres Küchentisches gleicht. Jede Erfahrung der »Wirklichkeit«, Ihre, meine und die aller anderen, wird auf dieser Tischplatte aufgehäuft (die Yaqui nennen es das Tonale). Wir alle sind der Ansicht, daß nichts sonst wirklich ist; nur das, was auf der Tischplatte liegt. Aber die wahre Wirklichkeit, die größere Wirklichkeit, ist die Tischplatte und alles andere in alle Richtungen der Unendlichkeit (das Naguale). Es ist die Aufgabe des Kriegers, das zurückzubringen, was er oder sie entdeckt hat, und es auf die Tischplatte zu legen, sodaß jedermanns konzeptionelle Wirklichkeit dadurch wächst. Die Tischplatte wird für jeden größer.

Die Yaqui sagen, daß die Welt unseres Alltags wie ein Theaterspiel sei, wie eine Aufführung. Ich beschreibe es als einen Film. Wir alle sehen diesen Film. Wir spielen auch alle in diesem Film. Wie in einem Kino läuft Spule um Spule des Films ab, eine Spule, zwei Spulen, drei, vier, und so weiter. Da der Filmvorführer ein Profi ist, merken wir nie, wenn eine Spule die andere ablöst. Es scheint ein ununterbrochener Film zu sein. Aber der Krieger merkt es!

In dieser Film-Metapher ist es die Aufgabe des Kriegers, wach zu bleiben, *wirklich* wach. Wenn dann der Filmvorführer (ich spreche von *Dem* Filmvorführer mit einem großem F) die Spulen wechselt, bemerkt es der Krieger. Der Krieger hält nach dem Wechsel der Spulen Ausschau und bemerkt die Wirklichkeit hinter dem Film. Für einen Augenblick sieht der Krieger das Spiel hinter dem Spiel. Diese Wahrheit bringt der Krieger uns allen zurück und teilt sie mit uns. So wächst unsere konzeptionelle Wirklichkeit und wird größer.

Die Yaqui sagen, daß *dieses Wachstum konzeptioneller Wirklichkeit* der einzige Weg ist, auf dem wahre Veränderung geschehen kann. Wenn ein Krieger sich darauf einläßt, wach zu bleiben, wenn ein Krieger den Mut hat, hinter den Film zu sehen bleiben, wenn ein Krieger den Mut hat, hinter den Film zu schauen und diese Vision zurückträgt und mitteilt, dann geschieht wahre Veränderung. Die Yaqui sagen, daß dies der einzig wirkliche Veränderungsprozeß ist. Alles andere ist Pseudo-Veränderung.

KAPITEL 2

Führerschaft als Weg des Kriegers

Mich selbst zu öffnen
Die Wahrheit über mich zu sagen
Mein Weg zu Gott
Lin

Das effektive Management der Veränderung ist ein wesentlicher Teil des Weges eines neuen Kriegers des Herzens. Das erfordert ein neues Modell der Führung, eines, das dient und fördert, das eher ermächtigt als kontrolliert.

Es fällt mir schwer zu glauben, daß meine erste Kostprobe dieser neuen Art von Führerschaft nicht vor meinen frühen Dreißigern geschah. Davor war jedes Führungsmodell das alte Gewinnen/Verlieren, das harte Modell der Macht. Und dann war da Abe …

Ich war ungefähr sechs Jahre lang als Wissenschaftler für die Atomic Energy Commission in deren Labor in Livermore (Kalifornien) tätig. Ich war gerade zum Projektleiter befördert worden und das katapultierte mich aus dem Labor heraus und in eine Managementposition hinein, ohne irgendeine Schulung, wie man Menschen führt. Voller Angst sah ich mich nach einer Schulung um, die mir beibringen würde, wie man mit menschlichen Wesen umgeht, genauso wie man mir beigebracht hatte, mit Elektronen, Nebelkammern und Quantumebenen umzugehen. Ich fand einige kurze Seminare über traditionelle Managementtheorien und das half mir, mit Zeitvorgaben und Budgets zurechtzukommen. Aber keiner sprach über die Menschen, wie man mit ihren Gefühlen, Wünschen und Ängsten klarkommt. Wenn ich zurücksehe, erkenne ich, daß ich in Wirklichkeit nach einem Weg suchte, mit meinen eigenen inneren Wünschen und Ängsten und mit meiner eigenen Verwirrung umzugehen.

Ich merkte langsam, daß ich in meiner Unzulänglichkeit als Manager einen »werde hart« Stil der Führung angenommen hatte, der in Wirklichkeit ein »laß sie bloß nicht merken, wie ängstlich du bist« Stil war. Meine Chefs liebten mich dafür; meine Untergebenen fingen an, mich dafür zu hassen.

Eines Morgens kam einer meiner Ingenieure in mein Büro. Sein Gesicht war bleich und abgespannt, seine Krawatte hing schief und schlaff um seinen Hals. Offensichtlich war er die ganze Nacht wach gewesen. Sein Name war Sam, ein langer Kerl aus Tennessee, mit einem Dialekt, der so breit war wie Sam hoch. Am Tag zuvor hatte ich Sam angewiesen, für seinen Teil unseres Projektes ein Budget zu erstellen. Ich brauchte es an diesem Morgen, um das Einverständnis des Direktors zu erhalten. Sam lehnte sich schwach gegen meinen Schreibtisch. Ich konnte spüren, daß mit ihm etwas nicht stimmte und er sah aus, als ob er gleich weinen würde. Ich bemerkte, wie sich Entsetzen in meinem Magen und meinem Hals ausbreitete. Wenn ich nicht sehr vorsichtig war, würde dieser Knabe seine Gefühle herauslassen, in meinem Büro, und, tja, das konnten wir doch nicht zulassen, oder?

Und dann bewahrheiteten sich meine schlimmsten Befürchtungen. Unter Tränen stieß er seine Geschichte hervor. Als er in der Nacht zuvor von der Arbeit heimkam, fand er eine Nachricht seiner Frau auf dem Küchentisch. Sie war fort, mit den beiden Kindern, mit dem ganzen Geld vom Sparkonto, ohne eine Spur zu hinterlassen. Die ganze Nacht hatte er am Telefon verbracht in dem Versuch, sie zu finden. Jetzt hatte er keine Hoffnung mehr.

Und nun sah er mich mit nassen, roten Augen an. Er wartete auf meine Reaktion, darauf, daß ich ihm auf irgendeine Weise entgegenkam. Seitdem war ich bei Bombenangriffen, Schußwechseln und Aufständen dabei, in denen mein Leben an einem seidenen Faden hing, aber ich kann Ihnen ehrlich sagen, daß ich niemals soviel Angst hatte wie damals, als Sam mich ansah, seine Seele offengerissen und frei für meine Antwort. Er bat mich um Gefühl. Verdammt, wußte er denn nicht, daß ich nicht wußte, wie? Männer, selbst gleichrangige, geben voreinander nicht soviel preis. Und ich bin sein Boss! So geht das nicht!

Und so sagte ich es. Aus den Tiefen meiner unausgesprochenen Ängste und der unerkannten Schmerzen in mir, sagte ich das, was 15 Jahre mit mir lebte. Ich sagte: »Sam, wir bezahlen Sie nicht dafür, daß Sie Ihre häuslichen Probleme ins Büro tragen.« Ich glaube, damals starb ein wenig von ihm. Ich weiß, daß etwas von mir starb. Er wankte aus meinem Büro. Ich fiel in meinen Stuhl zurück und etwas, was immer noch in mir lebte, schrie: »Oh Danaan, du brauchst dringendst Hilfe.« Ich dachte, mein Schädel würde explodieren.

Als Beweis, daß es in der Tat keine Zufälle auf dieser Welt gibt, erzählte mir am nächsten Tag ein Kollege von einem Kurs »Organisierte Dynamik« für Manager an der Universität von Los Angeles.

Verzweifelt meldete ich mich an und wurde angenommen. Der »Kurs«
entpuppte sich als eine intensive T-Gruppe (Encounter Gruppe) in
Ojai (Kalifornien). Zehn Typen aus dem mittleren Management aus
zehn verschiedenen Firmen wurden sieben Tage lang in eine Zimmer-
flucht »eingeschlossen«. Jede Zehnergruppe hatte einen leitenden Psy-
chologen oder Psychiater als Aufsicht. Wenn ich das gewußt hätte,
bevor ich in Ojai ankam, hätte ich mich diesem Ort nie genähert.
Aber jetzt waren wir da, zehn aalglatte, kommende, brilliante junge
Männer, für die Spitze gezüchtet und auf Teufel komm raus defensiv
eingestellt. Und dann war da Abe, Professor Abe, Dekan der Psycho-
logischen Fakultät an der Universiät Haifa in Israel, mit einer Liste
von Regeln, die so lang war wie sein Bart. Die Regeln besagten, daß
wir all das an Nahrung und Getränken haben konnten, was wir woll-
ten, aber – außer einem gelegentlichen Vortrag, an dem die ganze
Gruppe teilnahm – wir sieben Tage lang die Zimmerflucht nicht ver-
lassen durften.

»Kinderspiel«, meinte ich. Da komme ich ohne Anstrengung un-
berührt durch. Ich kenne die unausgesprochenen Regeln nicht, aber
ich bin ein Experte darin, sie herauszufinden, also keine Panik.

Am ersten Tag waren wir überaus freundlich zueinander. Ich be-
richtete von meinen Referenzen, meiner eindrucksvollen Ausbildung
und meinen Erfolgen. Das taten wir alle. Während des ganzen Tages
sprach Professor Abe vielleicht zehn Worte. Am zweiten Tag erkunde-
ten wir uns gegenseitig etwas näher, stellten eine Hackordnung auf,
legten gegenseitig unsere Schwachpunkte und die Nervenenden bloß.
Am Ende des zweiten Tages hatten wir nichts mehr, worüber wir uns
unterhalten konnten, keine Spiele mehr, keine Geduld mehr.

Am dritten Morgen sagte einer der Gruppe, wie satt er den
Rest von uns hatte, für wie schal er uns hielt. Wir fraßen ihn bei le-
bendigem Leib. Wie eine Gruppe von Piranhas rissen wir ihn syste-
matisch gefühlsmäßig auseinander und nagten seine Knochen sau-
ber. Als er nur noch ein Haufen zitternder Überreste war, wandten
wir uns dem nächstschwächsten Mitglied der Gruppe zu und taten
dasselbe. Schließlich hatten wir ein Ventil für unsere Ressentiments
und Ängste gefunden, und wir nutzten alle Fähigkeiten, die wir auf
unserem Weg zum Management erlernt hatten, um uns gegenseitig
böswillig anzugreifen. Bis zum vierten Tag hatten wir jeden ausein-
andergenommen. Auch ich war zusammengelegt, in die Höhe ge-
schossen und verstümmelt worden, aber irgendwie kam mir das be-
kannt vor. War das nicht das, was Männer einander antun sollten?

Wie sonst konnten wir unter diesen Umständen miteinander in Beziehung treten?
Dann erinnerten wir uns an Abe. Und wir griffen ihn an. Wir taten das sehr gut, schrien »Inkompetenz«, schleuderten ihm Vorwürfe wie »Mittelmäßigkeit« und »Dummheit« entgegen, feuerten kaum verschleierte, anti-semitische Pfeile in seine Richtung. Schließlich hatte er nur vier Tage lang dagesessen und nichts gemacht, außer gelegentliche Kommentare oder Vorschläge, die für uns natürlich alle unsinnig und nutzlos waren. Wie konnte er es wagen, sich als Profi zu bezeichnen? Mit Sicherheit würden wir unsere Vorgesetzten anweisen, die Kursgebühren zurückzuverlangen und diesen Scharlatan wegen Nachlässigkeit vor Gericht zu bringen.
Aber es funktionierte nicht. Unsere Zähne rissen sein Fleisch nicht auf. Er biß nicht an unsere Haken an, nahm unseren Köder nicht an. Und doch schützte er sich auch nicht. Er verteidigte seine Stellung nicht. Er war einfach da. Es schien, als ob er die ganze Welt in sich aufnehmen konnte, sie lieben, sie fühlen konnte, ohne an ihr zugrunde zu gehen. Verdammt!
Ich sagte ihm, er sei ein Schwindler, und er fragte mich, wie ich mich fühlte, wenn ich so etwas sagte. Ich antwortete ihm, daß ich und meine Gefühle ihm scheißegal seien, also solle er aufhören, so zu tun als ob. Er fragte mich, ob es meinem Vater jemals scheißegal gewesen sei, wie ich mich fühlte. Da fing ich an zu weinen. Oh Gott, nicht jetzt, bitte nicht vor all diesen Männern – ich würde alles tun, um nicht zu weinen. Bitte.
Und er legte seine Arme um mich und hielt mich fest. Er erzählte mir von seinem Vater, der in einem Konzentrationslager der Nazis gestorben war, und er weinte, und ich erzählte ihm davon, daß mein Vater mich nie berührte hatte, mir nie sagte, daß er mich liebte, und ich weine. Gütiger Himmel, wir knien da auf dem Teppich, Tränen laufen uns übers Gesicht, und wir umarmen uns. Und immer noch sperrt sich ein Teil meines Gehirns, analysiert immer noch die Situation und sagt: »Sie schauen dich an, du Trottel. Sie werden das gegen dich verwenden. Du umarmst einen anderen Mann, und du weinst, das kannst du nicht tun!« Aber dieser Teil von mir wird kleiner und kleiner, und der Rest von mir ist einfach da, mit den Tränen, meine und die von Abe, und unsere Körper eng beieinander, und es fühlt sich gut an, so gut. Oh Gott, hätte doch mein Vater seinen Körper so an den meinen gepreßt. Wenn er mit mir geweint hätte, nicht nur dann, wenn er total besoffen war. Aber

*dies ist Heute und ich heile, ich fühle. Ich kann fühlen und es tut
gut, so gut.*

*In den letzten drei Tagen schafften wir es irgendwie, die Jahre
der Leblosigkeit, der Konfrontation hinter uns zu lassen und uns gegenseitig zu trösten und zu heilen. Nicht jeder, aber die meisten von
uns, lernten zu weinen und zu berühren und zu fühlen – gemeinsam.
Und Abe war einfach da. Ein Wort hier, eine Geschichte da, eine Um-
armung, ein Lachen, geteiltes Leid. Ich hatte herausgefunden, daß ich
fühlen konnte. Noch etwas hatte ich in jener Woche in Ojai gelernt,
obwohl es zehn Jahre dauern sollte, bis ich es voll verstehen konnte.
Ich hatte ein neues Modell gefunden, um Macht, um Führung, zu
nutzen. Dies ist die Kraft, die die Welt heilen kann.*

*Als wir »herausgelassen« wurden, war meine erste Tat, Sam an-
zurufen und ihn um Vergebung zu bitten. Wieder ist es kein Zufall,
daß Sam als erster an meiner Seite war, um mich zu trösten, als ein
Jahr später meine eigene Ehe zerbrach.*

Während ich von meiner Erfahrung mit Abe in Ojai schreibe,
merke ich, daß es nach über 15 Jahren immer noch zuerst ein Gefühl,
eine Erinnerung an emotionales Lernen, für mich ist. Ich weiß das,
weil ich köstliche Tränen vergoß, während ich dies schrieb. Trotzdem
ist es nach diesen vielen Jahren ebenfalls wichtig, auf das zu schauen,
was Abe in unserer Gruppe von Managern tat. Er erlaubte mir nicht
nur, meine Gefühle und Erfahrungen zu spüren, ein Durchbruch, der
mein Leben veränderte, sondern gestaltete auch eine neue Form der
Führung. Er *lebte* einen Weg, Macht in einer Gruppe zu nutzen (das
ist eine Definition von Führung), dem ich noch niemals zuvor begegnet war. Ein Weg, der Samen in mir pflanzte, die zehn Jahre später, als
ich das Feld der internationalen Konfliktlösungen betrat, zu sprießen
begannen. Was also tat Abe mit mir? Oder was tat er *nicht*?

Eines der Dinge, die er tat (oder die *jemand* tat), war, eine »*Sicherheitszone zu schaffen*«. Dieser Begriff drückt das aus, was zur ersten
Regel der Konfliktlösung wurde, wie ich sie in meiner Arbeit und in
meinen Lehren formuliert habe. Es ist unmöglich, einen Konflikt zu
lösen oder eine Gruppe von Menschen zu einer tiefen Ebene des Sich-
Mitteilens zu bringen, wenn man nicht zuerst eine psychologische und
physische »Zone« geschaffen hat, innerhalb derer man diese Arbeit
tun kann.

Zweitens »*ließ Abe Konflikt zu*«. Eine einfache Feststellung und
doch für gewöhnlich so schwer zu erreichen. Man hat Ihnen und mir

seit unserer Geburt (oder davor) beigebracht, daß Konflikt verkehrt ist. Konflikt ist gefährlich und muß um jeden Preis vermieden werden. Außerdem wurde uns beigebracht, alles würde schließlich »vergehen«, wenn wir den Konflikt vermeiden, wenn wir so tun, als ob es keinen Konflikt gebe, obwohl es in Wirklichkeit einen gibt. Man muß nur lange genug so tun als ob, und der Konflikt wird verschwinden. Das ist natürlich eine Lüge. Wenn ein Konflikt auftaucht, wird er nicht »vergehen«. Stattdessen wird der Konflikt, wenn er verleugnet wird, in den *Untergrund* gehen. Er wird sich tief in Ihren Körper und Ihre Psyche eingraben. Das ist etwa so, als ob man vorgibt, daß eine Wunde nicht wirklich infiziert sei, wenn sie es ist, und sie mit einem engen Verband abdeckt, damit man sie nicht sieht. Sie wird sich dann innerlich ausbreiten, den ganzen Organismus infizieren und viel schwieriger zu heilen sein.

Abe ließ uns unsere Spiele spielen. Er ließ uns unsere Nummern abziehen. Er wußte, daß uns die Geduld, die Nettigkeiten und Vertuschungen ausgehen würden. Als dann der Konflikt an die Oberfläche trat, *ließ er ihn zu.* Abe ließ uns gegenseitig die Pflaster von den Wunden reißen, damit Licht und Sonne daran kommen konnten. Aber er dirigierte auch – überaus subtil – diese Energie. Im Rückblick kann ich erkennen, daß wir niemals jemand wirklich vernichteten. Wenn wir nahe darankamen, wenn jemand an seine Grenzen stieß, ließ Abe die mangelnde Fairness eines anderen oder die Ähnlichkeit von einem von uns mit dem armen Opfer kommentieren, und dann ließen wir von dem ursprünglichen Ziel unserer Rache ab und richteten sie auf das nächste Opfer. Wir waren alle erschüttert, aber nicht zu Boden geworfen. Wir wurden alle gebeugt, aber längst nicht gebrochen. Wir wurden alle zu der gemeinsamen Erfahrung geführt, unsere alten Verteidigungen und Spiele, die jahrelang funktioniert hatten, nicht länger funktionieren zu sehen. Es gibt keinen Grund, alte Seins-Wege zu verlassen und Neu-heit zu erforschen, wenn die alten Wege noch funktionieren.

Abe war *präsent.* Und so, wie den meisten von uns beigebracht wurde, Konflikt zu vermeiden, haben wir Wege entwickelt, unsere Vermeidung zu manifestieren. Wir haben gelernt zu »verschwinden«, entweder physisch oder vielleicht auch nur psychisch. Wenn es hart auf hart kommt, wenn es irgendwie unangenehm oder lästig zu werden beginnt, dann gehen wir »mal schnell was essen«. Dies führte zu der Redensart »bei ihm brennt Licht, aber es ist keiner zuhause«, wenn wir in die leeren Augen eines Menschen blicken, dessen Gedanken anderswo sind, um dem unerfreulichen Augenblick zu entfliehen.

Abe tat das nicht. Er blieb. Er war absolut präsent, verfügbar, jeden Augenblick, für jeden Angriff auf ihn, für jedes Spiel und jede Vermeidungstechnik, die wir ausprobierten. Er richtete weder sie noch uns. Er war einfach da, offen für uns. Er war auf undefinierbare Weise verletzlich und doch stark, weich und doch unzerbrechlich. Wie Wasser. Das ist es: es war, als ob wir Steine ins Meer würfen. Er konnte alle aufnehmen, er hatte es nicht nötig, einen Stein auf uns zurückzuwerfen. Er blieb das Meer, mächtig und für uns verfügbar. Irgendwie erlaubte uns dies, das zu tun, was wir tun mußten, um uns selbst zu reinigen. Es erlaubte uns, kleine, gemeine, heranwachsende, steinewerfende Jungs zu sein, etwas, was uns nie erlaubt war, als wir Heranwachsende *waren*, in einer »Sicherheitszone«, in der wir unseren Arm voll von Steinen loswerden konnten, um dann zu sehen, wer wir unter dem Haufen wirklich waren.

Abe war fähig, *seine Position loszulassen*. Von dem Augenblick an, wo ich ihn traf, als ich versuchsweise durch die Tür zur Zimmerflucht in Ojai lugte, war ganz klar, daß dieser Mann ein Profi war. Als ich zornig nochmals die Broschüre las, um festzustellen, wer er war (was für mich damals bedeutete, *was* er war, wieviele Diplome er hatte und von wo), verstand ich, daß er viel mehr war als ein Diplom auf einem Blatt Papier, welcher Art auch immer (das jagte mir eine Heidenangst ein, weil für mich Menschen *das waren*, was auf dem Papier stand).

Doch an diesem vierten Tag, als wir auf dem Boden knieten, unsere Körper im Rhythmus bebten und schluchzten, als seine brüchige Stimme mir von seinem Vater erzählte, der niemals aus dem Konzentrationslager zurückkam, war er nur Abe. Da gab es keinen klugen Trick, um uns zum »Zerbrechen« zu bringen. Sein Innerstes lag ausgebreitet auf dem Teppich, seine Verletzlichkeit war mir völlig präsent, sein Schmerz unversteckt.

Sicherlich hatte er zu irgendeinem Zeitpunkt vor unserer Körper-an-Körper Begegnung ein mentales Bild davon gehabt, wie er mir in meinem Wachstum helfen könnte. Aber da draußen auf dem Boden war kein Doktor der Psychotherapie, kein Abteilungsleiter an der Universität Haifa. Da draußen war Abe, verletzlich, weich, verfügbar, mit keinem Schildchen in Sicht. Er brachte in diesen Augenblick etwas hinein, was für mich *das* wichtigste Element der Führung geworden ist, im Friedensschaffen, einfach im Menschsein – nämlich INTEGRITÄT.

Es braucht Integrität, Mut und ein starkes Selbstbewußtsein, um fähig zu werden, »die eigene Position loszulassen«. Und das sind die Qualitäten eines Kriegers des Herzens. Dies sind die Charakteristika eines neuen Weges der Führung, einer neuer Politik, neuer Beziehungen. Wenn Sie Ihre eigene Kraft nicht in Abhängigkeit Ihrer äußeren *Position* gebrauchen, sondern aus einem tiefen Gefühl der Verbindung mit Ihrer inneren Quelle heraus, Ihrem SELBST, dann können Sie es sich erlauben, Ihre *Position* aufzugeben sowie Ihr Bedürfnis, um jeden Preis *richtig* zu sein. Erst dann werden Sie andere hören können. Erst dann können Sie ein Umfeld schaffen, in dem wahre Heilung, wahre Gewinner/Gewinner-Ergebnisse (im Gegensatz zu Gewinner/Verlierer-Ergebnissen. Anmerkung des Herausgebers) geschehen können.

Es ist so einfach, in unseren *Positionen* festzustecken, weil man uns beigebracht hat, daß wir auf irgendwie nebelhafte Weise unsere Positionen *sind* und wenn wir sie loslassen, werden wir verlieren. Was verlieren? Das ist egal. Die Furcht vor dem Verlust ist so groß, die Angst, lächerlich oder dumm oder nicht liebenswert zu erscheinen, sitzt so tief und ist so erschreckend, daß wir das Gefühl haben, unsere Position verteidigen zu *müssen* oder zu sterben.

Was meine ich mit »unsere Position«? Normalerweise hat das mit dem »richtig sein« zu tun oder mit »so ist *es* eben nun mal« oder »*ich* bin eben so und nicht anders«. Die Leute sagen »Tja, so bin ich eben« oder »Tja, draußen in der *wirklichen* Welt ...« Unsere Position könnte sein »Schaut mal, ich bin hier der ausgebildete Lehrer ... (oder Therapeut oder Arzt oder die Mami oder der Mann in der Familie oder ...)«. Wir haben alles ausgeknobelt, wir wissen, wie's geht und wir brauchen keine weiteren Informationen mehr.

In jenen Tagen habe ich von Abe viel gelernt. Er gab mir ein neues Modell, mit Macht umzugehen. Eine neue Art, Führer zu sein, indem man den Menschen Macht und Freiheit gibt. Diese Art der Führung macht es den Menschen möglich, zu denken, daß *sie* es getan haben und es wieder tun könnten. Diese Art der Führung bringt keine Gurus hervor; sie bringt Tausende von befähigten Menschen hervor, die bereit sind, Verantwortung für ihr eigenes Leben zu übernehmen. Diese Art der Führung zeichnet den Krieger des Herzens aus.

Auf dem Gebiet, das allgemein als »Friedensarbeit« bekannt ist, gibt es eine Unmenge an *Positionen*. »Meine Definition des Friedens ist besser als deren Definition«. »Unsere Friedensgruppe ist auf dem

richtigen Weg, die anderen Gruppen machen sich nur selbst etwas
vor«. »Du kannst nur für Frieden sein, wenn du anti-nuklear eingestellt bist. Jeder, der die Kernenergie unterstützt, ist offensichtlich
nicht für den Frieden«. Und so weiter. Manchmal schaffen wir in unserem Eifer, Frieden zu erlangen, Schlachtfelder, auf denen man entweder nur gewinnen oder verlieren kann. Und das blockiert den Weg
zu wahrem Frieden.

Übung:

Können Sie sich einen »Abe« in Ihrem Leben vorstellen? Gab
es in Ihrem Leben einen Menschen, der Ihnen geholfen hat,
Ihre begrenzte Vorstellung der Wirklichkeit (Ihr Tonal) neu zu
definieren und in das Nagual zu erweitern?

Schreiben Sie hier etwas über diese Person ...

KAPITEL 3

Wie steht's mit Helden?

»Bitte zeigt Rambo nicht unseren Kindern.«
Gennady A., Moskau, 1986

Ein geschlagenes Jahr lang hatten Diana und ich an diesem Projekt gearbeitet. Es würde die Tür für die sowjetisch-amerikanische Bürger-Diplomatie wegsprengen. Ein ganzes Jahr lang bekamen wir auf unseren Vorschlag von den Ministerien der Sowjet-Bürokratie nur ein »Njet« zu hören. Wir hatten vorgeschlagen, dreißig Teenager aus der UdSSR in die USA zu bringen, damit sie einen Monat lang in den Häusern amerikanischer Teenager wohnen könnten, um zusammen zu leben, zu spielen und zu lernen. Wir wußten, wenn sie zusammen frühstückten, zusammen zur Schule gingen, Discos, Pizzerias und Sandstrände erkundeten, würden sie über das Mißtrauen und die Angst herauswachsen, die in jahrelangen Stereotypen auf beiden Seiten entstanden sind. Sie würden sich in Freundschaft verbinden. Wenn das genügend sowjetische und amerikanische Jugendliche tun könnten, dann würden sie uns in wenigen Jahren alle zu einer harmonischeren Welt führen. Aber es mußte ein erstes Mal geben, einen Präzedenzfall, um diesen Prozeß einzuleiten. Ein Jahr lang sagten sie NEIN. Zumindest offiziell sagten sie »nein«.

Ich erinnere mich an ein Treffen in Moskau. Ein sowjetischer Funktionär machte unseren Plan lautstark nieder. Er schrie: »Glauben Sie wirklich, wir wären so dumm, den Stolz der sowjetischen Kultur, unsere Kinder, in ihr von Verbrechen verseuchtes, dekadentes, kapitalistisches Land zu senden?« In der kurzen Pause während der Konferenz traf ich den sowjetischen Funktionär auf der Herrentoilette wieder. Wir standen Seite an Seite. Er lehnte sich zu mir herüber und flüsterte: »Meinen Sie, mein Kind könnte auch gehen?«
Natürlich war es etwas ganz anderes, ihn dazu zu bringen, das auf der Konferenz zu sagen.
Erst als unser informelles Netzwerk von Freunden in Moskau mich Gennady Alferenko vorstellte, fanden wir ein Loch in dem ein-

gefrorenen System. Gennady, ein Geophysiker und Balletttänzer, ist ein Mann, der keine Angst davor hat, sich für positive Veränderungen einzusetzen. Er ist ein wahrer Krieger des Herzens und er war mit einer führenden Figur der sowjetischen Akademie der Wissenschaften verwandt. Die NJETs wurden langsam zu DA.

**»Kinder wissen besser als Erwachsene,
daß das, was wir tun, wichtiger ist als das, was wir sagen.«**
Pete Seeger

Nach einem Jahr der Zurückweisung kam das Einverständnis. Nachdem wir einen ganzen Tag und eine Nacht gefeiert hatten, brachte mich Gennady zum Flughafen. Für mich war es an der Zeit, heimzufliegen und zum ersten Mal in der Geschichte die Ankunft dieser sowjetischen Teenager in die Heime und Herzen Amerikas vorzubereiten. Gennady half mir bis zur Zollkontrolle mit meinem Gepäck. Wir umarmten uns, Tränen flossen über unsere Gesichter. Er küßte mich auf beide Wangen und umarmte mich, wie nur ein Russe einen umarmen kann. Dann packte er mich am Revers meines Mantels und zog mich zu sich heran. Seine Stimme war brüchig vor Gefühl: »Danaan, versprich mir eines – versprich mir, daß ihr unseren Kindern nicht Rambo zeigt!«

Ich trat zurück, überrascht und ein wenig amüsiert. Aber in seinem Gesicht war zu lesen, daß dies für ihn kein Scherz war. Ich versprach es ihm, sagte aber auch, daß meine Gesellschaft nicht so kontrolliert wie die seine war, und ich nicht absolut garantieren konnte, daß es keiner zeigte. Ich würde aber meinen Mitarbeitern seine Bitte mitteilen. Zufrieden umarmte er mich wieder und ich verschwand in das Niemandsland hinter der Paßkontrolle.

Seine Bemerkung ging mir durch den Kopf. In 10.000 Metern Höhe, auf dem Weg nach Seattle, begann ich über den Grund nachzudenken, warum er gerade diese spezielle Bitte zu seiner letzten Bemerkung an mich gemacht hatte. Er scherzte nicht, und als ich seine Worte in mir wirken ließ, fühlte ich, wie sich eine deprimierende Traurigkeit auf mich legte. Ich fragte mich: »Sieht uns die Welt so? Ist das alles, was wir dem Rest der Erde weitergeben, hirnlose Gewalt in Verkleidung eines Superhelden? Ist Rambo wirklich das Beste, was wir zustande bringen? Gibt es derart viele Amerikaner, die soviel Angst davor haben, wie sie wirklich sind, daß sie sich von ihrer eigenen, inneren Dunkelheit abtrennen, diesen Schatten in die

Welt hinausprojizieren und diese groteske Figur dann ihren Helden
nennen?«

*Ich erinnerte mich an einen Vortrag, den ich ein Jahr zuvor in
San Francisco gehalten hatte. Der Titel meines Vortrags lautete: »Keine
weiteren Gandhis«. Ich erinnere mich, daß dieser Titel einige Kritik
hervorgerufen hatte. Jemand meinte zu mir »Was meinen Sie damit,
keine weiteren Gandhis? Genau das brauchen wir doch – jemanden,
der uns führt, uns inspiriert, uns den Weg zeigt.« Meine Antwort lautete, die Zeit sei vorbei, in der wir uns darauf verlassen konnten, daß
Superhelden die Arbeit für uns erledigten. Der alte Weg, sich charis-
matische Führer zu schaffen, ihnen zu folgen und ihm oder ihr unsere
Macht zu geben, ihnen dann für unsere Fehler die Schuld zuzuweisen,
war nicht mehr länger angemessen. Uns drängt ein neuer Weg. Ein Weg,
der unserer Evolution ins 21. Jahrhundert gemäß ist.*

Auf diesem neuen Weg müssen Sie und ich und Tausende von
uns den inneren Gandhi befreien, der in unserem eigenen Herzen
lebt. Auf diesem neuen Weg müssen wir den Mut finden, den Martin
Luther King in jedem von uns freizulassen. Jeder von uns muß die
Mutter Theresa in sich zur Welt zu bringen und dieses Bewußtsein im
täglichen Leben leben.

Folglich lautet die Antwort auf die Frage »Wo sind unsere neuen
Helden?«: »*Sie* sind unser neuer Held und Sie und Sie und ich und
tausende normaler Menschen wie Sie und ich. Das sind unsere neuen
Helden und Heldinnen, denn unser altes, patriarchales Macho-System
der Kriegsheldenverehrung muß sich ändern und ändert sich zu einem
neuen Bewußtsein von »Führung«. Dieser neue Führungsstil heißt
gemeinsame Führung, eine Führung von der Basis her durch Tausende von Frauen und Männern, die wissen, wer sie sind, die eine eigene innere Macht zum richtigen Handeln besitzen, und die diese
Macht in den Dienst einer positiven, friedens-vollen, gewaltlosen,
menschlichen Evolution stellen.

Ich spreche vom Krieger des Herzens.

> *»Es ist nicht genug, vom Frieden zu sprechen.
> Man muß auch an ihn glauben. Und es ist nicht genug,
> an ihn zu glauben. Man muß auch an ihm arbeiten.«*
> Eleanor Roosevelt

KAPITEL 4

Neue Definitionen für eine neue Art des Denkens

Die Art, wie wir unsere Welt definieren, schafft auch unsere Welt. Unsere Worte und Bilder sind unglaublich machtvoll, und Sie und ich müssen uns bewußt werden, wie wir sie nutzen, um die Wirklichkeit zu schaffen. John Wheeler, der für seine Arbeiten über die subatomare Natur des Universums berühmte Physiker aus Princeton, sagte 1973: »Ich denke, daß wir durch unseren eigenen Akt des bewußten Wählens und des Fragenstellens über das Universum das hervorrufen, was vor unseren Augen stattfindet.«

Erinnern Sie sich an das TONAL der Yaqui Indianer? Unsere Definitionen von »wie es ist« schaffen die Grenzen des TONAL – unser recht beschränktes Bild der Wirklichkeit. Wenn unsere Definitionen offene Enden haben, gestatten sie uns, über unser mündlich überliefertes TONAL hinaus und ins NAGUAL zu forschen.

Übung:

Schreiben Sie ein paar Ihrer Definitionen auf, damit Sie ein Gefühl für Ihre eigene Macht, die Wirklichkeit zu erschaffen, bekommen. Wie Sie das Leben definieren, ist nicht nur eng verbunden mit dem, was Sie bereits erlebt haben, sondern auch mit dem, was Sie in der Zukunft erleben werden.

Wie lautet Ihre Definition von:

SICHER:

KONFLIKT:

FRIEDEN:

FEIND:

WAHRHEIT:

Ich möchte, daß Sie wissen, wie ich Worte benutze, um alte, begrenzte Ideen neu zu sehen. Es folgen einige der »Neu-Definitionen«, die ich in diesem Buch und in meinem Leben häufig benutze, um mich selbst (und Sie) dazu anzustoßen, mit neuen, frischen Augen die »Wahrheit« zu sehen:

> *»Wenn doch an diesem Tag*
> *auch du es erkenntest, was zum Frieden dient!«*
> Jesu Worte in Lukas 19,42

FRIEDEN: Der fühlende Klang in einer SICHERHEITS-ZONE. Ein Sinn für Harmonie und »Richtigsein« mit und in der Umwelt. Unterscheidet sich merklich von den zwei alten Definitionen von Frieden.

Alte Definition Nr. 1: Frieden ist das Stadium zwischen den Kriegen. Frieden ist die Gelegenheit, Wunden zu heilen, die Toten zu begraben und unsere Schwerter zu schärfen, damit wir für den nächsten Kampf gerüstet sind, der unvermeidlich kommt. (Offensichtlich hat das überhaupt nichts mit »Frieden« zu tun; es ist nur ein Einlullen in die alten Kriegsspiele. Dennoch definieren die meisten Regierungen Frieden auf diese Weise).

Alte Definition Nr. 2: Frieden ist eine Art glückseliger, lieblicher Zustand, in den wir »eines Tages« geraten. Er wird durch Worte wie »nett« und »eines Tages« geprägt. Wir werden nie hinkommen. Warum? Weil wir Menschen nicht so sind. Wir sind nicht immer nett und lieblich, wir sind nicht immer einer Meinung, wir haben Konflikte. Das muß in unsere Definition von »friedlich« eingearbeitet werden, oder wir werden unser Leben verträumen, mit Wunschdenken vertun, in dem Versuch, ein unerreichbares Ziel zu erreichen. Wir werden uns weiter gegenseitig umbringen, weil die »anderen« nicht in unsere Vorstellungen von dem passen, wie Frieden aussehen soll. Und wenn wir tatsächlich diese liebliche Definition von Frieden erreichen könnten, bei der alle einfach in der heißen Wanne des Lebens herumhängen und ja-so-nett sind und alle immer einer Meinung sind, dann, so glaube ich, würden wir alle ziemlich schnell verrückt werden.

Menschliche Wesen brauchen Leidenschaft und Herausforderung in ihrem Leben. Eine umsetzbare Definition des Friedens muß dieser Tatsache Rechnung tragen. Wahrer Frieden ist ein aktiver, lebendiger *Prozeß*. Es ist ein Tätigkeitswort, kein Hauptwort. Es umfaßt das innere Gefühl, daß Sie genau da sind, wo Sie sein sollen, und das tun, was Ihnen zu tun bestimmt ist. In Harmonie mit denen um Sie herum, die das tun, was sie tun sollen und in Harmonie mit Ihrem Planeten.

Frieden, das handlungs-orientierte Tätigkeitswort, geschieht, wenn Sie und die Menschen um Sie herum einander mit Respekt behandeln, mit Integrität und einem Gefühl gemeinsamer Kreativität. Das kann geschehen, wenn Sie gemeinsam meditieren oder wenn Sie gerade inmitten einer hitzigen Diskussion ein Streitgespräch führen.

> *»Frieden ist weder die Abwesenheit von Krieg*
> *noch das Vorhandensein von Abrüstungsvereinbarungen.*
> *Frieden ist eine Veränderung des Herzens.«*
> Richard Lamm,
> früherer Gouverneur von Colorado

Beachten Sie: Diese neue Definition von Frieden verlangt nicht notwendigerweise, daß Sie ruhig oder »nett« oder nicht verwirrt sind. Diese neue, lebendige Friedlichkeit kann vielmehr mitten in einem Konflikt existieren, bei dem Sie und Ihr(e) Konfliktpartner sich gegenseitig anschreien. Der Unterschied besteht darin, daß Sie sich erlauben, in den Konflikt einzutauchen, und dennoch auch »Ihre Wahrheit« als relativ anerkennen und den Konflikt als einen produktiven Prozeß sehen, der zum besten Ergebnis für alle und zu einer größeren Intimität führen wird. In einem Konflikt friedlich zu sein heißt, der Energie des Konfliktes zu erlauben, Sie und Ihre Partner zu einem besseren Verständnis Ihrer Beziehung zu bringen.

KONFLIKT: Eine Gelegenheit zur Intimität. Eine Eruption von Energie, gekennzeichnet von einem starken Gefühl des Verletztseins, von Unmut, Verlust und Furcht. Eine Herausforderung an den eigenen Selbstwert. Für gewöhnlich wird er auch durch das Erscheinen von oberflächlichen Streitfragen und Forderungen charakterisiert, über die man streiten kann (Präsentationsproblem), sodaß die tieferen Gefühle (Quellen-Konflikte) nicht gefühlt werden müssen (das funktioniert nie!).

Wenn Konflikte angemessen gehandhabt werden, können sie zum Katalysator für ein größeres Bewußtsein unserer selbst und unserer Beziehungen zueinander werden. Sie können zum Riss in der harten Schale unserer Persona werden, der uns erlaubt, eine Reise ins Zentrum unseres SELBST anzutreten.

POSITION: Ein starker Glaube, eine Ansicht oder Einstellung zu dem, »wie es ist« oder »wie es sein sollte«. Die Sucht, eine Situation nur aus einer Blickrichtung anzusehen. Die Erwartung, daß es nur *einen* Weg gibt, *ein* richtiges Ergebnis, *eine* richtige Lösung. Der Glaube, daß die Wahrheit absolut sei, und daß Sie der Besitzer jener Wahrheit sind.

WAHRHEIT: So, wie es sich aus Ihrer Sicht und Erfahrung darstellt. Stellen Sie sich vor, »DIE« Wahrheit sei in einer großen Schachtel mit mehreren Löchern. »Ihre Wahrheit« ist das, was *Sie* als Wahrheit durch eines der Löcher in dieser Schachtel sehen. Andere Löcher mögen unterschiedliche Blickwinkel und unterschiedliche Ansichten derselben »Wahrheit« bieten.

QUELLEN-KONFLIKT: Das, worüber Sie *wirklich* in Konflikt liegen. Die dem Disput zugrundeliegende Quelle. Die Verletztheit und/oder der Unmut und/oder die Furcht ist zu wirklich und/oder zu erschreckend und/oder zu »*falsch*«, um es zuzugeben. Quellen-Konflikte hängen normalerweise mit Fragen des Selbstwertes, des Preisgegebenseins, der Wertlosigkeit, der Schuld, der psychologischen Sicherheit, der Sexualität oder des Versagens zusammen. Quellen-Konflikte stehen fast immer in Beziehung zu Fragen der *Intimität* und haben ihre Wurzeln für gewöhnlich in der Kindheit.

PRÄSENTATIONSPROBLEM: Die oberflächlichen Streitfragen und Meinungsverschiedenheiten in einer Konfliktsituation, die den »Quel-

len-Konflikt« maskieren sollen, mit dem man sich befassen muß, um
eine wirkliche Lösung herbeizuführen. Bezeichnenderweise ist das,
worüber Sie in einem ausgedehnten Konflikt diskutieren, *was immer
es auch sein mag*, ein Präsentationsproblem. Wir erfinden umgehend
Präsentationsprobleme, um uns davor zu schützen, den wirklichen und
für gewöhnlich sehr bedrohlichen Quellen-Konflikt anzugehen.

DOPPEL-GEWINNER: Eine Lösung, die den Bedürfnissen (nicht
notwendigerweise den »Wünschen«) aller Betroffenen entgegenkommt.
Ein Ergebnis, das jedem der Beteiligten das Gefühl erlaubt, daß man
ihm zugehört hat, ihn achtet und als gleichwertigen Partner an der
Entscheidung teilnehmen ließ. Das Doppel-Gewinnen ist ein Ergebnis, bei dem der Konflikt als eine »gemeinsame Gelegenheit zum
Wachstum« angegangen wird, als eine »voneinander abhängige Herausforderung, die gemeinsame Kreativität und Teamwork erfordert«.
Doppel-Gewinnen geschieht, wenn alle Parteien bereit sind, sich auf
eine Forschungsreise aufzumachen jenseits des »Präsentationspro-
blems«, den ganzen Weg bis hin zur Entdeckung des »wirklichen
Konflikts«.

Präsentationsprobleme / Quellen-Konflikte

Wenn Sie jemandem begegnen, der *Schuld* zuweisen muß (wer kann ich gerichtlich belangen; es ist ihr Fehler; wenn die nicht gewesen wären, usw.) oder *Opfer* spielen muß (ich kann das nicht tun; das ist es nicht wert; ich krieg das nie auf die Reihe) oder *projizieren* muß (sie ärgert sich, nicht ich; wenn sie aufhören, sich so idiotisch zu benehmen, werde ich ihnen zuhören; einem – – kann man nicht vertrauen, usw.) ... dann halten Sie inne und fragen Sie sich »welcher *Quellen-Konflikt* liegt diesem *Präsentations-problem* zugrunde?«

Wenn die Menschen anfangen, für ihre eigenen Gefühle und Handlungen die Verantwortung zu übernehmen und ihren Anteil am »Konflikttanz« erkennen (wenn sie sich jenseits der »*Schuldzuweisung*« bewegen), dann können sie den tieferen Quellen-Konflikt erkennen und das Präsentationsproblem, das es maskiert. Es folgen einige Quellen-Konflikte, die nur »möglicherweise in Verbindung stehen« mit den Präsentationsproblemen von gegenüber. Es gibt viele Möglichkeiten.

Präsentationsprobleme

(die Konflikte, von denen wir annehmen, daß wir um sie kämpfen)

Es gibt nie genug Geld, sie/er will immer mehr. Mir reicht's, für alles verantwortlich zu sein.

Ihr/ihm liegt nichts mehr an mir.

Meine Meinung zählt hier nichts.

Ich will das Sorgerecht für die Kinder.

Ich ärgere mich so sehr, daß ich nicht mal darüber sprechen kann.

Ich verlange eine rechtliche Klärung.

Sie/er will zuviel von mir.

Quellen-Konflikte

(die tieferen Konflikte, die angegangen werden müssen)

Ich fühle mich nur für das geliebt, was ich tun kann, nicht für das, was ich bin. Ich will nicht jemandes Liebe *verdienen* müssen.

Ich habe das Gefühl, daß mir keiner wirklich zuhört, keiner mich jemals wirklich geschätzt hat.

In dieser Beziehung gibt es kein Vertrauen mehr.

Ich bin tief verletzt, und wenn ich das zeige, werde ich noch mehr verletzt.

Ich habe das Gefühl, daß ich keine Kontrolle mehr habe.

Ich habe das Gefühl, hier machtlos zu sein.

Ich weiß nicht, wie ich Intimität schaffen kann.

Wenn wir mit anderen nur auf der Ebene der Präsentationsprobleme umgehen, bleiben wir in Gewinner/Verlierer-, richtig/falsch-
, gut/schlecht-Situationen   stecken.   Wenn   wir   in
Präsentationsproblemen steckenbleiben, gibt es nie genug für alle.
Ein Doppel-Gewinnen ist dann nicht möglich. Das beste, was wir
noch tun können, ist, einen »Kompromiß zu finden«.

Erst wenn wir zum Quellen-Konflikt vordringen, fangen wir an,
in Richtung auf Doppel-Gewinner Situationen hinzuarbeiten. Hier gibt
es genug für alle und Intimität ist möglich: »wir gegen das Problem«
anstatt »ich gegen dich«.

SICHER: keinen Schutz erfordern. Offen und verletzlich aufgrund eines Mangels an Schutzbedürfnis. In Harmonie mit der eigenen Umgebung; im Kontext mit dem Ganzen.

SICHERHEITSZONE: Ein physisches und psychologisches Umfeld,
in dem sich jeder, der sich in diesem Umfeld befindet, sicher fühlt.
Ein Ort, an dem Sie und jeder, der anwesend ist, Optionen und
Alternativen erforschen kann. Eine Umgebung, in der »Positionen«
vorübergehend beiseite gelegt wurden und wo die Erforschung von
»Doppel-Gewinner«-Ergebnissen möglich ist.

Bitte beachten: »Die Sicherheit in dieser Sicherheitszone fühlt
sich vielleicht nicht wie die alte Definition von sicher an. In der Tat
kann es sich beängstigend und/oder herausfordernd anfühlen, weil wir
uns selbst die Erlaubnis geben, unsere Positionen anzusehen und beiseite zu legen. Sicherheitszonen fühlen sich lebendig und voller Wachstum an. Es sind Orte, an denen man etwas riskiert, wo man mit neuen
Denk- und Seinsweisen experimentiert.«

II
Nach Innen schauen

KAPITEL 5

Wie unser Kopf arbeitet

Wenn Sie sich auf den Weg machen, ein Krieger des Herzens zu werden, wird man Sie bitten, viele Dinge auszuprobieren, von denen einige dumm oder sogar ein wenig verrückt scheinen mögen. Diese Erfahrungen werden Ihnen helfen, die vielen Jahre der kulturellen Programmierung auf den neuesten Stand zu bringen, die Ihnen nur beigebracht haben, daß Sie keinen friedlichen, positiven, machtvollen Krieger in sich tragen. Über diese tief eingegrabene Programmierung müssen Sie sich erst hinwegsetzen, bevor Sie fähig werden, neue, wirklich neue, befreiende Informationen zuzulassen.

Lassen Sie uns eine kurze Reise durch Ihren Kopf machen. Es arbeiten da einige interne Mechanismen in Ihrem Gehirn, die Sie auf Ihrem Weg zu einem tieferem Bewußtsein verstehen müssen.

Wir wollen zuerst über die Medulla sprechen, den ältesten Teil Ihres Gehirns. Die Medulla (das Tiergehirn) war schon mit uns, lange bevor die Menschen sich entschieden, sich von allen Vieren aufzurichten und auf zwei Beinen zu stehen. Dieses uralte Gehirn sitzt direkt auf Ihrer Wirbelsäule und dirigiert im wesentlichen den Verkehrsfluß der Informationen, die von vielen Ihrer Sinne kommen. Die Medulla arbeitet wie ein Verkehrspolizist. Sie entscheidet, welche Informationen zur zentralen Verarbeitungseinheit, der Großhirnrinde, durchgelassen werden und welche nicht.

Neueste Forschungen zeigen, daß nur etwa 30 % der Informationen, die wir in jedem Augenblick empfangen, es tatsächlich durch die Medulla bis zur Großhirnrinde schaffen. Erst dort dringt die Information ins Bewußtsein und steht zur Verarbeitung und Entscheidungsfindung bereit. Die anderen 70 % (ja richtig, 70 %) werden in unser Unterbewußtsein abgezweigt. Unser Bewußtsein weiß zu keiner Zeit, daß die Information jemals da war. Die Masse der Daten, die jeden Augenblick auf uns trifft, wird einfach nicht in unser Wirklichkeits-Bewußtsein hereingelassen (auf unsere Tischplatte, unser Tonal, wie die Yaqui sagen würden).

Falls Sie jahrelang wirklich an Ihrem Bewußtsein gearbeitet haben, kommen vielleicht 35 % durch, aber nicht mehr. Das bedeutet, daß die meisten Menschen dieser Welt – um ihr Leben bewußt und richtig

zu leben – Entscheidungen treffen, Urteile fällen, tiefe, bedeutungs-
schwere Schlüsse ziehen, die sich auf höchstens 35 % der verfügbaren
Informationen stützen. Eingebettet in diese 70 bzw. 65 % dieser »ver-
lorenen« Informationen, liegen mit Sicherheit viele Stücke des Puzzles,
die man braucht, um klare Entscheidungen zu treffen und akkurate
Urteile darüber zu fällen, was richtig und was falsch ist, wer gut und
wer schlecht ist, usw.

Die wichtigste Frage hier lautet: »Auf welcher Basis läßt die
Medulla einige Informationen durch, schließt aber die meisten Informationen aus? Aufgrund welcher Kriterien entscheidet die Medulla,
was in unserer Tischplattenwirklichkeit existieren wird und was
nicht?« Wir sind uns der Antwort nicht sicher, aber wir können Ver-
mutungen anstellen, die sich auf die Gesamtfunktion, die die Medulla
spielt und schon seit Jahrtausenden gespielt hat, stützen. Sie erinnern
sich: es ist Ihr ältester Gehirnteil, der Ihnen geholfen hat, Ihr Leben
vor den Löwen und Tigern draußen vor der Höhle zu retten. Es ist
das Gehirn, das Ihnen auf einer sehr rudimentären Ebene bei der Entscheidung geholfen hat, ob sie jenes haarige Etwas, das im Wald lauerte,
angreifen oder ob sie lieber fliehen sollten. Es ist das Gehirn, bei dem
die Alarmglocken des zentralen Nervensystems läuten und sagen, ob
die Reaktion Flucht oder Angriff lautet, um die Überlebenschancen
auch diesmal zu erhöhen. Die Medulla trifft ihre Entscheidungen nur
nach der Frage des Überlebens: ursprüngliches, körperliches Überleben.

Um es lockerer zu sagen: sie werden mit 30 % der in Ihrer Welt
verfügbaren Informationen gefüttert, und sie werden von einem Höh-
lenmenschenhirn gefüttert, das sich an der Frage »Überleben oder
Furcht« orientiert.

Ein Teil des Weges eines Kriegers des Herzens besteht im Um-
lernen Ihrer Medulla; sie muß viel mehr von diesen 70 % der gegenwärtig nicht verfügbaren Information durchlassen (Sie können eine
unglaubliche Menge an Informationen in Ihrer Großhirnrinde ver-
arbeiten. Die Information sitzt einfach da und wartet). Und was noch
wichtiger ist: der Weg eines Kriegers des Herzens besteht darin, die
Medulla neu zu trainieren, damit sie die Grundlagen, anhand derer
sie ihre Entscheidungen darüber trifft, was sie durchläßt und was
direkt ins Unterbewußtsein wandert, neu programmiert. Es ist möglich, Ihr Gehirn neu zu trainieren – weg von den Entscheidungen, die
auf der Furcht vor Vernichtung basieren, weg von dem »ich gegen
dich«-Überleben und hin zu einem »ich und du« Überleben und dem

gemeinsamen Schaffen einer besseren Welt für alle. Aber das wird nicht einfach deshalb geschehen, weil es eine nette Idee ist. Die Kriegerin bzw. der Krieger muß sich auf diesen Weg einlassen – als Vorbild für andere.

Nun gut, wir wollen weitergehen und sehen, was mit diesen 30 % oder 35 % der Informationen geschieht, die von Ihrer Medulla *durchgelassen* werden. Diese Information betritt nun Ihre Großhirnrinde, dem Teil Ihres Gehirns, wo Ihnen die Existenz der Information bewußt wird. Dies ist auch der Teil Ihres Gehirns, wo bewußte Entscheidungen getroffen werden. Also steht zumindest die Information, die es bis zur Großhirnrinde geschafft hat, für eine klare Entscheidungsfindung und für die Integration neuerer Verhaltensmuster von höherer Qualität zur Verfügung. Richtig? Falsch.

Anscheinend vergleicht unser bewußtes Gehirn, der Kortex, in unserem Kopf jede neue Information mit allen alten Informationen. Ich fürchte, die Großhirnrinde kann mit neuen Informationen nicht besonders gut umgehen. Es ist so, als ob Sie ein Filofax oder einen großen Karteikasten mit DIN A 3 Karten im Kopf hätten. Auf diesen Karten steht jede einzelne Information, jede Erfahrung, jedes Gefühl, jedes Szenario und jeder Gedanke, der jemals den Kortex betreten hat, seit er Kortex wurde (vielleicht sogar davor!). Wenn eine neue Information hereinkommt, wird sie unverzüglich mit jeder alten Information auf diesen DIN A 3 Karten verglichen. Ihr Gehirn hält Ausschau nach einem *Ebenbild*, einer starken Ähnlichkeit, damit es sagen kann »Aha, ich weiß, wie man damit umgeht, das lege ich einfach auf der Karte 1.312 ab …«

Haben Sie jemals etwas Ähnliches gesagt wie »Junge, Junge, der erinnert mich wirklich an – –«? Oder Sie fahren durch einen spektakulären Gebirgspaß, während ein brillianter Sonnenuntergang Ihren Wagen in Licht taucht und Sie sagen: »Das erinnert mich an – –«.

Wie verrückt geht Ihre Großhirnrinde Ihre Sammlung von DIN A 3 Karten durch und versucht, einen Vergleich zu finden. Sie versucht, diese neue Information mit etwas in Übereinstimmung zu bringen, was in dem DIN A 3 Karteikartenkasten bereits vorhanden ist. Die Großhirnrinde *wird* ein Ebenbild finden. Sie wird diese neue Information auseinandernehmen und auf eine dieser verdammten, alten DIN A 3 Karten zwängen, damit diese Welt für sie (Sie) »Sinn« macht.

Unglücklicherweise gibt es keine DIN A 3 Karte, die herausspringt und »HALT!« sagt. »Zwänge diese Information nicht auf eine

alte Karte. Das ist eine völlig neue Information.« Es gibt in unseren
Gehirnen keinen Mechanismus, der es neuen Informationen erlaubt,
neu, frisch und lebendig zu bleiben. Sie werden auseinandergenom-
men und in bereits vorhandenen Kategorien abgelegt.

Ein geistreicher Mensch hat einmal gesagt, unser zwanzigstes
Jahrhundert leide an einer ansteckenden Krankheit namens »Verhär-
tung der Kategorien«. Genau.

Wir haben also eine weitere Aufgabe eines Kriegers des Herzens entdeckt. Wir müssen unserer Kartensammlung diese neue »DIN
A 3« Karte hinzufügen, nämlich die mit der Aufschrift: »HALT!
Atme, schätze die Neu-heit dieses Augenblicks, die Einzigartigkeit
dieses Bewußtseins, die Lebendigkeit und Besonderheit dieser Situation.« Das wertvollste Geschenk, das Sie sich und jedem Lebewesen
auf diesem Planeten machen können, ist, Ihr Gehirn darauf zu trainieren, daß es diese Neu-heit in Ihnen leben läßt. Das wird für Sie geschehen, wenn Sie den Weg eines Kriegers des Herzens gehen. Feiern
Sie. Ein Wort der Warnung: um diesem Weg zu folgen, um Neu-heit
in Ihrem Leben zuzulassen, werden Sie weit über das *Tonal* hinaus-
reisen müssen, in dem die Dinge »Sinn machen« müssen. Sind Sie bereit, dem Todesgriff auf Ihre sauber abgelegte, vernünftige Welt nach-
zugeben?

Übung: Gefilterte Informationen

Ihre Medulla filtert Informationen aufgrund ihres Bedürfnisses, in der »Schein«-Welt zu überleben. Das dem so ist, werden Sie wissen, wenn folgende Gedanken oder Gefühle sich in Ihnen regen:

> Niemand mag mich.
> Ich bin dumm.
> Ich kann das nicht tun.
> Sie werden mich nicht lieben, wenn …
> Ich darf keinen Fehler machen.
> Ich muß gewinnen.
> Ich bin ein Verlierer.
> Ich bin machtlos.
> Was kann ich schon ändern?
> Wen kümmert es, was ich denke (fühle)?
> Ich muß immer auf der Hut sein.
> Ich werde wahrscheinlich krank.
> Ich verdiene das nicht.
> Die sind hinter mir her.
> Es gibt nicht genug für alle.
> Kriege sie, bevor sie dich kriegen.

Setzen Sie einige Ihrer persönlichen »Medulla-Botschaften« ein, die Sie auf der 35% Ebene halten:

Übung: Aufwertung und Neuprogrammierung

Wenn Sie merken, daß Ihre Medulla Ihren Zutritt zum Leben einschränkt, versuchen Sie es mit folgenden Neuprogrammierungen, damit mehr und bessere Informationen in Ihre »Punkteverbindende« Großhirnrinde fließen können:

> Ich liebe mich.
> Ich bin weise.
> Ich kann es TUN.
> Ich bin 100 % liebenswürdig.
> Meine Fehler sind meine Lehrer.
> Ich muß nur mir selbst treu bleiben.
> Ich verdiene das Beste.
> Ich bin ein machtvoller Friedensstifter.
> Ich kann die Welt ändern, indem ich mich ändere.
> Die Welt braucht meine Geschenke.
> Dies ist ein freundliches Universum.
> Mein Leben ist mein Geschenk an uns alle.
> Gesundheit ist mein natürlicher Zustand.
> Ich nähre das Leben und das Leben nährt mich.
> Ich schaffe mein Leben.
> Es gibt genug von all dem, was wirklich zählt.
> Jedes Lebewesen gehört zu meiner Familie.

Setzen Sie Ihre eigenen Neuprogrammierungen ein, um den Fluß in Ihnen zu öffnen:

KAPITEL 6

Wie Sie Ihr SELBST erkennen

Ich verpflichte mich dem Frieden,
bringe den Feind nach außen, nach innen
nach innen, nach außen
Franklin

Eine große, runde Persona
maskiert den Schatten
und erstickt das Selbst
Pat

Das SELBST

Ich habe auf das SELBST angespielt, als ich sagte, wenn Ihre Macht aus Ihrer Verbindung mit Ihrem SELBST entsteht und nicht von Ihrer Position abhängt, dann können Sie es sich gestatten, Ihr Bedürfnis, um jeden Preis *richtig* zu sein, aufzugeben. Um das Bild zu verstehen, das Sie von Ihrem Selbst haben, lassen Sie uns ein einfaches Modell aus der Jungschen Psychologie betrachten. In ihm wird das Individuum als Sphäre gezeichnet, die aus vielen Schichten von Bewußtsein und Erfahrung aufgebaut ist.

Die äußerste Schicht dieser Sphäre wird *Persona* genannt. In dieser Schicht liegen alle Ihre Persönlichkeitsmerkmale, alle Ihre Referenzen und Erfolge, die Sie anderen so gern zeigen. Alles in unserer Persona entspricht der Wahrheit. Es ist nur so, daß wir durch Erfahrung eines herausgefunden haben: wenn wir andere Menschen sehen lassen, was in unserer Persona ist, dann mögen sie uns normalerweise dafür. Also zeige ich, wenn ich das erste Mal einen Menschen oder eine Gruppe von Menschen treffe, Ihnen meine Persona. »Hallo,« sage ich, »ich bin Danaan Parry und ich habe diese beeindruckenden Referenzen und ich bin in all diese Länder gereist und bei all diesen Dingen bin ich erfolgreich, usw., usw.« Und der kleine Junge in mir hofft, daß Sie mich mögen, annehmen, bestätigen. Wir alle haben *Personas.*

Wenn wir hinter die Persona sehen, die äußerste Schicht von »dem, der wir sind«, finden wir viele innere Schichten. Dies sind die Anhäufung vieler Jahre der »Akkulteration«, des Lernens, wie man überlebt, wie man sich in eine Gesellschaft einfügt, mit eindeutigen Verhaltensregeln und strengen psychologischen Strafen, wenn man sich *nicht* einfügt.

Eine der wichtigsten inneren Schichten ist der *Schatten*. Und wie die Persona all diejenigen Dinge von uns enthält, die wir die Welt sehen lassen wollen, enthält die *Schatten*-Schicht all diejenigen Dinge über uns, die wir *niemand* anderes sehen lassen wollen. Die Jahre unserer Akkulteration haben uns gelehrt, normalerweise unter Schmerzen, daß es Facetten unserer Natur gibt, bestimmte Gefühle und Wesenszüge, die – wenn sie entdeckt werden – uns Zurückweisung, Ablehnung und sogar Feindseligkeit von anderen erfahren lassen. Aus bitterer Erfahrung haben wir gelernt, daß »es nicht in Ordnung ist, so zu sein«. Also versuchen wir diejenigen, die wir sind, zu ändern, aber nicht indem wir mit diesen Wesenzügen arbeiten, sondern sie verleugnen, sie nach innen verdrängen, in der Hoffnung, daß sie verschwinden. Und genau das tun sie nie. Genauso wie ein Konflikt nie verschwindet, wenn man einfach so tut, als gebe es ihn nicht, wenn er in Wirklichkeit da ist, so verschwinden auch diese »negativen« Gefühle und Verhaltensweisen nicht, wenn wir sie in uns einschließen. Sie wandern hinab in die *Schatten*-Schicht und häufen sich da an, wie die heiße, flüssige Lava im Erdinnern. Traurigerweise geben wir diesen Wesenszügen umso mehr Macht, je mehr wir sie verdrängen und versuchen, unsere »nicht akzeptable« Seite zu ignorieren. Bei vielen Menschen endet das damit, daß ihr Leben von ihrem Schatten geführt wird. Sie verschwenden die meiste ihnen zur Verfügung stehende Energie bei dem Versuch, ihre »nicht akzeptable Seite« zu verstecken. Alle – außer ihnen – sehen das.

Meine Jahre als Berater haben mich gelehrt, daß auf einer Ebene des Bewußtseins, direkt unter unserem Oberflächenbewußtsein, *wir alle untereinander über uns Bescheid wissen*. Mit anderen Worten, an der Oberfläche oder auf der Persona-Ebene sozialer Beziehungen, tun wir so, als ob wir übereinander nicht Bescheid wüßten, aber in Wirklichkeit haben wir alle unglaubliche, intuitive Sensor-Mechanismen und es ist in Wirklichkeit unmöglich, uns vor irgend jemandem zu verstecken, besonders vor denjenigen, die uns lieben. Es wird der Tag kommen, an dem genügend Menschen sich selbst mögen und sich wohl dabei fühlen, mit anderen tiefe Intimität zu erfahren. An diesem Tag werden wir kollektiv unsere Personas öffnen und zugeben, daß es in Ordnung ist, sich zu kennen, sich wirklich gegenseitig zu kennen. Bis dahin wird der Großteil der Menschheit weiter vorgeben, daß wir getrennte, isolierte Einheiten sind, und daß wir uns wirklich voreinander verstecken können. Und eine kleine Handvoll Menschen wird den Mut haben, hinter diese Illusion zu sehen und dies auch zuzugeben.

Das bringt uns zum SELBST, dem Zentrum der Sphäre, die Sie sind und die ich bin. Das kann ein verwirrendes Wort sein, weil die verschiedenen psychologischen Disziplinen dieses Wort für verschiedene Aspekte der Psyche verwenden. Hier definiere ich das SELBST aus der Jungschen Psychologie als Ihr Innerstes, der Ort im Zentrum Ihres Seins, wo Sie wissen, wer Sie sind. Wo Sie unmißverständlich wissen, daß Sie ganz und vollständig sind und daß Sie *Liebe* sind. Hier im SELBST lebt das reine Wesen, das nichts zu beweisen hat, das Liebe nicht *verdienen* muß, weil es Liebe *ist*.

Vielleicht erkennen Sie den deutlichen Unterschied zwischen dieser Definition von dem, was in Ihrem Zentrum liegt, und den Theologien einiger großer religiöser Glaubenssysteme. In dem Glauben, in dem ich erzogen wurde, hieß es, daß mein Zentrum eine schwache, dem Bösen zugeneigte Seele ist, die nur durch die Gnade der Kirche gerettet werden kann. Es war ein mächtiger Kontrollmechanismus, »Erbsünde« genannt, der erklärte, daß ich in dieses Leben nur als ein Teil trat und die Kirche bräuchte, um mich ganz zu machen.

Hier setzt Carl Jung ein. Er sagt, daß unser Zentrum ganz ist, klar ist, Liebe ist. Schicht um Schicht von angehäuftem Scheinwissen hält uns davon ab, uns an diese Wahrheit zu erinnern und macht uns aufnahmefähig für die Schuldzuweisungen und Verführungen externer Glaubenssysteme.

Jung hat noch etwas gesagt, das viele zeitgenössische Autoren nicht aufgegriffen haben. Für mich ist es das wertvollste Stück Weisheit in der Jungschen Psychologie, weil es von dem spricht, der wir auf der Ebene des SELBST wirklich sind. Lassen Sie es mich mit meiner eigenen Art zu fühlen ausdrücken:

Die meisten von uns Menschen verbringen einen Großteil ihres Lebens damit, von den Personas anderer Menschen »abzuprallen«. Ob es nun eine einmalige Begegnung oder eine vierzig Jahre dauernde Ehe ist, die meisten von uns sind wie Billiardkugeln auf einem Tisch, prallen gegenseitig von unseren Hüllen ab und erlauben es niemandem, wirklich unter die oberste Schicht zu dringen. (Ich glaube ernsthaft, daß jeder zu irgendeiner Zeit seines Lebens die Erfahrung gemacht hat, daß seine Sphäre durchdrungen und tiefere Schichten freigelegt wurden. Für die meisten war dieses Erlebnis zu erschreckend, so daß sie sofort all ihre Kräfte mobilisierten, um diesen Sicherheitsbruch zu »heilen«. Die Persona schließt sich schnell über die freigelegten inneren Schichten. Zurück bleibt eine dicke Narbenhaut, die weiteres Eindringen verhindern soll).

Hin und wieder hat einer den Mut – oder die Situation zwingt uns dazu – eine tiefere Schicht zu berühren und dort für eine Weile zu bleiben. Dann können wir die Belohnungen dieser »Reise ins Innere« entdecken. Wir entdecken zum ersten Mal, wie gut es sich anfühlt zu fühlen. Ich meine *wirklich* zu fühlen, nicht so zu tun, als ob man fühlt, wie das die meisten Menschen machen, wenn sie *denken*, daß sie fühlen. Denk-Gefühle sind ein weitverbreiteter Zeitvertreib in Amerika geworden, und Modeerscheinungen wie »Wachstumsgruppen« und New Age sind voll davon.

Die Erfahrung dieses authentischen Gefühls-Zustandes mit seiner Empfindung »jetzt bin ich endlich heimgekommen« oder zumindest »zu guter Letzt bin ich auf dem Weg nach Hause« hält uns gefangen, zwingt uns, unsere Reise tiefer und tiefer zum Zentrum unseres SELBST fortzusetzen. Sogar wenn wir auf die Schicht des *Schattens* treffen mit all seinen »Ängsten« und alter Wut, seinen Gefühlen des »Verkehrtseins« und der Unliebenswürdigkeit, erkennen wir irgendwie, daß wir schließlich dem »Wie-es-ist« dieser Ebene gegenüberstehen, anstatt mehr »so-tun-als-ob« Spiele zu spielen. Und die Wahrheit ist so zwingend, die Integrität so erfrischend, daß wir plötzlich gewillt sind, unserem Schatten im Spiegel genau ins Auge zu blicken und den Teddybären hinter dem grimmigen Drachen zu entdecken.

Weiter gehen wir, tiefer, bis der Moment kommt (für gewöhnlich nachdem wir uns eine Weile verlaufen haben), wo wir das erfahren, was christliche Mystiker »die dunkle Nacht unserer Seele« genannt haben. Sie geben auf und lernen, daß Sie so, wie Sie sind, in Ordnung sind. Und dann ist es da, normalerweise nur einen Augenblick lang, eine kurze Erfahrung des SELBST. Und was ist es? Über die Worte hinaus, die ich bereits benutzt habe, um es zu beschreiben, gibt es eine Stelle in Ihrem SELBST. Dort liegt die aufregende Enthüllung (oder vielmehr das tiefe Erinnern), wer und was wir wirklich sind. Und es ist nur in Beziehungen zu anderen zu entdecken. Dann, wenn Sie mir *Ihr* SELBST enthüllen und ich Ihnen *mein* SELBST enthülle, entdecken wir, daß *mein*-SELBST und *Ihr*-SELBST das gleiche SELBST sind.

Es gibt nur ein SELBST. Das ist unser Einssein, die völlige Verbindung. Auf dieser tiefsten Ebene dessen, wer wir sind, sind wir eins. In all den anderen Schichten liegen die Unterschiede, die Einzigartigkeit und die Trennung. Beides ist wahr. Wir sind ein Paradox. Wir sind gleichzeitig völlig einzigartig, anders als alle anderen Wesen, und doch auch in völlig Einheit, ich und alle anderen Wesen. Scheinbar kommt unser Bewußtsein mit unserer Verschieden-heit leicht zurande, wohingegen unser Bewußtsein (oder unsere Erinnerung) der Einheit das Ergebnis unserer Reise des Erwachens ist; einer Reise, die jeden Preis wert ist, den wir zahlen müssen. Es ist vielleicht die einzig wahre Reise, die man machen kann. Und mit Sicherheit ist es die Reise eines Kriegers des Herzens.

Übung:

Es ist gesund, wenn wir uns selbst in Begriffen unserer »Schichten« betrachten, um zu entdecken, was wir dort ablegen. Schreiben Sie bitte auf dieser Seite einige Worte nieder zu den drei Gebieten PERSONA, SCHATTEN und SELBST. Vielleicht fallen Ihnen noch andere Schichten ein, die andere Tiefen dessen, »wer Sie sind«, beschreiben. Sie können zum Beispiel Ihren *Namen* unter PERSONA schreiben, weil Sie möglicherweise das Gefühl haben, als ob er nur eine oberflächliche Verbindung zu Ihnen hat. Vielleicht fühlen Sie sich auch veranlaßt, Ihren Namen weiter unten zu schreiben, vielleicht zwischen PERSONA und SCHATTEN, weil Ihr Name tiefere Teile von Ihnen ausdrückt. Wo werden Sie Ihr Geschlecht hinschreiben: Mann oder Frau? Wo Ihren Beruf? Ihre Familienbindungen (Ehemann, Ehefrau, Liebhaber, Tochter, Sohn, Vater, Mutter)?

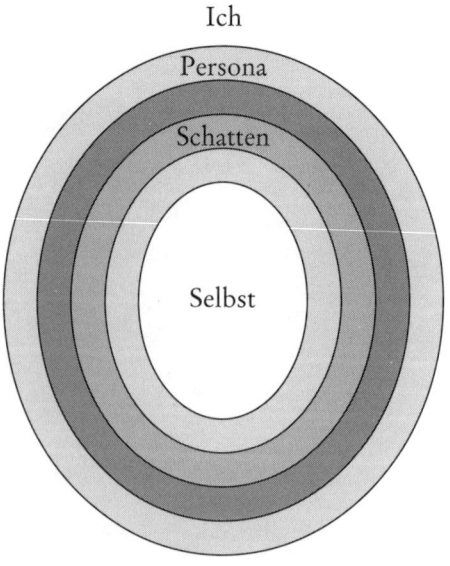

Übung:

Jetzt füllen Sie dies für Ihren VATER (oder von wem immer Sie das Gefühl haben, daß er diese Rolle in Ihrem Leben ausfüllte) aus. Einige Wörter mögen die gleichen wie bei Ihnen sein; einige werden sich sehr unterscheiden. Schließen Sie einfach für einige Augenblicke Ihre Augen und rufen Sie dieses Bild in sich wach. Öffnen Sie dann Ihre Augen und lassen Sie die Worte in die Gebiete seiner Sphäre fließen, dorthin, wo sie hingehören.

Mein Vater

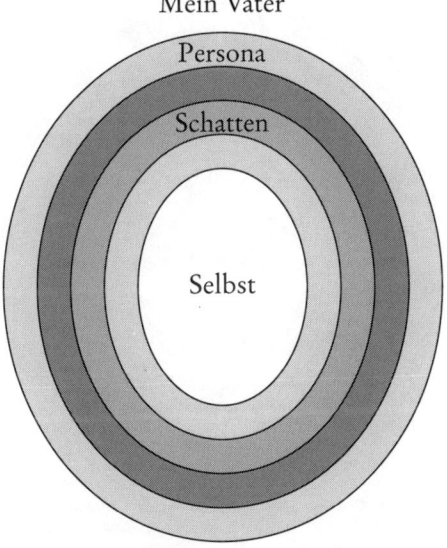

Denken Sie daran: Sie tun dies für einen anderen Menschen, nicht für sich selbst. In Wirklichkeit können wir niemals wirklich einen anderen Menschen beschreiben, nur das Bild dieser Person, wie wir es in uns tragen. Es ist, als ob man in die »Schachtel« mit der Aufschrift »WAHRHEIT« schaut. Jemand, der auf einer anderen Seite durch ein anderes Guckloch schaut, würde eine völlig andere Wirklichkeit sehen. Denken Sie daran, daß dies *Ihr* Bild ist, nicht DAS Bild, und als solches erzählt es mehr über Sie als über irgend jemand sonst.

Übung:

Jetzt tun Sie dies für Ihre MUTTER (oder wer immer diese Rolle in Ihrem Leben ausfüllte). Schließen Sie wieder die Augen und rufen Sie das Bild Ihrer Mutter in sich wach. Öffnen Sie dann Ihre Augen und beginnen Sie mit dem Ausfüllen der Schichten.

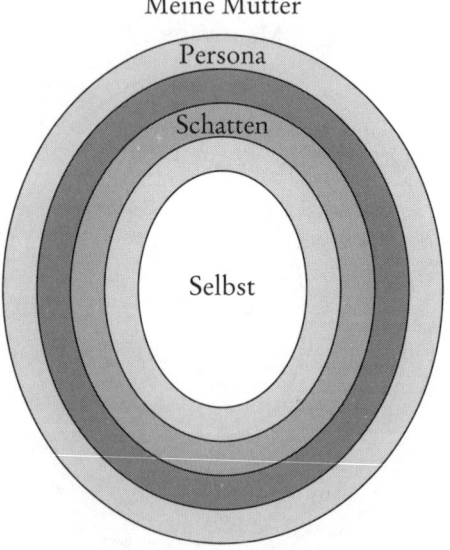

Natürlich gilt hier genau das gleiche. Dies gibt Ihnen Informationen darüber, wie *Sie* Ihre Welt sehen. Ein altes Sprichwort sagt: »Was wir über andere sagen, sagt mehr über uns als über sie.« Aus diesem Aphorismus können wir sehr viel lernen.

Übung:

Jetzt ist es an der Zeit, dies für den von Ihnen geliebten Menschen zu tun. Ich benütze das Wort »geliebter Mensch«, um die Person in Ihrem Leben zu bezeichnen, die die Rolle der »Wichtigsten Beziehung« ausfüllt. Wenn es niemanden gibt, der in Ihrem Leben diese Rolle ausfüllt, dann wählen Sie jemanden, der Ihnen im Moment am nächsten steht.

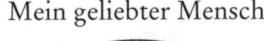

Mein geliebter Mensch

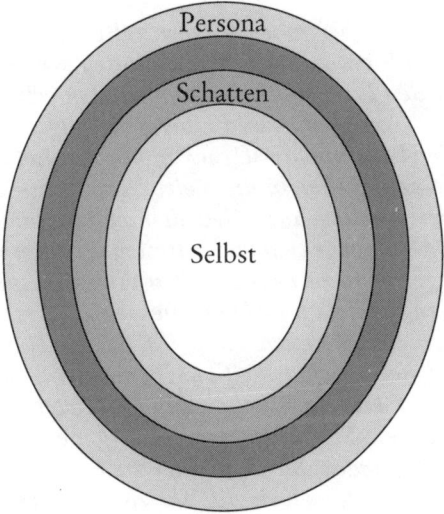

Denken Sie bitte darüber nach, diese Information mit den drei Menschen, für die Sie diese Bilder geschaffen haben, zu teilen. Das gilt besonders für das Bild von Ihrem geliebten Menschen. Ich empfehle, daß Sie eine »Sicherheitszone schaffen« und diesen Menschen einladen, dort dieses Bild mit ihm/ihr zu teilen. Ihr geliebter Mensch muß wissen, daß dieses Bild mehr über *Sie* sagt als über ihn/sie. Sie können diesen Menschen bitten, auch für Sie eine solche Sphäre zu erstellen.

KAPITEL 7

Alleinsein – Ihre Kraftquelle

Strahlende, frostige Nacht
steif, allein mit Ängsten als Freunde
Krieger des Herzens
Hardy

»... es gibt eine vorherrschende Form zeitgenössischer Gewalt,
der ein Idealist, der mit gewaltlosen Methoden
für den Frieden kämpft, am ehesten erliegt:
Aktivismus und Überarbeitung.
Die Hetze und der Druck modernen Lebens
sind eine – vielleicht die weitverbreiteste – Form
seiner inneliegenden Gewalt. Sich zu erlauben,
von einer Unmenge sich widerstreitender Kümmernisse
hinfortgetragen zu werden, allzu vielen Ansprüchen
zu erliegen, sich allzu vielen Projekten zu verschreiben,
jedem in allem helfen zu wollen, heißt, der Gewalt zu erliegen.
Und mehr noch, es heißt auch, mit der Gewalt
zu kooperieren. Die Besessenheit des Aktivisten neutralisiert
seine Friedensarbeit. Sie vernichtet seine eigene, innere Kapazität
für den Frieden. Sie vernichtet die Fruchtbarkeit
seiner eigenen Arbeit, weil sie die Wurzel der inneren Weisheit,
die die Arbeit erst fruchtbar macht, tötet.
Thomas Merton

Es gibt drei verschiedene Zustandsformen, die nur wenige Menschen verstehen, und die meist auf einen großen Haufen geworfen werden. Für gewöhnlich hat dieser Haufen einen negativen Beigeschmack. Diese drei Zustände heißen:

allein
einsam
Alleinsein

Sie sind sich untereinander *nicht einmal ähnlich* und in der Tat ist der Zustand, den ich Alleinsein nenne, ein positiver, mächtiger Zustand, in der der Krieger des Herzens lebt.

Ich war 34, bevor ich den Zustand, Allein zu sein, überhaupt erlebte. Als ich aufwuchs, waren meine Mutter und meine Tanten immer um mich und fällten Entscheidungen für mich. Dann trat ich geradewegs der amerikanischen Küstenwache bei; eine weitere »Mami«, die für mich sorgte. Während ich bei der Küstenwache war, heiratete ich, und in unserer ziemlich traditionellen Ehe wurde ich wiederum von meiner Ehefrau »versorgt«. Als meine Ehe nach zwölf Jahren zerbrach, stellte ich zu meinem absoluten Schrecken fest, daß ich nun zum ersten Mal in meinem Leben allein *war.*

Meine erste Reaktion war ganz eindeutig eine »kämpf oder flieh« Überlebenstechnik, die geradewegs aus meiner Medulla kam und beschönigend »Sport-Vögeln« genannt wird. Dutzende einsamer Nächte in Dutzenden von Bars, in denen ich Dutzende einsamer Frauen aufgabelte, die sich ebenso wie ich davor fürchteten, dem Alleinsein ins Gesicht zu sehen. Jene Monate des frenetischen Verleugnens waren die schmerzhaftesten und einsamsten Zeiten meines Lebens. Ich fand heraus, daß man sich dann am einsamsten fühlt, wenn man in einer Menge ist oder im Bett mit einer anderen einsamen Person.

Ich sagte: »Okay, allein zu sein kann auch nicht schlimmer sein als die Einsamkeit, die ich bei dem Versuch fühle, das Alleinsein zu vermeiden. Also wollen wir mal sehen, was Allein *wirklich bedeutet.« Ich schätze, ich bin ein Mensch, der mit einem Knüppel eins über den Kopf bekommen muß, um die eigene Aufmerksamkeit zu erlangen, also zog ich aus dem Apartment meines Freundes aus und kaufte ein Boot. Und was für ein Boot! Es war ein altes Marine-Landeboot aus dem 2. Weltkrieg. So ein Boot, wo das Vorderteil auf den Strand runterklappt und John Wayne mit blitzendem Gewehr herausmarschiert. Ein alter Flußkapitän hatte es in ein Schlepper-Hausboot umgebaut. Ich traf ihn in einer Bar in Antioch, Kalifornien. Zwei Stunden und zehn Biere später hatte er 2.000 Dollar von mir und ich hatte die SEAJAY. Gott helfe mir.*

Eine Woche lang schrubbte ich das Dieselöl von dem alten Koloß, dann brachte ich meine Sachen an Bord und mietete eine Schlippe (d.h. Gang in einem Dock) im Bethel Island Yachthafen. Ich war der Einzige, der »an Bord lebte«. Nach der Arbeit fuhr ich hin, machte die SEAJAY los und schipperte in den San Juaquin Kanal hinaus. Ich

*machte an einer Boje fest und verbrachte die Nacht da draußen – in
der Schwärze des Sacramento Flusses. Ich war* Allein.

*Die ersten zwei Wochen spielte mir mein Verstand jeden Trick,
den er kannte. Ich phantasierte über jede Frau, mit der ich je geschlafen hatte. Mitten in der Nacht wachte ich auf und durchwühlte jede
Schachtel und jeden Schrank auf dem Boot nach etwas Lesbarem, ein
Buch, daß meinen Verstand von der Tatsache ablenken konnte, daß
ich* Allein *war. Im Kopf machte ich Telephonanrufe, schrieb im Kopf
einen Brief an jeden Menschen, den ich je kennengelernt hatte, erfand
Lieder – Gott, was hatte ich Angst davor, in mich zu schauen.*

*Aber in meinem Alleinsein kam das »Innere« nach außen, um
mich anzuschauen. Nach einer Weile hörte ich auf zu kämpfen. Nacht
für Nacht saß ich in der Dunkelheit auf dem Achterdeck des alten
Bootes. Das einzige Geräusch kam vom Reiben des Bootes an der Boje.
Nacht für Nacht kamen die Dämonen und Drachen, um bei mir zu
sein. Zuerst kämpfte ich mit ihnen in einer tödlichen Schlacht; dann
hörte ich auf zu kämpfen und beobachtete sie, lernte sie kennen. Ich
begann, mich auf sie zu freuen. Ich gab ihnen Namen. Wir wurden
Freunde. Die Nacht wurde mein Verbündeter, nicht mein Feind.*

Irgendwie hatte ich mich langsam von *einsam* zu *allein* hin-
bewegt. Einsam war entmächtigend. Ich war einsam mit Menschen
und einsam *ohne* Menschen. Allein war besser. Aber eine Zeitlang
war *Allein* auch entmächtigend, bis ich mit dem Kämpfen aufhörte.
Solange *Allein* nicht in Ordnung war, war es mein Meister und ein
schrecklicher dazu.

Aber so wie *einsam* zu *allein* wurde, wurde *allein*, nachdem ich
nachgegeben hatte, langsam zu etwas anderem, etwas Tieferem und
Ruhigerem.

Alleinsein

Es kommt eine Zeit, wenn Sie mit all den hektischen Spielchen aufgehört haben, bei der Sie oberflächlich von *Persona* zu *Persona* in Beziehung treten, wenn Sie Ihrem *Allein*sein nachgegeben haben und
Sie die Dämonen und Drachen aus Ihrem Schatten haben herauskommen lassen, wenn Sie gelernt haben, mit ihnen zu tanzen. Es
kommt eine Zeit, wenn …

… die Scheiße einfach aufhört … und *da sind Sie*.

Ich kann das unmöglich mit Worten beschreiben. Es ist *so ähnlich* wie, »Oh, *das* ist es also in Wirklichkeit« oder »Oh, jetzt habe ich es begriffen«. Oder Sie fangen einfach an, zu lachen und zu lachen und Sie *verstehen* nicht, warum, aber Sie *wissen*, warum. Voilà. All das Getue fällt weg; all die wilden, bösen Dämonen haben Namen wie Hank und Sibyl und sind witzige, kleine, haarige Dinger. Sie sind völlig allein im Universum und es ist in Ordnung so. Tatsächlich ist es *großartig*! *Allein* hat sich verwandelt von »armes, schwaches Ich« in »toll-mächtig«. *Natürlich* sind Sie allein, jeder von uns ist allein. Wir kommen zusammen, um uns gegenseitig zu nähren, zu heilen, zu unterstützen und uns Mut zu machen, aber letzten Endes sind wir alle allein. Wir sind *immer* in dem Raum zwischen zwei Trapezen und das ist ein Ort des *Alleinseins*. Hegen Sie ihn.

Ich treffe immer wieder Menschen, die jahrelang allein lebten und doch haben sie dem nie nachgegeben, sich nie damit angefreundet, nie Kraft daraus gezogen und es zu ihrem Verbündeten gemacht. Sie haben das ALLEINSEIN nie kennengelernt.

Es gibt einen Weg für Sie, diesen positiven, machtvollen Zustand namens *Alleinsein* zu erforschen, und ich bitte Sie, darüber nachzudenken, denn Sie können daraus viel lernen und Stärke daraus gewinnen. Es ist ein gewaltiger Schritt auf Ihrem Weg zum Krieger des Herzens.

Nein, Sie müssen nicht alle Ihre Beziehungen auflösen, auf ein Boot ziehen oder einem Kloster beitreten. Vielleicht müssen Sie sich auf eine sogenannte Visionssuche (amerikanisch: vision quest) begeben.

Visionssuche

Beobachten Sie nun die Bilder, die sich in Ihrem Kopf formen und wie sich die Punkte dessen, woüber ich gesprochen habe, zu einem Ganzen verbinden. Entspannen Sie sich und lassen Sie mich Ihnen sagen, was ich mit *Visionssuche* meine. Die Visionssuche enthält vier Punkte:

Sie

Natur

Zeit

Alleinsein

Das ist es. Einfach, nicht? Einfach: ja; leicht: nein. Für Menschen wie Sie und mich ist die größte Hürde meistens die Zeit. Das wird in Ihrem Tagesplaner nicht in die Lücken zwischen die einzelnen Verabredungen passen. Aber es wird wahrscheinlich auch keine Wochen dauern, außer, Sie wollen das.

Fangen Sie mit dem Planen an und warten Sie ab, was geschieht. Wo werden Sie es tun? Es muß ein Ort der Wildnis und der Ruhe sein. Es könnte ein verlassener Strand sein oder eine Gebirgswiese oder ein Waldstück oder ???

Lassen Sie Bücher und Zeitschriften zuhause und ebenso die Kinkerlitzchen und »speziellen Dinge«. Kein Telefon. Nichts, damit »Sie etwas zu tun haben«. Geschäftigkeit ist der Feind. Langeweile ist Ihr Werkzeug. Richtig, begrüßen Sie die Langeweile. Wenn Sie kommt, heißen Sie sie willkommen, schwelgen Sie darin; es ist Ihre Brücke auf die andere Seite. Spazieren Sie in der Natur. Lauschen Sie dem Wasser. Fühlen Sie den Wind. Seien Sie gelangweilt. Seien Sie allein.

Wenn *allein* sich gut anfühlt und Langeweile sich glänzend anfühlt, wenn all die alten Filme in Ihrem Kopf sich zu Tode gespielt haben und die alten Phantasien nur noch Hafermehl sind, dann lächeln Sie einfach. (Sie werden wissen, was ich meine, wenn Sie dort ankommen). Alleinsein.

Ich wünschte, es gäbe irgendeinen Weg für Sie, die folgenden Worte erst dann zu lesen, wenn Sie den Punkt erreicht haben, an dem Sie auf Ihrer Visionssuche das Alleinsein begrüßt haben. Aber, zum Teufel damit.

Wenn Sie den Zustand des Alleinseins erreicht haben, können Sie Fragen über sich selbst stellen und darüber, »wie es kommt«, daß Sie nicht früher fragen konnten. Warum? Wenn Sie das Alleinsein wirklich begrüßt haben, sind Sie im Nagual. Davor kamen alle Ihre Fragen, all Ihre Antworten aus dem Tonal. Vor dem Alleinsein häuften Sie einfach mehr alte Filmdrehbücher auf dieselbe alte Tischplatte Ihrer begrenzten, »stimmigen« Wirklichkeit. Nichts wirklich Neues. Aus dem Nagual, vom Punkt des Alleinseins, können Sie sehen, was NEU ist.

Jetzt ist es an der Zeit, Sie als Krieger zu betrachten. Es ist an der Zeit, einige Fragen zu stellen. Es ist an der Zeit, zum Auto rauszugehen, den Kofferraum zu öffnen, den Ersatzreifen hochzuheben und dieses Buch herauszuholen, das Sie bis dahin darunter versteckt hatten. Oder es ist an der Zeit, sich bis zum Boden Ihres Rucksacks vorzuarbeiten, durch das zweite Paar Wollsocken und die Müslipackung, um bis zu diesem Buch vorzudringen, das Sie auf Ihrer Visionssuche *nicht* dazu benutzt haben, sich von der Langeweile abzulenken. Sie wischen die Schokoladenkeksflecke ab, öffnen es und schlagen die Seiten auf, auf denen Sie über sich und andere geschrieben haben.

Wenn Sie aufgehört haben, zu lachen, schreiben Sie das Ganze neu von dem Standpunkt, an dem Sie jetzt sind: vom Nagual.

Dann lesen Sie den Abschnitt *Der Krieger auf der Wiese* und vervollständigen Sie auf den folgenden Seiten die Zeichnung von sich als dem Krieger auf der Wiese.

Der Krieger auf der Wiese

Stellen Sie sich vor, Sie befänden sich auf einer üppigen grünen Wiese. Es ist Frühling und überall um Sie herum sind neue Blumen. Das Gelb, Blau, Rosa und Weiß blendet Ihre Augen, es breitet eine Wellendecke aus wilden Farben über die Waldwiese.

Dann werden Sie sich Ihrer selbst bewußt. Sie sind in den traditionellen Kleidern Ihres Erbes gekleidet. Die Farben, die Sie tragen, symbolisieren nicht nur Ihre Stammeslinie, sondern auch Ihren einzigartigen Platz in Ihrer heutigen Kultur. Während Sie so Ihre Kleidung betrachten, bemerken Sie, daß Sie sorgfältig einige Symbole und Objekte ausgewählt haben, die für Sie von Bedeutung sind. Einige davon haben Sie von Ihrer Mutter geerbt und stellen deren Geschenke an Sie dar. Diese Geschenke sind Ihre Verbindung zu ihr und auch die Verbindung Ihrer Mutter zu ihrer Familie. Einige der Symbole und Objekte gingen auf Sie durch Ihren Vater über und sind seine Geschenke an Sie und Ihre Verbindung zu seiner Familie. Andere Symbole und Objekte wurden Ihnen von anderen bedeutenden Menschen in Ihrem Leben gegeben (Großeltern, Tante, Onkel, Bruder, Schwester, Geliebte/r, Freund, Kind, etc.). Andere gehören Ihnen ganz allein, wurden von Ihnen verdient oder wurden Ihnen wundersamerweise durch das Universum gegeben.

Wie Sie nun so allein in dieser üppigen, lebens-vollen, natürlichen Szenerie stehen, sind Sie sich bewußt, daß Sie die Kleidung und das Gewand eines neuen Kriegers angezogen haben, eines Samurais von heute. Sie sind gleichzeitig der Hier-und-Jetzt-Repräsentant von Hunderten, vielleicht Tausenden von Jahren eines Erbes, dessen Energielinien zurückgehen zum Vater des Vaters des Vaters des Vaters Ihres Vaters und zur Mutter der Mutter der Mutter der Mutter Ihrer Mutter – und – Sie sind auch ein einzigartiges, brandneues Wesen, voll von einem neuen Bewußtsein und von neuen Informationen, die noch nie zuvor auf dieser Erde verfügbar waren.

Unser Planet braucht Sie als einen Krieger des Herzens; sowohl Ihres uralten Erbes als auch Ihrer Neuheit, Ihrem Potential, voll bewußt. Während Sie so auf dieser Wiese stehen, *sind* Sie diese Dinge, 100 %ig.

Übung: Der Krieger auf der Wiese

Ich bitte Sie nun, sich ein paar Minuten zu nehmen und sich selbst zu zeichnen. Das kann eine sehr lohnende Übung sein. Ich möchte, daß Sie sich als der Krieger des Herzens in Ihnen zeichnen. Das wird Ihnen helfen, sich an die tiefen Symbole und Energien in Ihnen zu erinnern und sich neu damit zu verbinden. Dies wird das Erwachen Ihres Kriegers des Herzens erleichtern. Mein eigenes Symbol ist das des auffliegenden Adlers mit einem großen Herzen darauf. Ich habe Farben, diverse Kleinigkeiten, Kinkerlitzchen und heilige Dinge (die mir heilig sind wegen den Menschen, die sie mir gegeben haben oder den Ereignissen, die geschahen, als ich sie bekommen habe). Es ist jetzt an der Zeit für Sie, Ihre eigenen Symbole herauszufinden.

Stellen Sie sich mit geschlossenen Augen vor, wie Sie in Ihrer Kriegerkleidung stecken. Werden Sie sich Ihrer Farben, Ihrer Wahl an Mustern und Material bewußt, wie die verschiedenen Elemente ineinander übergehen und miteinander harmonieren.

Werden Sie sich der rituellen Dinge bewußt, die Sie zur Zierde gewählt haben, den geheiligten Schmuck, den Sie tragen, die Symbole, die in Ihre Kleidung hineingewebt oder aufgenäht wurden. Was sind das für Symbole?

Wenn Sie Ihre Augen öffnen, fangen Sie an, diese Kleidung mit einem Bleistift auf die vorgegebene Seite zu zeichnen. Lassen Sie sich nicht davon einschüchtern, daß Sie nicht herausfinden können, wie man ein Cape oder ein Hemd oder eine Bluse richtig zeichnet. Haben Sie Spaß daran. Radieren Sie hier eine Linie weg und versuchen Sie es dort drüben. Achten Sie darauf, welche Symbole Ihnen in den Sinn kommen, auch darauf, an welche Stelle Sie sie zeichnen. Benützen Sie jedes Symbol, das Ihnen in den Sinn kommt. Wie liegt Ihr Haar, wie ist es frisiert? Tragen Sie etwas auf dem Kopf?

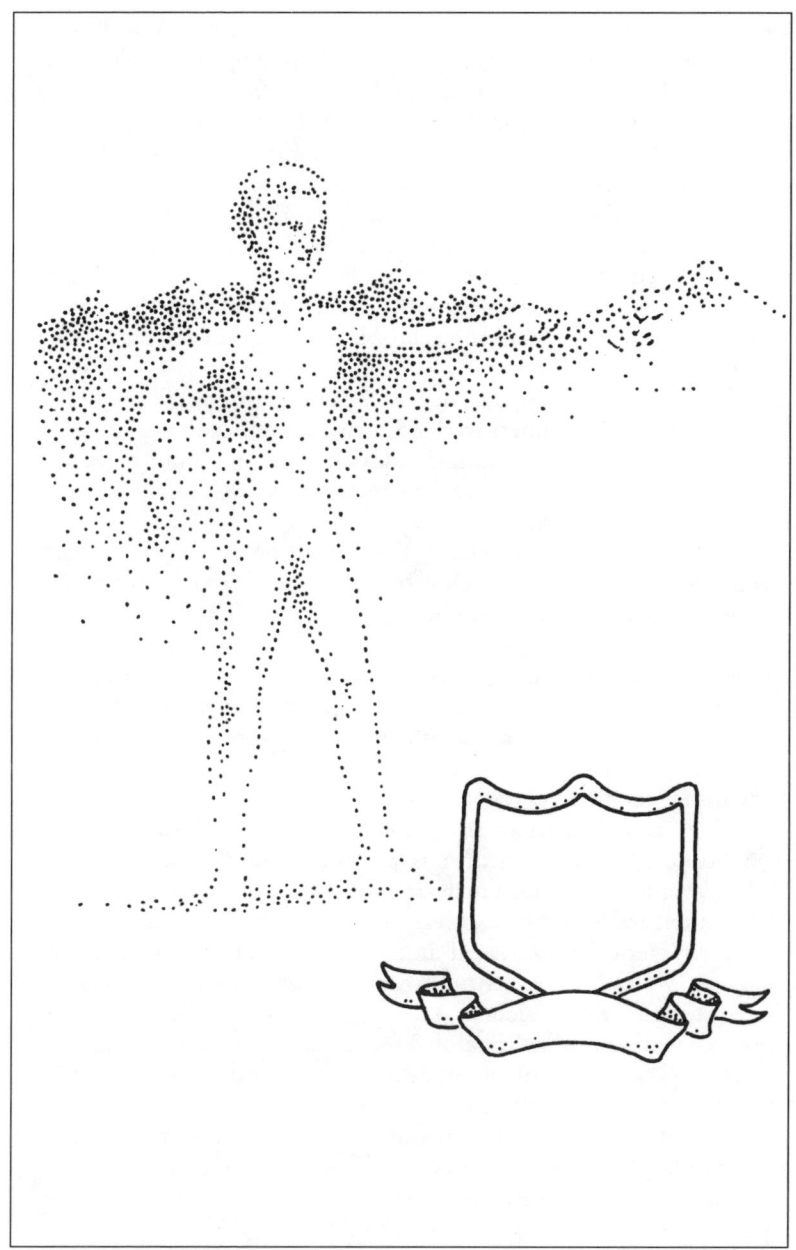

In der unteren Ecke des Bildes habe ich ein Schild plaziert. Das ist Ihr Krieger-des-Herzens-«Wappenschild». Es ist
kein Schild, um Sie vor etwas zu schützen, und es handelt sich
bei dem Schild um keine »Waffe«, sondern um ein Schild, das
sich die Begegnung mit anderen wünscht. Es ist ein »Umar-
mungs-schild«. Es steht auf dieser Seite, damit Sie Ihr eigenes
Krieger-des-Herzens-Symbol (oder Symbole) zeichnen können. Welche das sind? (Vielleicht fallen Ihnen nicht gleich welche ein, aber Sie haben jetzt gefragt, Sie haben an die Tür Ihres
eigenen Unterbewußtseins geklopft und die Antwort wird zu
gegebener Zeit kommen.)

Achten Sie darauf, daß sich unter Ihrem Schild eine
»Schriftrolle« befindet, in die Sie einen alten Ausspruch oder
ein Motto schreiben können, das in Worten (linke Gehirnhälfte) ausdrückt, was Ihre Zeichnung (rechte Gehirnhälfte) in
Symbolen darstellt.

Zeichnen Sie ein wildes Tier hinein oder einen Vogel an
Ihre Seite. Das ist Ihr Totem, Ihr Kraft-Tier. Denken Sie nicht
darüber nach, was an Ihrer Seite sein sollte, zeichnen Sie es einfach. Zeichnen Sie ein Objekt in Ihre ausgestreckte Hand. Es
könnte ein Stock sein, ein Schwert, ein Stab, ein Knüppel, ein
Speer, ein Kelch, was auch immer. Zeichnen Sie es einfach.

Legen Sie das Buch zur Seite. Kehren Sie zur Natur
zurück. Zum Alleinsein. Sie werden wissen, wann es Zeit ist,
heimzugehen.

Heimzukehren ist ebenso wichtig, wie allein zu sein. Der
Schöpfungsakt des Alleinseins wird nicht für sich selbst getan.
Er ist ein Werkzeug, um Klarheit und Ruhe, Stille und Zentriertheit im Krieger des Herzens freizusetzen. All dies bringt
der Krieger oder die Kriegerin zurück in sein oder ihr Leben in
dieser Welt. All dies teilt der Krieger freizügig, gerade so wie
der Yaqui-Krieger sich in das Nagual wagt und Neuheit und
Veränderung in das Tonal des Stammes bringt. Die Suche des
Kriegers ist nicht vollendet, bevor sich nicht das Tonal für den
ganzen Stamm erweitert hat.

Mit anderen Worten, benützen Sie Ihr Alleinsein nicht als
Versteck. Nutzen Sie es als einen Ort, wo Sie Geschenke sammeln können, die Sie dann teilen.

Ihre Kraft-Quelle

Es gibt ein wertvolles »Werkzeug«, das im »Handwerkskasten« eines jeden Kriegers des Herzens vorhanden sein sollte, ob sie nun Geschäftsführerin in einem Großunternehmen ist oder ob er in Vollzeit ein alleinerziehender Vater von sechs Kindern ist (oder beides). Dieses Werkzeug ist Ihre Kraft-Quelle.

Ihre Kraft-Quelle ist ein Ort in der Natur, an den Sie relativ einfach ins Alleinsein zurückkehren können. Es ist eine natürliche Szenerie, in der Sie die Qualitäten der Ruhe, Stille, Erdverbundenheit, Zentriertheit finden. Dieser Ort ist nur für Sie da. Wenn der Ort, wo Sie das ALLEINSEIN entdeckt haben, weit weg ist, müssen Sie einen anderen, näherliegenden Ort finden.

Die für Ihre Kraft-Quelle notwendigen Bedingungen sind:

- Sie können diesen Ort relativ leicht erreichen (er darf nicht Stunden weit weg liegen. Sie sollten in der Lage sein, ihn in wenigen Stunden zu erreichen, um mindestens am selben Tag noch leicht zurückkehren zu können).
- Es muß eine natürliche Szenerie sein. (Elementare Energien müssen ohne weiteres zur Verfügung stehen und nicht mit Beton drum herum).
- Der Ort muß in vernünftigen Grenzen von Menschen unbewohnt sein. (Es muß die große Wahrscheinlichkeit herrschen, daß Sie dort ganz allein sein können. Das schließt natürlich wilde Tiere nicht aus, nur Menschen und deren ganzes »Zivilisation«-Brimborium).
- Der Ort muß Ihnen sagen: »Hier bin ich, ich bin das, nach dem Du suchst.« (Am Anfang werden Sie »suchen« müssen, aber in Ihren Wanderungen durch die Wälder oder entlang eines Baches oder eines Strandes, wird es Sie finden. Nehmen Sie sich viel Zeit zu wandern – ohne Ihren Intellekt, aber mit Ihrer Intuition. Erforschen Sie verschiedene Umgebungen. Sie werden es schon wissen.)
- Es muß »ein eigener Ort« sein. Das bedeutet, daß er irgendwie in sich geschlossen sein sollte. Er sollte sich »wie eine Einheit« anfühlen. So sollte dieser Ort zum Beispiel kein langes, ununterbrochenes Stück Strand sein, sondern vielleicht eine schmale Bucht oder ein hervorstehender Felsen; nicht eine ganze

Hügellandschaft, sondern vielleicht ein stiller Winkel oder eine Flußbiegung oder ein kleines Gehölz, das sich »verbunden« anfühlt.

● »Sie müssen diesen Ort für sich beanspruchen«. Ihre Kraft-Quelle gehört nur Ihnen. Respektieren Sie das. Ganz egal, wie groß ein Ort ist, widerstehen Sie dem Drang, Ihre geliebte Person oder Ihre Kindern, oder sonstwen dorthin mitzunehmen. Bauen Sie Ihr eigenes Energiefeld dort auf, und halten Sie es rein. Überlegen Sie, ob Sie ein wertvolles Objekt unter einen Stein oder in einer Astgabel verstecken wollen. Dieser Ort gehört Ihnen nicht, aber – wenn er Ihre Kraft-Quelle ist – dann werden die Naturkräfte mit Ihnen verschmelzen und mit Ihnen zusammen teilen. Es ist in Ordnung, wenn Sie hinsichtlich Ihrer Kraft-Quelle selbstsüchtig sind und sie nicht mit anderen Menschen teilen.

Warum braucht ein Krieger eine Kraft-Quelle?

Sie wissen um den Wert, mit beiden Beinen auf der Erde zu stehen und zentriert zu sein. Sie haben gelernt, langsamer zu werden und *zuzuhören*. Sie können in sich gehen, um auf ihrer Reise den *Schatten* zum SELBST umzuwandeln. Sie haben auch die Macht des Alleinseins gespürt.

Ihre Kraft-Quelle ist ein Ort, an dem Sie sich buchstäblich ER-INNERN. Sie gehen zu Ihrer Kraft-Quelle, um sich mit der *Magie* in Ihnen und in der Natur neu zu vereinen. Dieser Ort erweckt Ihren Sinn für Wunder neu, Ihre Achtung vor der unglaublichen Schönheit der Welt, selbst der Schönheit des Konflikttanzes.

Finden Sie Ihren Ort der Kraft. Beanspruchen Sie ihn. Nutzen Sie ihn oft. An Ihrem Ort der Kraft werden Sie diese ruhige, klare, innere Stimme hören; die Stimme, die Ihnen immer die Wahrheit sagt. Hören Sie ihr zu.

Vielleicht möchten Sie hier ein Photo, eine Landkarte oder eine Zeichnung Ihres Ortes der Kraft einfügen.

KAPITEL 8

Unsere Dunkelheit zurückfordern

Dunkelheit. Das eisige Feuer
meiner Seele erlöscht immer wieder,
wenn ich es nicht füttere.
Bob

»Einseins ist
nicht notwendigerweise nett«

Die Grenzen schmelzen, die uns trennen

Vor einigen Jahren hatte ich ein Erlebnis in Nord-Irland, das viele der Konzepte, die ich jetzt mit Ihnen teile, »Wirklichkeit werden ließ«. Eine Anzahl von Friedensgruppen hatte mich gebeten, ein Treffen zwischen den führenden Köpfen zweier kämpfender Gruppen, einer katholischen und einer protestantischen, zu ermöglichen. Es sollte der Versuch unternommen werden, die Kommunikation in Gang zu bringen. Die Friedensgruppen waren erfolgreich und erhielten die Zustimmung von den Führern dieser beiden sich bekämpfenden, paramilitärischen Organisationen. Die Zustimmung galt jedoch nur für die Teilnahme an diesem Treffen. Sie würden in dem Raum sitzen, weiter nichts.

Drei Tage lang machte ich dieses Treffen möglich. Drei Tage lang saßen die Leute da. Das war's, sie saßen einfach da. Nichts geschah. Dieser Raum glich einem Leichenschauhaus. Ich benützte jeden bekannten Trick, jede Fähigkeit, die ich besaß, um sie dazu zu bringen, miteinander zu reden. Nichts. Diese Führer bewaffneter Camps, deren Anhänger geschworen hatten, einander zu töten, starrten nur vor sich hin, blickten finster und stießen einzeilige Befehle an ihre Leutnants hervor. Ich arbeitete den ganzen Donnerstag, Freitag und Samstag. Sie blickten weiter finster, und wir kamen nirgendwo hin!

Aber dann war es Sonntag, und am Sonntag hält in Irland alles an. Auch wir nahmen den Tag frei und ich erhielt von beiden Seiten das Versprechen, daß sie am Montag morgen wieder erscheinen und wir es erneut versuchen würden.

Bevor wir gingen, bat ich den Führer der protestantischen Organistion um Erlaubnis, einen Spaziergang durch sein Gebiet zu machen, um die Gegend und die Menschen besser kennenzulernen. Er stimmte zu und schlug zwei Dinge vor: »Ziehen Sie sich wie ein Amerikaner an (d. h. etwas zu auffällig) und nehmen Sie jemanden mit, der bekannt war als einer, der der Politik des Gebietes – dem Shankill Distrikt – freundlich gegenübersteht«. Ich wählte eine Freundin, die in diesem Distrikt Sozialarbeiterin war.

Der Shankill Distrikt ist eines der protestantischen Ghettos in Belfast. Von den katholischen Ghettos ist er durch ein vernarbtes, teilweise ausgebranntes Niemandsland von zwei bis drei Häuserblöcken getrennt. Ein trauriges Zeugnis von Hunderten von Jahren des Hasses. Etwas in mir wußte, daß ich all dies verstehen mußte, wenn ich mehr sein sollte als nur ein weiterer »Experte«, ein weiterer Voyeur in diesem sorgenvollen Land.

Also liefen wir durch die Straßen von Shankill. Die Sonne scheint auf eilig gemalte Graffiti, die die Freilassung der Insassen von H-Block Sieben fordert. Kinder spielen Guerrillakrieg in ausgebombten Läden. Vor uns schiebt eine junge Mutter ihren Kinderwagen, und das Leben geht weiter.

Plötzlich erscheint rasch hinter uns ein gepanzerter Mannschaftswagen der britischen Armee. Er hält direkt neben uns. Die schwere Metalltür des Fahrzeugs knallt auf und schon springen vier britische Soldaten, Jungens, wie es scheint, mit Maschinengewehren heraus. Einer stößt mir die Waffe in die Rippen, einer hält auf meine Freundin, einer zielt mit seiner Waffe auf die junge Mutter, und der vierte sucht die Hausdächer ab, bereit, auf jeden Möchtegern-Heckenschützen sofort das Feuer zu eröffnen.

Ein britischer Offizier steigt aus dem Panzerwagen. Seine dünne, starre, voll uniformierte Gestalt tritt auf die Mutter zu. Er schlägt die Fersen zusammen, salutiert vor ihr, dann langt er in den Kinderwagen. Mit einer Hand hebt er das Baby und mit der anderen durchsucht er den Kinderwagen. Das Baby strampelt und schreit in seinem Arm, während er die Decken in dem Kinderwagen auseinanderreißt und nach versteckten Waffen oder Sprengstoff sucht. Zufrieden legt der Offizier das Baby zurück in den Kinderwagen und deckt es mit den Überresten der zerrisssenen Decken zu. Er schlägt die Fersen zusammen, tippt nochmals seine Mütze an und steigt in seine Stahl-

maschine zurück. Die Soldaten folgen eilig, und dann sind sie weg. All das dauert nicht mehr als zwei Minuten.

Die Mutter sitzt mitten auf der Straße, in einer Ur-Haltung zusammengesunken, und schreit den Groll Hunderter von Jahren heraus. Immer und immer wieder schreit sie dem verschwindenden Punkt des Panzerwagens hinterher: »Verdammte britische Bastarde, ihr verdammten, britischen Bastarde!« *Ihre Energie schwappt über mich hinweg wie eine gigantische Welle.*

Schon stehe ich auf der Straße und schreie. Irgendwie habe ich mich in die Wut eingeschaltet, in den Haß, in die Furcht, und ich schreie von einem Ort so tief in mir, daß es sich uralt, ja zellular, und sehr, sehr dunkel anfühlt. Mit dem kleinen Teil meiner Vernunft, der noch funktioniert, bin ich mir bewußt, daß ich Schmerz zufügen will. Ich will irgendjemandem, irgendetwas, Schmerz zufügen! Dann ist es vorbei. Ich sehe die junge Mutter an, sie sieht mich an. Ihr Baby schreit. Die Sonne scheint.

Ich bin mir nur zweier Dinge bewußt. Zum einen des oberflächlichen Gedankens, daß dies meinem Ego-Bild des »Wer-ich-bin« *sehr hart ankommt. Hier steht der hochrangige Konfliktlösungsexperte aus den Staaten, der gekommen ist, um diesen Leuten zu helfen, und da steht er nun mitten auf der Straße, überflutet von Ur-Wut.*

Zum zweiten ist mir, während ich auf die junge, irische Mutter schaue, in einer viel tieferen Schicht bewußt, wie ich eine Verbindung zu ihr fühle, die so intim, so rein ist, daß sich die Grenzen zwischen uns auflösen. Ich schaue das Baby an und meine Freundin, und ich erfahre eine Absolutheit der Verbindung mit ihnen, weit über das Ego hinaus. Diese Verbindung kann nur als der »Einssein-Zustand« *beschrieben werden, über den ich seit Jahren gesprochen und gelehrt, den ich aber niemals wirklich erlebt hatte. All die Mauern, all die Schutzwälle, die ich in diesen vielen Jahren errichtet hatte, zerbröselten, und ich blieb in völliger Kommunion zurück, eins mit diesen Menschen. Und als ich die Straße hinabsah, war ich mir bewußt, daß ich dieselbe intime Verbindung zu jenen Soldaten empfinde, jenem britischen Offizier. Mein Gott, ich will mich nicht eins mit diesem Offizier fühlen. Aber ich tue es. Ich fühle ihn, kenne ihn, wie mich selbst. Ich spüre seinen Schmerz, seine Furcht, seine Isolation – und meine. Wir sind eins, jenseits jeder abgedroschenen Idee darüber, was das bedeutet. Das ist nicht fair. Ich hatte erwartet, daß die Erfahrung des Einsseins während der Meditation mit einer leuchtenden Kerze und brenndendem Weihrauch kommen würde. Oder zumindest wäh-*

rend eines unglaublichen, sexuellen Orgasmuses. Aber in Belfast? Mitten auf der Straße, in einer Welle von Furcht und Wut? Ja. Es war perfekt, daß ich von der Dunkelheit über das Einssein lernen konnte.

Irgendwie fallen mir Gespräche ein, die ich mit Kriegsveteranen aus Vietnam führte und bestärken dieses JA.

Seit diesem Augenblick hat sich für mich etwas bewegt. Dort fühlte ich so etwas wie ein urtümlich-zellulares Lernen. Es ist noch nicht alles an die Oberfläche meines Biocomputers geblubbert, aber es hat damit zu tun, was das Einsseins wirklich ist. Ich weiß jetzt, daß Einsseins nicht »nett« ist. Es ist auch nicht »nicht nett«. Diese absolute Verbindung beinhaltet beides, das Licht und die Dunkelheit, beide Gesichter Gottes. Es umfaßt alle Liebe, es umfaßt das Licht und das Gute, Haß, Furcht und Schmerz – alles, was unsere kollektive Erfahrung des Menschseins ausmacht. Wenn wir nicht offen dafür sind, alles zu begrüßen, dann ist das Universum festgefahren und nicht im Gleichgewicht, und jemand oder etwas muß die Last dieses Ungleichgewichts tragen. Wenn wir lernen, die Dunkelheit und das Licht in uns aufzulösen, können wir als Individuen und als Kollektiv aufhören, unsere Verwirrung und unsere Furcht auf andere zu projizieren.

Und wieder sehen wir, daß die Schlachtfelder eines Kriegers des Herzens alle *innerlich* sind. Wir erinnern uns nochmals an die tibetisch-buddhistische Definition: »Ein Krieger ist jemand, der seinen oder ihren eigenen Ängsten ins Gesicht sieht«. Und an die buddhistische Tradition: »Ein Krieger ist jemand, der den Mut hat, sich selbst zu *kennen«, alles* in sich zu kennen – nicht nur die junge Mutter aus Belfast und ihr Baby in Ihnen, sondern auch den britischen Offizier in Ihnen.

Ich sage Ihnen wahrheitsgemäß, daß in Ihnen und in mir ein Mahatma Gandhi und eine Mutter Teresa leben und darauf warten, befreit zu werden. Und es gibt da auch einen Adolf Hitler und einen Jim Jones, die versuchen, herauszukommen und die Dinge in die Hand zu nehmen. Wenn Sie nur das Licht in sich besitzen können und die Dunkelheit in sich verleugnen, dann wird die Dunkelheit Sie beherrschen. Weil Sie sich nicht mit Ihrem eigenen Schatten abgeben wollen, werden Sie ihn auf andere projizieren und sie »schlecht« oder »böse« nennen, den »Feind«. Die Welt steckt nicht in ihrem Dilemma wegen der »bösen Jungs«. Sie steckt in dieser Scheiße wegen all der »guten Jungs«, die herumrennen und ihre eigene, nicht in Besitz ge-

nommene Dunkelheit auf andere projizieren und es dann für gerecht-
fertigt halten, diese Menschen »wieder in Ordnung zu bringen«.
Oder – wenn das nicht funktioniert – sie im Namen Gottes oder des
Fortschritt oder der Demokratie oder sogar des Friedens zu töten!

In der Zwischenzeit ist es Montag morgen in Belfast ...

*... und es ist Zeit, das Treffen mit den beiden paramilitärischen Grup-
pen fortzusetzen.*

*Das Treffen beginnt etwas spät, wie es in Irland allgemein der
Fall ist (eine irische Definition von »pünktlich« ist, wenn man auftaucht, bevor es vorüber ist). Der Morgen ist noch nicht sehr weit fort-
geschritten, als ich bemerke, daß heute etwas ganz anders ist. Die beiden Hauptvertreter der Gruppen sprechen miteinander. Tatsächlich
schreien sie sich auch immer wieder an, aber zumindest interagieren
sie. Der tote Zustand von Freitag und Samstag ist vorbei und statt seiner sind da Energie, Lebendigkeit und Kommunikation. Was hat sich
verändert? Was in aller Welt haben diese Leute am Sonntag getan,
was sie sich jetzt öffnen läßt?*

*Dann erinnerte ich mich, was ich am Sonntag getan hatte, und
die Dinge wurden klarer. Ich hatte am Sonntag etwas gelernt, das mir
erlaubte, am Montag etwas nicht zu tun.*

*Mir wurde langsam klar, daß ich am Donnerstag, Freitag und
Samstag – wann immer die Führer dieser beiden Gruppen anfingen,
einander zu konfrontieren – Angst bekam und dann auf schrecklich
kluge Weise intervenierte. Das baute ein Hindernis zwischen ihnen
auf und die Konfrontation ging vorüber. So auch – natürlich – die
Kommunikation! Ihre Art der Kommunikation war es, zu schreien
und sich gegenseitig zu bedrohen und ich war derjenige, der sich bedroht fühlte, also benutzte ich meine Fähigkeiten, um sie zu trennen.
Weil ich vor dem Konflikt Angst hatte, beendeten meine »fachmänni-
schen« Vorschläge oder Kommentare ihren Kontakt,.*

*Irgendwie war für mich am Sonntag draußen auf den Seiten-
straßen Belfasts etwas geschehen, das mich eine der wichtigsten und
einfachsten Konfliktlösungsregeln lehrte. Es ist eine Regel, die ich in
all den Jahren an drei Universitäten nie gelernt habe, und doch ist es
die grundlegendste Regel von allen:*

OHNE KONFLIKT GIBT ES KEINE KONFLIKTLÖSUNG.

Natürlich! Unsere Kultur lehrt uns, daß Konflikt *nicht* in Ordnung ist. Also versuchen wir, ihn zu vermeiden, vorzugeben, er sei nicht da, versuchen Frieden als etwas zu definieren, wo es keinen Konflikt gibt. Falsch. Konflikt *ist* in Ordnung. In Wirklichkeit IST er einfach. Wenn Sie ein menschliches Wesen sind, ein *lebendes, menschliches Wesen,* dann *werden* Sie in Ihrem Leben Konflikt erfahren. Es ist wie atmen; es gehört zum Leben. Aber wenn Sie immer damit beschäftigt sind, Konflikt zu vermeiden, dann können Sie ihn nie lösen.

Später werde ich in »Politik des Herzens« über meine Gefühle zum »Frieden« sprechen, und daß wir keinen Frieden haben können, *wirklichen* Frieden, wenn wir nicht auch Konflikt haben. Ich weiß, das klingt seltsam, aber es könnte die Tür öffnen zu einer neuen Art des Denkens über die Möglichkeit, friedvoll zu sein.

Der Monstertraum

Es gibt eine wundervolle Lehrgeschichte von der Frau, die einen Alptraum hatte. In diesem Alptraum wurde sie von einem schrecklichen, ekelerregenden Monster verfolgt. Stundenlang – so schien es – versuchte sie, vor ihm zu fliehen. Sie rannte und rannte und versteckte sich, aber das Monster fand sie immer. Sie floh und rannte weiter weg und immer weiter, aber immer war dieses übelriechende, verabscheuungswürdige Monster direkt hinter ihr, fast nahe genug, um sie zu greifen. Sie rannte über Wiesen und Ebenen, über Hügel und durch Wüsten, bis sie schließlich nicht mehr rennen konnte. Sie war in eine Schlucht gelaufen, aus der es keinen Ausgang gab, und die Felswände waren mehrere hundert Meter hoch und umgaben sie völlig. Sie war gefangen. Die Frau konnte den heißen Atem des Monsters in ihrem Rücken spüren und in ihrer Verzweiflung schwang sie sich herum, sah dem Monster ins Gesicht und stotterte: »Wa ... wa ... was wirst du mit mir *tun?*« Das furchteinflößende Monster sah auf sie herab und sagte: »Zum Teufel, Lady, ich habe keine Ahnung. Das ist *Ihr* Traum.«

Das stimmt. Es ist *Ihr* Traum. Was wollen Sie Ihre Monster in dieser Welt tun lassen? Sollen sie wirklich böse sein, damit Sie wirklich gut sein können? Sollen Sie das Sinnbild der Dunkelheit sein, damit Sie sich nicht mit Ihrer eigenen Dunkelheit befassen müssen? Es scheint so, als ob uns der Weg eines Kriegers des Herzens nach

innen führt, um diese Fragen zu stellen, um sich umzudrehen und
den Monstern, die wir uns »da draußen« geschaffen haben, ins Gesicht zu sehen, damit wir erkennen können, was sie wirklich sind. So
lange wir vor unseren Konflikten weiter davonlaufen, werden Sie
furchtbare Monster bleiben, die uns folgen, wohin immer wir auch
gehen. Das, dem wir *widerstehen*, bleibt *bestehen*.

Heimkehr

Die Belfaster Geschichte hört für mich nicht in Belfast auf. Jener
»Montag morgen« in Belfast war für mich für den Rest meines Lebens
wichtig. Der Gedanke, daß »es ohne Konflikt keine Konfliktlösung
gibt«, erlaubte mir irgendwie, beiseite zu treten und die Konfliktpartner kommunizieren zu lassen, obwohl die Kommunikation an Gewalt grenzte. Es gestattete mir, ein paar Minuten länger ruhig zu sein,
bevor ich etwas sagte. Es ließ noch etwas mehr »Saft« ausdrücken,
mehr Energie entwickeln, das »Ki« fließen und *dann*, dann hatten wir
etwas, womit man arbeiten konnte. Es war nicht »sicher« in diesem
Raum, aber es war auch nicht tot. Sie können mit unsicheren und leben-
digen Zuständen arbeiten; sie können nicht mit toten Zuständen arbeiten. Das erinnert mich daran, wie Abe Kaplan mit unserer Manager-
gruppe in Ojai in Kalifornien arbeitete.
     Hier ist eine weitere Lehre, die an jenem Nachmittag auf den
Nebenstraßen Belfasts zu mir kam:

Frieden, wirklicher Frieden, ist nicht »sicher«.

(Außer es ist die neue, lebendige, leidenschaftliche Definition
von Seite 33).

*Wir haben diesen Montag in Belfast ziemlich gut überstanden.
Ein paar kleine Übereinstimmungen wurden erreicht, und was am
wichtigsten war, die beiden Seiten hörten und spürten sich gegenseitig
auf eine Art und Weise wie nie zuvor. Normalerweise geschehen Treffen dieser Gruppen durch Zielfernrohre, und ausgetauscht werden
nicht Worte, sondern Bomben.*
     *Ich packte und machte mich auf den Heimweg. Zu dieser Zeit
lebte ich in einer alten Hütte an einem Bach in Monte Rio in Kalifornien. Natürlich hatte ich eine Menge Wäsche, als ich heimkam, und*

da ich keine Waschmaschine besaß, machte ich mich auf den Weg zum nächsten Waschsalon in Guerneville, etwa 20 km entfernt. Der Waschsalon in Guerneville war der dreckigste aller Waschsalons, und die Hälfte der Maschinen war defekt. Diejenigen, die funktionierten, waren dauernd in Gebrauch. Sie ahnen, was jetzt kommt, richtig?

Ich gehe in den Waschsalon und natürlich ist keine Waschmaschine frei. Also warte ich. Eine Stunde später hatte ich ein Treffen , und ich fürchtete, daß ich zu spät kommen würde, aber kein Problem, ich werde ruhig bleiben und friedlich warten. Schließlich wird eine Waschmaschine frei und ich renne hinüber und quetsche meine drei Wäscheladungen in die Maschine – wohl wissend, daß nichts richtig sauber werden wird.

Als die Kleider fertig sind, nehme ich sie heraus und trage sie in einem großen Haufen zur Trocknerabteilung hinüber (es gibt dort nie irgendwelche Körbe oder Wägen), und was passiert? Richtig. Die Hälfte aller Trockner ist kaputt und die anderen sind alle in Gebrauch. Ich fühle, wie mein Kiefer sich anspannt und meine Atmung flacher wird. Aber schließlich hatte ich ja eine Ausbildung in Stress Management, ich bin gerolfed, re-birthed und Gestalt-therapiert, ich kann damit umgehen. Ich mich aufregen? Unsinn, dafür bin ich viel zu entwickelt. Richtig.

Also gehe ich zu einer defekten Waschmaschine, setze mich drauf und warte geduldig und friedlich darauf, daß ein Trockner frei wird. Ein Trockner ist durch, aber keiner kommt, um die Wäsche herauszunehmen. Noch einer ist durch, dann noch einer, aber immer noch kommt keiner, und es gibt keine sauberen Flächen, wo ich die Wäsche ablegen könnte. Ich fühle, wie die Spannung und der Ärger in mir wachsen, als ich bemerke, daß ich zu dem Treffen zu spät kommen werde. »Warum verhalten sich diese Leute nicht verantwortlicher?« murmele ich, während ich meine Kiefer zusammenpresse.

Aber schließlich bin ich ein Friedens-Profi, richtig? Lasse ich es zu, daß mich diese Situation un-friedlich werden läßt? Kein Problem, ich werde mich einfach hindurchatmen. Also warte ich und warte ich und warte.

Schließlich kommt eine Frau und entnimmt einem Trockner ihre Wäsche. Ich springe von der Waschmaschine und trage meine feuchte Wäsche in Richtung dieses einen verfügbaren Trockners, lasse unterwegs Socken fallen und hebe sie wieder auf. Gerade als ich noch etwa einen Meter vom Trockner entfernt bin, kommt eine Frau durch die Vordertür des Waschsalons geschossen, den Arm voll von klitschnassen

Kleidern. Sie rennt herüber, schneidet mir den Weg ab und wirft ihre Kleider in den Trockner. Haben Sie Töne, das ist mein Trockner. Das ist der Danaan-Parry-Gedächtnistrockner und sie hat ihn gestohlen.

Sofort verfliegt meine gesamte Ausbildung in Konfliktlösung, und ich weiß, wie ich dies lösen werde – ich werde sie in diesen Trockner stoßen, eine Münze in den Schlitz werfen und zusehen, wie sie sich ein paar Mal im Kreis dreht.

Aber ich bin ja ein Friedensstifter, richtig? Also verkneife ich mir das und gehe zurück zur defekten Waschmaschine. Ich setze mich wieder auf sie und versuche, mich hindurchzuatmen. Jetzt sind meine Kiefer wirklich zusammengepreßt, aber ich gratuliere mir selbst, wie friedlich ich bin und wie erfolgreich ich darin war, nicht meinen Müll auf andere Menschen zu werfen. Gerade in dem Moment, wo ich darüber richtig selbstgefällig werde, höre ich eine kleine Stimme in meinem Kopf. Sie flüstert: »Danaan, du machst die 70er!« Wie? Sprich deutlicher, kleine Stimme. Und wieder wispert sie: »Danaan, dies sind die 80er und du machst die 70er!« Ich habe gelernt, daß meine kleine, innere Stimme mir niemals etwas anderes als die absolute Wahrheit sagt. Sie sagt mir manchmal wirklich verrückte Sachen, aber es stellt sich immer als völlig richtig heraus. Und wieder flüstert sie: »Danaan, geh verdammt noch mal von der Waschmaschine runter und höre auf, die 70er zu machen.«

Schließlich begreife ich. Ich verstehe endlich, was meine innere Stimme mit »die 70er« meint. Sie meint all dieses Zentrieren und Atmen und das Mich-selbst-beruhigen, was ich getan habe. Ich tat es, damit ich nicht meinen Ärger auf dieser Frau abladen würde. Sicher habe ich all das in den 70ern gelernt, und es ist ja auch großartig, aber der gegenwärtige Zustand unseres Planeten verlangt von uns jetzt, daß wir mehr tun, als nur auf unseren Waschmaschinen zu sitzen und selbstgefällig zu betrachten, wie friedlich wir sind. Die 90er rufen uns zu, den nächsten Schritt zu tun, von unseren Waschmaschinen herabzusteigen und von unseren Meditationsschemeln und unseren Elfenbeintürmen und miteinander wie menschliche Wesen in Beziehung zu treten.

Also steige ich von meiner Waschmaschine herunter! Ich lege meine Wäsche auf die Maschine, gehe zu der Frau, die »meinen Trockner stahl«, hinüber und setze mich neben sie. Ich kann mein Herz wie eine Trommel in meinem Brustkasten schlagen hören; dies ist mein Belfast! »Hallo,« sage ich zu ihr, und sie sieht mich an, als ob ich ein Kerl wäre, der auf Untaten aus ist. »Ich muß mit Ihnen über das reden, was gerade geschehen ist,« sage ich. *»Ich rege mich ziemlich darüber auf, daß Sie mir den Weg abgeschnitten und den Trockner genommen haben.«* Ich erzähle immer weiter, breite meinen ganzen *»Film«* vor ihr aus, alle vier Spulen. Darüber, wie ich geduldig gewartet habe und wie spät ich dran sei für mein Treffen, usw, usw ... Sie hörte zu. Dann war sie an der Reihe und, Junge, Junge, ich habe ihren ganzen Film zu hören bekommen! Raten Sie mal. Ich kam in ihrem Film nicht vor, spielte nicht einmal eine Nebenrolle. In ihrem Film habe ich nicht *»ihren Trockner gestohlen«*, sie sah *mich* nicht einmal. In ihrem Film bekam ich zu hören, wie ihr Trockner zuhause zusammengebrochen ist. Ich hörte von ihren drei Kindern, die draußen im Wagen saßen und die Polsterung zerstörten. Ich hörte von einem Ehemann, der in einer halben Stunde zu Hause sein würde und sein Essen pünktlich verlangte. Wir saßen da, teilten zehn Minuten und warfen einige Blicke auf zwei unterschiedliche Wirklichkeiten, die einander berührten.

Und das war es! Das ist das Ende der Geschichte. Kein protziges Ende, kein Hand-in-Hand-dem-Sonnenuntergang-entgegenlaufen. Nein, sie nahm ihre Wäsche nicht für mich aus dem Trockner, und nein, wir entwickelten keine *»bedeutsame Beziehung«*. Aber für ein paar Minuten war da ein Raum, geschaffen für zwei Menschen, zum Reden und zum einander Zuhören. Ich verließ diese kleine Begegnung in dem Gefühl, sauber und ganz und friedlich zu sein. Ich verließ diese kurze *»Friedenskonferenz«* mit dem Bewußtsein, daß der Weltfrieden so gemacht wird, nicht auf diplomatischen Gipfeltreffen oder auf Großkundgebungen, sondern in den Waschsalons und Büros und Schlafzimmern unseres täglichen Lebens. Sie und ich, Menschen in gewöhnlichen Situationen, *»kommen von unseren Waschmaschinen herunter«* (lassen unsere Positionen los), wagen es, zurückgewiesen und angegriffen zu werden, um Frieden zu schaffen an dem einzigen Ort, wo er geschaffen werden kann – in der Intimität des persönlichen Kontaktes. Das ist der Mut eines Kriegers des Herzens.

Übung: Kommen Sie von Ihrer Waschmaschine herunter!

Eines der Dinge, die ich den Menschen, die meine Krieger-des-Herzens-Seminare besuchen, erzähle, ist, daß es »da draußen einen Waschsalon mit Ihrem Namen« gibt!

Ich meine damit, daß uns allen solche Momente gegeben werden, wo wir aufgerufen sind, jenseits unserer alten Verhaltensweisen auf eine Situation zu reagieren und neue, wachstums-orientierte Verhaltensweisen zu praktizieren.

Meine Fragen an Sie sind jetzt: Wo ist *Ihr* Waschsalon? Welche Waschmaschine brauchen Sie, um Ihren Hintern davon herunter zu heben, damit sie hinübergehen und sich neben _____ setzen können? Damit Sie Ihre Wahrheit sagen und der Wahrheit des anderen zuhören, wirklich zuhören, können?

Lassen Sie uns mit diesem Bild ein wenig spielen und sehen, was Sie herausfinden können ...

Wer hat *Ihren* Trockner »gestohlen«? (Wer hat Sie unfair behandelt, hat Sie auseinandergerissen, ist gemein zu Ihnen gewesen und hat Sie verletzt?)

Sein/ihr Name:

Was hat er/sie getan:

Wie haben Sie sich gefühlt?

Was haben Sie unternommen?

Wir wollen uns nun vorstellen, daß Sie eine Situation schaffen, in der Sie – bildlich gesprochen – »von Ihrer Waschmaschine heruntersteigen«, zu _____ hinübergehen und sich neben ihn/sie setzen. Wie würden Sie das tun? Wie könnte es aussehen? Was können Sie dazu beitragen, daß es eine »Sicherheitszone« wird?

Welches neue Ergebnis möchten Sie verwirklicht sehen?

Haben Sie in diesem neuen Ergebnis ...

a) sich daran erinnert und es auch kommuniziert, daß *Ihre* Wahrheit nur die Art ist, wie Sie es gesehen haben, und es nicht notwendigerweise DIE Wahrheit ist?

b) Ihrem Partner/Ihrer Partnerin versichert, daß er/sie ebenso viel Zeit haben wird, in der Sie wirklich zuhören werden und sie/ihn dann gebeten, jetzt also Ihnen zuzuhören?

c) sich daran erinnert, daß das »Präsentationsproblem« selten das wirkliche Problem ist, und daß Konflikt für gewöhnlich ein Schrei nach Intimität ist?

d) sich darauf eingelassen, 100%ig präsent zu sein? Das verlangt von Ihnen, daß Sie eine Zeitlang Ihre »Position« aufgeben? (Ihre Position können Sie aus Ihrer Antwort auf die Frage »was hat er/sie getan?« ersehen.)

Vielleicht ist es für Sie an der Zeit, Wege zu finden, um sich mit dieser Person zu treffen und Ihre neuen Fähigkeiten bei der Konfliktlösung auszuprobieren. Wenn Sie und er/sie sich einfach entspannen können und dem anderen zuhören können, ohne zu versuchen, es in Ordnung zu bringen, so kann das einiges auflockern. Es könnte auf einen ganz neuen Weg, das Problem und einander zu sehen, hindeuten. Ein Weg, der vorher unmöglich zu sehen war. Ich komme später in »Zwischen den Trapezen leben« darauf zurück (Seite 99).

III
Wesensarten

KAPITEL 9

Zentrieren

AIKIDO UND DER KRIEGER

Es kann keine treffendere symbolische Darstellung des Weges eines friedvollen Kriegers geben als die anmutigen und doch machtvollen japanischen Ideogramme, die die sanfte Kriegskunst des Aikido beschreiben.

AI

KI

DO

Das erste Ideogramm steht für Ai oder Harmonie. Das zweite für Ki (oder Chi im Chinesischen) wie in Tai Chi Chuan. Es bedeutet Energie, pure Energie, die universelle Lebenskraft, das zwischen uns fließende, elektronische Feld. In dem berühmten Film *Krieg der Sterne* sagt der Lehrer Obi-Wan Kenobi zum jungen Luke Skywalker: »Möge die Macht mit Dir sein«. Damit spricht er vom Ki. Und schließlich ist da das Do oder Tao (»dau« gesprochen). Es heißt »der Weg, der Pfad«.

Also bedeutet AiKiDo »der Weg der Harmonisierung mit der Lebenskraft, der Pfad des Verschmelzens mit der puren Energie.« Die Bedeutung für den Krieger des Herzens wird klar, wenn wir sehen, wie die meisten Menschen ihr Leben verbringen. Sie handeln so, als ob sie nur eine kleine, leicht zu erschöpfende, persönliche Energiequelle hätten. Sie scheinen zu denken, daß die einzige Energie, die ihnen zur Verfügung steht, von ein paar billigen Duracell-Batterien in ihrem kleinen, inneren Batteriefach käme. Wenn man das glaubt, muß man natürlich sehr bedacht sein, nicht »leerzulaufen«, keine Risiken auf sich zu nehmen, nicht das Leben zu ergreifen und es in Fülle zu leben. Man wird leicht *müde*, wird regelmäßig *krank* und muß sich ganz allgemein einfach vor allem und jedem schützen, der den Saft aus den Duracell-Batterien absaugen könnte.

Der Krieger weiß das besser. Als Krieger entdecken Sie, daß Ihre Energie von der Harmonie mit dem Ki kommt, mit der Lebenskraft. Diese Lebenskraft ist überall um Sie herum, in unbegrenzten Mengen steht sie Ihnen immer zur Verfügung. Kein armseliges Batterienfach für Sie; vielmehr ein unveräußerliches Recht, sich an das Ki anzuschließen, mühelos im Fluß des universellen Energiefeldes zu schwimmen und diese Energie mit allen zu teilen, die sich in diesem Fluß befinden.

Wir müssen das Ki so kennenlernen, wie wir einen lieben Freund kennen, damit es uns auf unserem Weg des Kriegers zur Verfügung steht, wann und wo immer wir es brauchen. Sie können diesen Sinn für das Ki am besten durch das Studium der sanften Kunst des Aikido entwickeln. Aikido ist eine Kriegskunst ohne Angriffsbewegungen. Sie könnten damit keinen Kampf *beginnen*, selbst wenn Sie das wollten. Aber mit Sicherheit können Sie mit dieser Energie arbeiten, wenn ein anderer einen Kampf beginnt. Durch Aikido können Sie auf wunderbare Weise lernen, wie man negative Energie in positive Energie so umwandeln kann, daß sie mit Liebe erwidert wird. Aikido zu lernen ist eine perfekte Zugabe zu dem Weg, den wir in diesem Buch folgen werden. Ich möchte Ihnen Mut zu der Überlegung machen, ein Dutzend Unterrichtsstunden bei einem angesehenen sensei (Lehrer) in einem professionellen dojo (Trainingsstudio) in ihrer Gegend zu nehmen. (Tai Chi Chuan, die Bewegungsmeditation, ist eine weitere nützliche Kunst).

Es ist jetzt wichtig, daß Sie einen Sinn für das Ki entwickeln. Es ist nicht *Ihr* Ki oder irgend jemandes Ki; es *ist* einfach. Wenn Sie versuchen, es festzuhalten oder zu besitzen (oder sonst etwas), wird es abgestanden und sauer werden und Ihr Leben negativ beeinflussen.

Wenn Sie das Ki begrüßen und ihm erlauben, Sie wie ein Fluß zu durchströmen, wird es Sie finden und Sie mächtig machen. Je mehr Sie dem Ki erlauben, durch Sie hindurchzuströmen, desto mehr Ki wird Ihnen in Ihrem Leben zur Verfügung stehen.

Sicher haben Sie mittlerweile bemerkt, daß Sie das Wort Ki durch fast *jedes* Wort ersetzen können, das etwas ausdrückt, von dem Sie in Ihrem Leben mehr haben wollen. Je mehr Sie _____, Liebe, Geld, Fürsorge, Anerkennung, usw. durch sich zu anderen fließen lassen, desto mehr wird Ihnen davon in Ihrem eigenen Leben zur Verfügung stehen. Es ist für mich auf traurige Weise interessant, daß der Aufbau unserer Gesellschaft uns lehrt, festzuhalten, zu besitzen und anzuhäufen. »Horte dein Geld; verteile deine Liebe nicht; sprich nicht mit Fremden; nimm, solange du kriegen kannst«. Genau das sind die Regeln, um *Mangel* in Ihr Leben zu bringen. Ich schätze, diese Kultur ist süchtig nach Mangel! Sind Sie es auch?

Wie Sie Ihr Kraftzentrum finden

Es gibt einen Ort in Ihrem physischen Körper, der als »das Ki-Reservoir« bezeichnet wird. Im Japanischen nennt man es Hara, das *Kraftzentrum*. Es befindet sich im physischen Zentrum Ihrer Körpermasse, und wenn Sie jemanden sagen hören: »Ich fühle mich wie aus dem Gleichgewicht.« oder »Ich muß wieder mit meiner Mitte in Berührung treten.« dann ist es das Hara, der tatsächliche, körperliche Raum in Ihnen, mit dem Sie die Verbindung verloren haben. Ki, die Lebenskraft, strömt in Sie hinein und durch Sie hindurch, sammelt sich gewissermaßen in Ihrem Reservoir, Ihrem Kraftzentrum. Um zu verhindern, daß dieses Reservoir abgestanden wird, leert der Krieger diesen Pool immer wieder – während er ihn gleichzeitig anfüllt.

Lassen Sie uns einen physischen Sinn des Hara entwickeln, jenes *Kraftzentrums* in Ihnen. Es ist äußerst wichtig, daß Sie mit Ihrem Zentrum in Berührung stehen, damit Ihre Handlungen »zentriert« sind. Einen Sinn für Ihr *Zentrum* zu haben, gibt Ihnen ein Gefühl des Gleichgewichts, der Erdverbundenheit, des In-Ordnung-Seins und der inneren Sicherheit. Das hilft Ihnen, positive Kraft in Ihre Welt auszustrahlen.

Entwickeln Sie von Ihrem Hara, Ihrem Kraftzentrum, ein inneres Bild. Ihr Hara liegt irgendwo tief unten in Ihrem Torso, unterhalb Ihres Nabels und in Ihrer Mitte. (Viele Menschen ordnen ihr Zentrum ihrem Kopf zu, ihrem Intellekt. Dies vor allem deshalb, weil sie sich selbst vom Rest ihres Körpers abgeschnitten haben. Daraus ergibt sich, daß sie immer mit dem Gefühl durchs Leben stolpern, nicht zentriert zu sein – aus dem einfachen Grund, weil sie ihr Bewußtsein so weit oben in ihren Köpfen plaziert haben.) Der Weg des Kriegers ist es, dieses Zentrum tief anzusetzen, tief in Ihrem Torso. Dann wird es MIT der Schwerkraft arbeiten und Ihnen helfen, erdverbunden zu bleiben, anstatt gegen die Schwerkraft anzukämpfen, immer in der Angst, aufs Gesicht zu fallen.

Eine Übung, um Ihr Kraftzentrum zu finden

Ich möchte Sie nun bitten, mit diesem Buch in der Hand aufzustehen. Stellen Sie Ihre Beine in Schulterbreite auseinander. Vergewissern Sie sich, daß Ihre Füsse parallel zueinander und rechtwinklig zu Ihrem Körper stehen (bitte nicht über den großen Onkel). Prüfen Sie, ob Ihr Gewicht gleichmäßig auf beide Beine verteilt ist.

Lockern Sie Ihre Knie. Beugen Sie sie nicht zu sehr. Knicken Sie nur leicht ein, damit Sie Stöße abfangen können, aber nicht so sehr, daß Sie den Energiefluß, der durch Ihre Knie strömt, abdrücken.

Wenn Sie jetzt diese Worte lesen, dann fangen Sie an, sich leicht auf die linke, dann auf die rechte Seite zu wiegen, indem Sie Ihr Gewicht von einem Fuß auf den anderen verlagern. Während Sie sich von Seite zu Seite wiegen, stellen Sie sich vor, daß Sie an einer imaginären Linie entlang gleiten, die durch Ihre unteren Hüftgelenke verläuft. Sie stehen also da, gleiten an dieser imaginären Linie entlang. Dann wechseln Sie die Richtung und gleiten auf die andere Seite, wieder und wieder. Sie schaukeln von Seite zu Seite, gleiten nach links und nach rechts auf dieser imaginären Linie. Können Sie es fühlen? Gleiten Sie weiter. Atmen Sie!

In wenigen Augenblicken, wenn Sie diesen Absatz gelesen haben, bitte ich Sie, Ihre Augen zu schließen. Halten Sie das Buch mit einer Hand, markieren Sie mit einem Finger, wo Sie gerade sind. Gleiten Sie weiter mit geschlossenen Augen und stellen Sie sich vor, daß es auf dieser Linie eine Markierung gibt, eine Markierung genau in der *Mitte*. Während Sie entlang dieser Linie gleiten, kommen Sie an dieser Markierung vorbei, gleiten darüber hinweg, wechseln die Richtung und kommen wieder hindurch. Immer wieder kommen Sie durch diese Mitte. Schließen Sie Ihre Augen und gleiten Sie weiter, bis Sie für die Markierung auf dieser Linie ein Gefühl entwickelt haben. Halten Sie dann langsam an, und öffnen Sie die Augen. Okay, *jetzt* ist die Zeit gekommen, es zu tun: Schließen Sie die Augen, fangen Sie an zu gleiten, und spüren Sie die Markierung der Mitte.

Der nächste Schritt

Hallo. Verlieren Sie nicht das Gefühl der Mitte in Ihnen. Atmen
Sie normal weiter, und fangen Sie mit einer anderen Schwing-
bewegung an: diesmal *vorwärts* und *rückwärts*. Schwingen Sie
einfach Ihr Becken vor und zurück. Ihr Körper sollte sich an-
mutig und im rechten Winkel zu der vorigen Schwingung bewegen. Wie vorher stellen Sie sich vor, daß Sie entlang einer
imaginären Linie gleiten, die durch Ihren unteren Torso verläuft, eine Linie, die die vorherige Linie genau in der *Mitte*
kreuzt. Schwingen Sie einfach weiter vor und zurück, langsam.
Genießen Sie das Schaukeln und halten Sie Ihr Bewußtsein in
Ihrem Unterbauch fest, während Sie vorwärts und rückwärts
auf dieser Linie entlanggleiten.

Der nächste Schritt

Wenn Sie diesen Absatz gelesen haben, schließen Sie Ihre
Augen, und halten Sie das Buch in einer Hand. Markieren Sie
die Stelle, an der Sie gerade sind. Konzentrieren Sie mit geschlossenen Augen Ihre *gesamte* Aufmerksamkeit auf diese Linie, auf
den Punkt, wo sich die links/rechts Linie mit der vorwärts/
rückwärts Linie kreuzt. Hier ist Ihr *Zentrum*, Ihr Ki-Reservoir. Schließen Sie Ihre Augen und gestatten Sie es Ihrem Gefühl für diesen Ort immer stärker zu werden. Lassen Sie sich
Zeit, und wenn Sie fertig sind, öffnen Sie Ihre Augen und stehen Sie still, in Berührung mit Ihrem Zentrum. *Nun* schließen
Sie die Augen, schwingen Sie vor und zurück, und fühlen Sie
Ihre *Mitte*.

Der nächste Schritt

Nochmal: Hallo. Bewahren Sie Ihr Gefühl für die MITTE.
Verbinden Sie sich mit Ihrem Hara, konzentrieren Sie Ihr ge-
samtes Bewußtsein auf diesen Ort. Fühlen Sie, wie sich Ihr
Bauch weitet, während Sie tief hinein einatmen. Pressen Sie die

Finger Ihrer rechten Hand in Ihren Unterbauch, dort, wo Ihre Mitte liegt, tief in Ihren Rumpf.

Pressen Sie Ihre Finger so hinein, daß Sie Nachrichten an Ihr Gehirn senden können, Ihren Bio-Computer, der sagt: »Ja, da liegt mein Kraftzentrum, tief in meinem Bauch, wo es mir hilft, zentriert und erdverbunden zu sein. Es ist nicht oben in meinem Kopf, wo es mich aus dem Gleichgewicht bringt und ängstlich davor macht, »herumgestoßen« zu werden. Es ist unten, arbeitet mit der Schwerkraft, und alles ist gut.«

Lassen Sie Ihre rechte Hand auf Ihrem Unterbauch, und lesen Sie diesen Abschnitt. Legen Sie dann das Buch beiseite, bleiben Sie stehen, und bedecken Sie mit Ihrer linken Hand Ihr Herz. Legen Sie Ihre Hand auf Ihr wirkliches Herz oder auf Ihr Herzzentrum in der Mitte Ihres Brustkastens, was immer sich besser für Sie anfühlt. Begreifen Sie, daß der Weg eines Kriegers des Herzens der Weg ist, der Ihr Kraftzentrum mit Ihrem Herzzentrum verbindet. Schließen Sie Ihre Augen, und stellen Sie sich einen Kanal vor, der diese beiden Zentren verbindet. Öffnen Sie diesen Kanal weit mit Ihrem Atem, so daß die Energie der Macht und die Energie der Liebe aufeinander zufließen und sich vereinen können. Als Krieger des Herzens müssen Sie immer in enger Verbindung mit Ihrer Macht *und* Ihrer Liebe stehen, weil die Macht ohne das Herz kalt, manipulativ und korrupt wird. *Und* Liebe ohne Macht läßt den Krieger unfähig werden, an dem Prozeß der positiven Veränderung teilzunehmen, nach dem unser Planet schreit. Ihr Weg ist es, beides in sich festzuhalten. Ihre Aufgabe ist es, Ihre Macht und Ihre Liebe zu benützen und Ihre Welt machtvoll zu lieben.

Gut. Legen Sie das Buch beiseite, bedecken Sie Ihr Herz mit Ihrer linken Hand, und lassen Sie Ihre rechte Hand auf Ihrem Kraftzentrum. Drücken Sie nun fest auf Ihr Kraftzentrum und Ihr Herzzentrum. Atmen Sie tief und ÖFFNEN SIE DEN KANAL. Drei oder vier Minuten tiefen Atmens sollten für heute genügen.

Was haben Sie dieses erste Mal gefühlt? Haben Sie ein Gefühl für Ihr Hara und Ihr Herz entwickelt, den Zentren, die der Krieger offen und vereint halten muß, während er seine Arbeit in der Welt tut? Ich empfehle Ihnen, diese Übung immer dann zu machen, wenn Sie wissen, daß eine Konfrontation mit jemand anderem auf Sie zukommt.

Dann kommt Ihre Macht immer aus Ihrem Herzen, wenn Sie die Intimität eines Konflikts mit jenem »Tanzpartner« teilen. Schreiben Sie jetzt bitte Ihre Gefühle über Ihr Kraft- und Ihr Herzzentrum nieder, damit Sie in der Lage sind, später auf diese erste Öffnung zurückzukommen.

Gefühle:

JETZT IST DIE ZEIT FÜR UNS GEKOMMEN,
ÜBER MACHT ZU SPRECHEN.

KAPITEL 10

Macht

ENERGIE MANIFESTIERT IN ZEIT

Jetzt Kriegerfrau
Gehe ich hinaus ins Leben
Yin und Yang im Gleichgewicht
Maryann

Wir müssen lernen, unsere innere Macht immer wieder
zu beanspruchen. Es sind nicht die Mächtigen, die andere ihrer
Rechte berauben. Es sind jene, die sich innerlich machtlos fühlen
und daher unterdrücken müssen. Nur wenn Sie und ich
und eine genügende Anzahl von uns unsere Fähigkeit benutzen,
positive Veränderung in unser Leben und auf unseren Planeten
zu bringen, nur dann werden wir anfangen, das Zeitalter des
evolutionären Bewußtseins zu schaffen, von dem wir so viel reden.
Danaan

Macht

Was für ein machtvolles Wort! Das bloße Erwähnen dieses Wortes läßt
für gewöhnlich den Leuten die Knie schlottern. Das Konzept der Macht
ist so eng mit dem Weg des Kriegers verbunden, daß wir hinter den
»Schein«, hinter die Fassade gehen müssen, um Macht so zu verstehen,
wie sie wirklich ist.

»Wenn die Macht der Liebe
die Liebe zur Macht besiegt,
dann wird es wahren Frieden geben.«
Sri Chin Moi Gosh

Ich bin sicher, Sie kennen den Satz »Macht korrumpiert; absolute Macht korrumpiert absolut«. Wenn das wahr ist, wie können Sie

es dann als Krieger des Herzens anstreben, die ganze Bandbreite Ihrer Macht bewußt in Besitz zu nehmen? Und doch muß genau das mit Ihnen geschehen, damit Sie sich selbst erkennen und damit Sie effektiv auf dieser Welt sein können.

Die Antwort lautet, daß »Macht« an sich weder gut noch schlecht ist. Macht korrumpiert nicht. »Macht« in ihrem grundlegenden Zustand ist mit keiner Wertung verbunden, so wie dem Begriff »Verhalten« nichts Positives oder Negatives anhaftet, bis jemand etwas damit *tut*. **Macht ist einfach Energie, manifestiert in Zeit.** Die positive oder negative Bedeutung wird dadurch bestimmt, was das Individuum mit dieser Manifestation von Energie tut. In der Geschichte wurde Macht in erster Linie in negativer statt in positiver Weise benutzt, denn die Frage lautet: Wo kommt die Macht her, wo ist der »Ort der Macht«?

Für jemanden, der sich heute auf den Weg des Kriegers einläßt, wäre es ein lohnendes Abenteuer, die Figuren der Geschichte zu studieren, die sich große Mengen an Macht zu Nutze machten. Eine Studie nicht von dem, »was sie taten«, sondern von »dem, der sie waren« wird das Konzept der Macht deutlich machen, sowie auch ihren positiven und negativen Gebrauch. Es gibt nur zwei Arten von Weltführern, die erfolgreich Macht ausgeübt haben. Der eine Typ wird personifiziert durch Erzverbrecher wie Hitler, Mussolini, Nero und Herodes. Der andere Typ wird – in seinem extremen Verhaltensstil – personifiziert von so leidenschaftlich geliebten Helden wie Jesus, Gandhi, Buddha, Mutter Theresa, Dag Hammerskjold und Martin Luther King. Es ist faszinierend, den einfachen, gemeinsamen Nenner zu entdecken, der in jedem Typ vorhanden ist, aber auch die kleinen Unterschiede zwischen diesen Typen. Es ist überhaupt nicht schwierig. Es geht einfach um die Frage, *wo* ihre Macht herkommt.

Im Fall der Erzverbrecher zeigt ein Blick auf ihre frühe Kindheit, daß sie aus einer Position der vollkommenen Machtlosigkeit kommen. Für sie war ihr Kraftzentrum etwas, daß *außerhalb* ihrer selbst lag. Macht war etwas da draußen, was ergriffen und manipuliert werden mußte. Da ihnen ein Gefühl für innere Macht fehlte, griffen sie nach externer Macht und mißbrauchten sie bis zum Extrem.

Ein Blick auf die Lebenswege der Volkshelden zeigt Männer und Frauen, die ihre Macht *in sich* spürten. Die Quelle ihrer ungeheuren Macht lag in ihrem Wesen, nicht außerhalb, wo man sie erst erlangen muß. Wenn sie ihre Macht in der Welt benutzten, fürchteten sie nie, daß sie ihnen gestohlen oder aufgebraucht oder abgenutzt werden könnte. Ihre Kraftquelle war eine Quelle tief in ihrem Selbst, die nie versiegte, niemals in ihrem Strom nachließ. Macht und Liebe waren eins für sie und je mehr sie davon gaben, desto mehr war da auch zu geben.

So ist es mit dem Krieger des Herzens. Macht korrumpiert nicht. Es sind jene Menschen, die ihre innere Quelle von Macht und Liebe nicht spüren, die *wählen*, durch Macht zu korrumpieren, die sie außerhalb ihrer selbst gestohlen haben.

Der Krieger weiß, daß seine oder ihre innere Quelle an Macht und Liebe konstant genährt wird von der eigenen Macht und der eigenen Liebe. Die Sicht, die der Krieger von seinem eigenen Selbst hat, kann niemals weggenommen werden.

Der Krieger geht auf dem Weg der Macht wie die hehren Wesen der reinen Liebe und der reinen Macht, die uns als Jesus, Gandhi, Buddha, Krishna und der Weiße Adler bekannt sind. Wenn Sie Ihre Kenntnis nicht nur der Macht, sondern auch der völligen Liebe und des Nachgebens (der Kunst, eine »Position« aufzugeben, um einen Raum zu schaffen, in dem jeder gewinnen kann) vertiefen wollen, dann kann es dafür keine bessere Quelle geben als die Lebensgeschichten dieser Wesen.

Auf Ihrer eigenen, persönlichen Reise wird es Augenblicke geben, in denen Sie plötzlich die Quellen Ihrer Macht erkennen. Das kann mitten in einer tiefen Meditation geschehen. Es kann Sie überkommen, während Sie in einen äußerst intensiven Augenblick eingetaucht sind. Es kann Sie erfüllen, während Sie gerade bewußt einer aggressiven Herausforderung nachgeben. Oder es kommt einfach unangekündigt und uneingeladen, während Sie ganz prosaisch »einfach so leben«. Aber Sie werden für einen kurzen Moment wissen, daß Sie sich von anderen unterscheiden, daß Sie einzigartig sind. Sie sind es wirklich. Einen Augenblick lang werden Sie verstehen, daß Sie alles haben, was Sie jemals brauchen, um das zu sein, was Sie immer sein wollen. Sie werden wissen, daß in Ihnen eine Quelle fließt, die nie versiegt.

Dieses Erkennen geschieht *allen* bewußten Wesen, überall. *Aber* beinahe jeder schenkt diesem Moment keine Beachtung, ignoriert ihn. Wenn wir seit unserer Kindheit darauf trainiert sind, unserer eigenen Macht zu mißtrauen und sie zu fürchten, ist es verständlich, daß wir versuchen, sie zu verleugnen, wenn sie auftaucht. Aber wenn Sie den Weg des Kriegers wählen, müssen Sie lernen, dieses Geschenk zu schätzen und Ihre Macht in den Dienst der Liebe zu stellen. Ihr Wille, Ihr bewußter Wille wird über den Unterschied zwischen dem richtigen und dem falschen Gebrauch Ihrer Macht entscheiden.

> *»Ich sehe plötzlich, daß es keine Frage des Glaubens,*
> *sondern des Willens ist. Ich WILL, daß das Leben weitergeht.*
> *Wir haben kollektiv die Totenkulte geschaffen.*
> *Wir können kollektiv eine Kultur des Lebens schaffen.*
> *Aber um das zu tun, müssen wir aus der Reihe tanzen wollen.*
> *Wir müssen die Bequemlichkeit aufgeben,*
> *Entscheidungen anderen zu überlassen.*
> *Wollen heißt, unsere eigenen Entscheidungen zu treffen,*
> *unser Leben selbst zu führen, uns einzulasssen,*
> *unsere Zeit, unsere Arbeit, unsere Energie*
> *in den Dienst des Lebens zu stellen.*
> *Wollen heißt, unsere Macht in Besitz zu nehmen;*
> *auch unsere Macht, die Zukunft in Besitz zu nehmen.«*
> Starhawk, »The Spiral Dance«

Als Krieger des Herzens verstehen Sie, daß Ihre Macht etwas Entsetzliches ist; entsetzlich im wahren Sinne. Die archaische Bedeutung von »entsetzlich« lautet »Achtung oder Reverenz erzeugen; eine achtungsvolle Reverenz, inspiriert durch etwas Heiliges«.

Da wir alle unsere Wirklichkeit selbst schaffen, an der Erschaffung einer kollektiven Wirklichkeit mitwirken und der Gebrauch Ihrer Kriegermacht eine entsetzliche Kraft in diesem Schaffensprozess sein kann, ist es ihre Verantwortung, in Ihren Handlungen bewußt zu bleiben.

Die Entwicklung Ihres Kriegers schreitet über viele Parallelen, während Ihr Wille sich immer stärker fokussiert.

Es wird der Augenblick kommen, an dem Sie sich Ihrer Fähigkeit bewußt werden, daß Sie Ihre innere Macht, wann und wo immer sie es in externen Situationen wollen, manifestieren können, um den Fluß dieser Situation zu ändern. Das ist der Moment, wo die bewußte Verantwortung für das, was Sie sind, von immenser Wichtigkeit wird.

Übung

Bitte nennen Sie Ihre Helden. Denken Sie an die Menschen, die
Sie inspirieren; jene, die für Sie die höchsten Ideale verkörpern.
Die Ideale, die auch Sie anstreben.

Held Nr. 1 _____

Schreiben Sie einige der Eigenschaften nieder, die diese Person
besitzt:

1.   2.
3.   4.
5.   6.

Held Nr. 2 _____

Schreiben Sie einige seiner/ihrer Eigenschaften nieder:

1.   2.
3.   4.
5.   6.

Held Nr. 3 _____

Schreiben Sie einige seiner/ihrer Eigenschaften nieder:

1.   2.
3.   4.
5.   6.

Bitte unterstreichen Sie die Eigenschaften, die Sie *in sich selbst*
auch spüren.

Nennen Sie jetzt bitte einige Menschen, die aus Ihrer Sicht Erzverbrecher sind: Jene, die das Böse und die Entartung in der Welt
darstellen.

Schurke Nr. 1 _____

Schreiben Sie einige Eigenschaften dieser Person auf:
1.   2.
3.

Schurke Nr. 2 _____

Schreiben Sie einige Eigenschaften dieser Person auf:
1.   2.
3.

Schurke Nr. 3 _____

Schreiben Sie einige Eigenschaften dieser Person auf:

1.   2.
3.

Sehen Sie sich die »negativen« Eigenschaften, die Sie den »bösen
Jungs« zugeordnet haben, gut an. Es könnte sein, daß Sie aus
diesen Worten etwas darüber lernen können, was in Ihrem eigenen »Schatten« verborgen liegt. Wir neigen dazu, jene negativen
Eigenschaften in anderen für wichtig zu halten, die wir in unseren eigenen Schatten zurückgedrängt haben und in uns selbst zu
ignorieren versuchen. Blättern Sie zurück zu »Persona-Schatten-
Selbst«, die Sie für sich auf Seite 52 ausgefüllt haben. Prüfen Sie,
ob dort etwas hinzugefügt werden muß aus Sicht der Liste, die
Sie hier erstellt haben.

KAPITEL 11

Loslassen

DAS KONZEPT DER SANFTEN MACHT

Der Bach spricht zu mir –
ewig fließende Sanftheit
Und doch so mächtig
Charles

Sanfte Macht

Um zu verstehen, was wirkliche Macht ist, lassen Sie mich Ihnen eine Geschichte über einen modernen Aikido-Meister von heute erzählen und über den Gebrauch der *sanften* Macht.

Vor etwa 15 Jahren suchte ich nach einer körperlichen Disziplin, die mein spirituelles Wachstum ergänzen würde. Ich prüfte Karate, Taek Won Do, Judo und andere. Sie waren mir alle zu aggressiv und zu ich-bezogen (das heißt nicht, daß sie das in Wirklichkeit auch sind, sondern einfach, daß das meine Erfahrung von den Sportarten war, die ich ausprobiert habe). Dann begegnete ich einem Mann, der als größter amerikanischer Aikido-Meister galt und der jede Ehre und jeden Titel erlangt hatte, den das Aikido zu geben hat. Seine Klarheit und Zentriertheit zogen mich sofort an, ganz zu schweigen von seinem köstlichen Sinn für Humor. Aber vor allem war in jeder seiner Gesten sein unglaubliches Mitgefühl und sein liebevoller Respekt für alles um ihn herum sichtbar. Er erzählte mir eine Geschichte, die ich nie vergessen werde.

Es geschah nach 25 Jahren des Aikido-Lernens und nach 15 Jahren des Aikido-Lehrens. Plötzlich, nachdem er Tausende von Studenten trainiert hatte, fragte er sich ... »funktioniert diese Sache wirklich?« *Seine ganze Erfahrung lag im Dojo (Übungsraum), alle seine Partner (bei Aikido gibt es nie das Bild eines* Feindes, nur das des *Partners) waren Lehrer, Kollegen und Studenten. Wie würde es draußen sein, auf der Straße? Würde Aikido* wirklich *funktionieren?*

Natürlich gab ihm das Universum, sobald er sich dies zu fragen begann, eine Gelegenheit, es zu überprüfen. (Wer immer auch dieses Universum lenken mag, hat meiner Meinung nach einen perversen Sinn für kosmischen Humor). Kurz darauf nahm er in Honolulu an einem Aikido-Wettkampf teil. Er erlangte alle höchsten Ehrungen und entschied, dies zu feiern. Er und seine Kumpel gingen in eine Bar und hoben ein paar Gläser. Und noch ein paar. Plötzlich war Zapfenstreich – sie waren ziemlich voll, als sie der Barkeeper aus der Tür schob. Wie sie so die Straßen von Honolulu hinabschwankten, sagte einer nach dem anderen seiner Freunde »Gute Nacht« und verschwand in sein Hotel. Schließlich war er allein, suchte sein Hotel, und bemerkte, daß er sich vollkommen verlaufen hatte. Er wußte nicht, wo er war, aber er wußte, daß er sich nicht im besten Teil der Stadt befand. Die Straße wurde immer enger und mündete schließlich in eine Gasse. Am hinteren Ende der Gasse kamen fünf, ja fünf, sehr große und sehr betrunkene Samoaner um eine Ecke. Als sie ihn sahen, schrien sie ihm Obszönitäten zu und bedrohten ihn. Während sie sich auf ihn zubewegten, teilten sie ihm detailliert mit, was sie mit den kleinen Teilchen seines Körpers tun würden, die übrig bleiben würden, wenn sie erst mit ihm fertig wären.

Sein erster Gedanke war: »Vielen Dank, Gott! Ich schätze, ich bekomme das, um das ich gebeten habe, ob ich es will oder nicht.« Sein nächster Gedanke war: »Okay, um meinen schwarzen Gürtel fünften Grades zu bekommen, hatte ich es mit fünf Partnern zu tun. Ich schätze, ich muß das hier draußen in der wirklichen Welt noch einmal machen.« Und er begann zu atmen, sich zu zentrieren und sein Ki auszuweiten.

Dann geschah etwas. Als die fünf Männer etwa sieben Meter vor ihm standen, fiel ihm plötzlich ein, worum es beim Ai-Ki-Do wirklich geht und warum er es niemals auf den Straßen prüfen mußte. Mit diesem Bewußtsein vollzog er die einzig wahrhaft angemessene Aikido Bewegung in dieser Situation – er drehte sich um und rannte, was das Zeug hielt!

Ich sagte zu mir: »Dieser Mann ist mein Lehrer.« Dieser Mann weiß etwas, was ich nicht weiß. Ich bemerkte, daß auf der Bewußtseinsstufe, auf der ich mich befand, ich nicht in der Lage gewesen wäre, »wegzulaufen«. Ich hätte bleiben und etwas *beweisen* müssen. Ich wäre unfähig gewesen, meine *Position* loszulassen und wäre deswegen Teil des Problems geworden, nicht Teil der Lösung. Er hatte in jenen letzten Minuten bemerkt, daß er die klassische Gewinner/Verlierer-Schlacht geschlagen hätte. Entweder hätte er gewonnen und sie hätten verloren oder umgekehrt. Auf jeden Fall hätte in Wirklichkeit jeder verloren. Denn wenn *einer* verliert, verlieren alle. Wenn Sie das nicht glauben, sehen Sie sich all die Gewinner/Verlierer-Kriege an, die durch die Jahrhunderte hindurch geführt worden sind. Wer hat gewonnen? Sehen Sie sich Ihre eigenen Kriege an, die, die Sie mit Ihrer Familie, Freunden, Vorgesetzten, Nachbarn, Ladenbesitzern ausfechten. Wenn einer von Ihnen verliert, gewinnt der andere dann wirklich? Was geschieht, ist ein ständiges Hin und Her um den Sieg in der *nächsten* Schlacht. Der, der zuerst verliert, ist beim nächsten Mal schlauer. Um aus diesem Hin und Her der Serienschlachtfelder auszubrechen, müssen Sie Ihre Position loslassen. Dann erst kann die Möglichkeit einer Lösung entdeckt werden, bei der beide Seiten gewinnen.

Der Aikido Lehrer war etwas angetrunken. Er hatte sich verlaufen, hatte seine Orientierung verloren, war nicht im Gleichgewicht und befand sich an einem Ort, an dem er nicht sein sollte. Ein Kampf hätte nur Gewinner und Verlierer geschaffen. Er wählte die einzige Alternative, bei der nicht alle verlieren mußten: er machte sich davon. Dabei erinnerte er sich (wurde ihm bewußt), warum er dieser negativen Energie nie zuvor begegnet war. Weil er das nicht *gebraucht* hatte.

Im Aikido heißt es, daß ein wahrer Sensei das Ki dazu benützt, um Konflikte auf der Ebene reiner Energie umzuwandeln. Wenn die Situation sich derart entwickelt, daß der Sensei physische Kraft benützen muß, um mit dem Konflikt fertig zu werden, dann hat der Sensei offensichtlich geschlafen. Für einen wirklichen Sensei wäre es eine Schande, dem Konflikt zu erlauben, zu der beschränkteren physischen Ebene zu gelangen, bevor er oder sie ihn gelöst hat. Das ist die Kraft des Ki. Das ist ein Beispiel für die Kunst des *Loslassens*.

KAPITEL 12

Position

Mein Herz ist das Licht
und teilt meine dunkelste Seite
im Wissen, daß es richtig ist
Charles

In der kriegerischen Kunst des Aikido lernt man, daß das Festhalten an der eigenen Position die Ursache des Verlierens ist. Weil alle verlieren, wenn einer verliert, ist es notwendig, so zu handeln, daß alle gewinnen. Dies erfordert jedoch, Ihre *Position* loszulassen.

Positionen sind für gewöhnlich eigene Sichtweisen, Urteile darüber, »wie es ist« oder wie es sein sollte. Positionen beeinhalten das Bedürfnis, »richtig« zu sein. Sie signalisieren, daß unser Kraftzentrum außerhalb unseres Selbst liegt, statt in uns selbst. Sie signalisieren, daß unser Verständnis dessen, was in Ordnung ist, von anderen kommt und nicht von unserem ruhigen Zentrum.

Bei einer Reihe uralter Traditionen heißt es, daß »ein Krieger keinen Platz hat und auch keinen braucht, um zu stehen«. Keine *Position*. Kein Beiwerk.

Die Haltung eines Kriegers des Herzens wird am besten durch das beschrieben, was ich die Parabel der Trapeze nenne. Sie beschreibt deutlich die Orte, an die der Krieger gehört.

Die Parabel der Trapeze

Von der Furcht vor der Verwandlung zur Verwandlung der Furcht.

Manchmal denke ich, mein Leben sei eine Serie von Trapez-schwüngen. Entweder hänge ich an einem Trapezbalken, der vor sich hinschwingt, oder, einige Augenblicke meines Lebens lang, schleudere ich durch den Raum zwischen zwei Trapezen.

Die meiste Zeit meines Lebens verbringe ich damit, mich an mei-
ner Trapezstange-des-jeweiligen-Augenblicks festzuklammern, als ginge
es um mein Leben. Sie schwingt mich in einem bestimmten festen
Rhythmus hin und her, und das gibt mir das Gefühl, mein Leben unter
Kontrolle zu haben. Ich kenne die meisten richtigen Fragen und sogar
einige der Antworten.

Aber hin und wieder, wenn ich glücklich (oder nicht ganz so
glücklich) vor mich hin schwinge, schaue ich ein Stück vor mich und
was sehe ich? Ich sehe, wie mir eine andere Trapezstange entgegen-
schwingt. Die Trapezstange ist leer und ich weiß, in dieser Stelle in mir,
die weiß, daß auf dieser neuen Trapezstange mein Name steht. Sie ist
mein nächster Schritt, mein Wachstum, meine Lebendigkeit, die ge-
kommen ist, um mich zu holen. Tief in meinem Herzen weiß ich, daß
ich, um zu wachsen, meinen Halt dieser augenblicklichen, wohlbe-
kannten Stange loslassen und mich zur nächsten schwingen muß.

Jedes Mal, wenn mir das passiert, hoffe ich (nein, ich bete), daß
ich meine alte Stange nicht ganz loslassen muß, bevor ich die neue
greifen kann. Aber in dieser Stelle in mir, die weiß, ist mir klar, daß
ich meinen Halt an meiner alten Stange erst völlig loslassen und für
einen Augenblick in der Zeit durch den Raum schleudern muß, bevor
ich die neue Stange greifen kann.

Das erfüllt mich jedesmal mit Schrecken. Es hilft auch nichts,
daß ich es in all meinen früheren Schwüngen durch die Leere des Un-
bekannten immer geschafft habe. Jedes Mal habe ich Angst, daß ich
danebengreifen werde, daß ich auf den unsichtbaren Felsen in der
bodenlosen Kluft zwischen den Trapezstangen zerschmettert werde.
Ich tue es trotzdem. Vielleicht ist dies das Wesen dessen, was die Mysti-
ker »Erfahrung des Glaubens« nennen. Keine Garantien, kein Netz,
keine Versicherungspolice, aber Sie tun es trotzdem. Irgendwie steht es
einfach nicht mehr länger auf der Liste der möglichen Alternativen,
weiter an dieser alten Trapezstange zu hängen. Also erhebe ich mich für
eine Ewigkeit, die eine Mikrosekunde oder Tausende von Lebenszei-
ten dauern kann, durch die dunkle Leere des Zwischenstadiums, das da
heißt: »das Vergangene ist vorbei, die Zukunft ist noch nicht da«. Man
nennt das »Übergang«. Ich habe glauben gelernt, daß dieser Übergang
der einzige Ort ist, wo sich wahre Veränderung vollzieht. Ich meine
wahre Veränderung, nicht die Pseudo-Veränderung, die nur so lange
anhält, bis ich das nächste Mal einen Tritt in den Hintern erhalte.

In unserer Kultur wird dieser Übergangsbereich als »Nichts« an-
gesehen, als ein »Nicht-Ort« zwischen den Orten. Klar, die alte Tra-

pezstange war real, und ich hoffe, daß es die neue Stange, die auf mich zukommt, auch sein wird. Aber die Leere dazwischen? Ist das nur ein angsterregendes, verwirrendes, orientierungsloses Nichts, durch das man so schnell und so ahnungslos wie möglich hindurch muß? NEIN! Was wäre das für eine verschwendete Gelegenheit. Mir drängt sich der Verdacht auf, daß dieser Übergangsbereich das einzig Reale ist und die Trapezestangen Illusionen sind. Wir haben sie uns erträumt, um die Leere zu vermeiden, die sich für uns dann auftut, wenn wirkliche Veränderung, wirkliches Wachstum für uns geschieht. Ob meine Vermutung stimmt oder nicht, sicher ist, daß die Übergangsbereiche unseres Lebens ungeheuer reiche Orte sind. Man sollte sie respektieren, ja sogar genießen. Trotz all des Schmerzes und der Furcht und den Gefühlen, außer Kontrolle zu sein – Empfindungen, die solche Übergänge begleiten können (jedoch nicht notwendigerweise müssen) – sind sie trotzdem die lebendigsten, wachstumserfülltesten, leidenschaftlichsten, ergreifendsten Augenblicke in unserem Leben.

> **»Wir können keine neuen Ozeane entdecken,**
> **wenn wir nicht den Mut haben,**
> **die Küste aus den Augen zu verlieren.«**
> **Anonymus**

Die Verwandlung der Furcht muß gar nicht unbedingt damit zu tun haben, die Furcht zu vertreiben. Wir müssen uns vielmehr selbst die Erlaubnis geben, im Übergang zwischen den Trapezen »zu hängen«. Wir müssen unser Bedürfnis, die neue Trapezstange, irgendeine Stange, zu ergreifen, umwandeln und uns selbst erlauben, an dem einzigen Ort zu verweilen, wo wirkliche Veränderung stattfinden kann. Das kann erschreckend sein. Es kann uns aber auch im wahrsten Sinn des Wortes erleuchten. Wenn wir durch die Leere schwingen, lernen wir vielleicht auch zu fliegen.

Wenn der Krieger des Herzens mit einem einzigen Wort beschrieben werden könnte, dann wäre es das Wort *Veränderer*. Da sich der einzige Ort, wo wirkliche Veränderung stattfinden kann, da draußen zwischen den Trapezen befindet, ist das auch der Ort, an den der Krieger des Herzens gehört.

> *»Der Krieger hat und braucht keinen Ort, um zu stehen,*
> *keine Position, an die er sich klammern kann.«*
> Unbekannt

»Das Mittel ist das Ziel im Prozess des Werdens«.
Jacques Maritain

Übung:

Lassen Sie uns etwas Zeit damit verbringen, mit diesem »Trapez«-
Bild die Bereiche zu identifizieren, in denen Sie noch »feststek-
ken« und solche, durch die Bewegung in unser Leben kommen
kann. Durch die folgende Beschreibung können Sie ganz leicht
sehen, wo Sie sich noch »festhalten«. Sie können auch leicht herausfinden, wie Sie Ihr altes Trapez »loslassen« können und sich
zu einem lebendigeren, leidenschaftlicheren Menschen vorwärts-
schwingen können. Analysieren Sie es nicht zu viel. Schreiben Sie
einfach das nieder, was aus Ihnen herauskommen will.

Wo sind die Orte, an denen Sie wachsen können, wo Sie
die lebensbejahende, positive Veränderung hören können, die
Sie aus den Bereichen A, B und C anruft?

A.

In meinem eigenen persönlichen, inneren Leben (meiner Beziehung zu mir)

Festhalten
Wesensarten von mir, die mich am Fliegen hindern (die alte Falle):

Loslassen
Der Vorgang (des »Loslassens«, was geschehen muß):

Das Trapez von morgen
Das, von dem mein Herz mir sagt, daß ich es sein kann:

DIESEN KONKRETEN SCHRITT *WILL* ICH IN DEN NÄCHSTEN
DREI MONATEN TUN:

B.

In meinen Liebesbeziehungen (meiner Beziehung zu demjenigen
oder derjenigen, die ich am meisten liebe)

Festhalten
Unbefriedigende Art und Weisen, wie ich in der Beziehung handle:

Loslassen
Das Vorgehen:

Das Trapez von morgen
Eine neue Wesensart in der Beziehung, bei der beide gewinnen
können:

C.

Meine Beziehung zu meinem Planeten (zu mir, der Erde, die mißliche Lage auf unserem Planeten, die wir teilen, meine globale Familie)

Festhalten
Ansichten und Verhaltensweisen, die nicht länger zu Harmonie, Sicherheit und Fülle für unsere globale Familie führen:

Loslassen
Der Prozeß der Veränderung:

Das Trapez von morgen
Verhaltensweisen, die eine Welt schaffen, die funktioniert:

DER KONKRETE SCHRITT, DEN ICH IN DEN NÄCHSTEN DREI MONATEN TUN *WILL*:

KAPITEL 13

Integrität

IHRER INNEREN WAHRHEIT FOLGEN

Ich kam unwissend
Aber ich fand den Krieger
in der Integrität
Pete

Ein Freund von mir, einer der besten Aikido-Meister, den ich kenne, nahm in Tokio an einem Treffen von Aikido-Lehrern teil. Nach dem Ende der Veranstaltung wollte er seinen Lehrer in Kioto, im Süden Japans, besuchen.

Er fand sich in einem dieser japanischen Hochgeschwindigkeits-
züge wieder, in denen sie dich wie die Sardinen hineinquetschen.
Während der Zug über die Schienen raste, wurde er sich bewußt, daß
er der einzige Kaukasier im Zug war. Er hörte auch einen lauten Auf-
ruhr am anderen Ende des Waggons. Der Waggon war so voll von
Menschen, daß er eine Weile brauchte, bis er herausfand, was vor sich
ging. Als aber der Zug von Seite zu Seite schwang, konnte er über die
Köpfe der Menschen einen sehr großen und sehr betrunkenen Japaner
sehen, der die Leute anschrie und herumstieß, fluchte und nach dem
Imbiß der Leute um ihn herum grabschte. Er führte sich ganz all-
gemein wie ein Sie-wissen-schon auf.

Nachdem er sich diese Szene eine Weile angesehen hatte, dachte
mein Freund beinahe unbewußt: »Der Junge kann von Glück sagen,
daß er sich nicht an meinem Ende des Zuges befindet; dem würde ich
schon Manieren beibringen.«

In dem Moment, als er dies dachte, hörte der große Betrunkene
am anderen Ende des Waggons mit dem auf, was er gerade tat. Mein
Freund erzählte, daß der Betrunkene begann, mit seinen Augen den
Wagen abzusuchen, bis er schließlich direkt meinen Freund ansah. In
diesem Augenblick flüsterte mein Freund sich zu: »Oh, Scheiße.« Er
hatte sein Ki auf diesen Mann ausgeweitet und der Mann hatte sein

Angebot, zu »tanzen«, angenommen. Noch bevor mein Freund heraus-
fand, was geschah, schrie ihn der Betrunkene an: »Raus aus unserem
Zug, du weißer Teufel. Du hast mein Volk getötet.« Und er fing an, sich
durch den vollbepackten Gang zu meinem Freund durchzudrängen.
*   »Was nun?« dachte mein Freund. »Die Türen sind alle verschlos-*
sen; ich kann kaum meine Arme heben. Ich schätze, wenn er mich er-
reicht, lege ich ihn so schnell wie möglich auf den Boden, und auf der
nächsten Station zeige ich ihm, wie weise es wäre, den nächsten Zug
zu nehmen.« Mein Freund erdete sich, zentrierte sich, begann tief zu
atmen und wartete darauf, daß der Betrunkene zu ihm kam.
*   Aber als der große Betrunkene sich durch die Menschenmenge*
drückte, um zu meinem Freund zu gelangen, kam er an einem Sitz vor-
bei, wo ein sehr alter, dünner Japaner saß. Als er vorüberschwankte,
griff der alte Mann nach oben und legte seine Hand auf die Schulter
des großen Japaners. Der überraschte Betrunkene schüttelte die Hand
des alten Mannes mit einer Drohung ab, aber der alte Mann legte sie
sofort zurück. Wieder schüttelte der Betrunkene die Hand von seiner
Schulter und versprach, ihm die Hand zu brechen, wenn er sich nicht
um seine eigenen Angelegenheiten kümmere. Aber wieder kehrte die
Hand sanft zu der Schulter zurück.
*   Mein Freund erzählte, daß dieser Tanz noch acht oder neun*
Runden so weiterging. Hand auf die Schulter des Betrunkenen, ab-
schütteln, wieder auf die Schulter legen, runter, rauf – wie das urtüm-
liche Paarungsritual des Blaureihers. Nach dem achten oder neunten
Zyklus sah der alte Mann zum ersten Mal den Betrunkenen an, schloß
Augenkontakt und sagte: »So, Sie trinken auf Zügen, was?« Der Be-
trunkene warf die Hand wieder ab, der alte Mann legte sie sofort wie-
der zurück und sagte: »Ich trinke auch auf Zügen. Meine ganze Familie
ist tot. Ich bin alt und ganz allein. Wenn ich in einer Menschenmenge
bin, wie auf diesem Zug, fühle ich mich so einsam, daß ich trinke, um
das zu vergessen.« Jetzt hörte der Betrunkene zu. Der alte Mann fuhr
fort: »Bist du auch einsam, mein junger Bruder?«
*   Ungefähr eine Minute später saß der große Mann auf der Arm-*
lehne des Sitzes, auf dem der alten Mann saß, und sein Kopf lag auf
der Schulter des alten Mannes. Der alte Japaner strich über das ver-
filzte Haar des großen Mannes, während dieser zügellos schluchzte.
»Ich bin so einsam, es tut mir so weh. Niemand liebt mich. Ich bin so
allein.«
*   Und da steht mein Freund, immer noch in seiner Aikido-Stellung,*
und kommt sich wie ein Trottel vor.

Wenn es je ein Urbild für das Aikido gab, für die Umwandlung
scheinbar negativer Energie in positive, friedens-volle Möglichkeiten,
dann war es dieses Bild. Dieser alte Mann hatte vielleicht niemals von
Aikido gehört, aber trotzdem war er ein Aikido-Meister par excel-
lence. Ich erzähle Ihnen diese Geschichte jetzt deshalb, weil der alte
Mann ein vollkommenes Beispiel für sanfte Macht ist und für die
Verkörperung einer Eigenschaft, nach der Sie und ich in unserer
Arbeit für eine positive Ver-Änderung immer streben müssen. Diese
Eigenschaft heißt *Integrität*.

Sehen Sie, dieser alte Japaner hat nicht gelogen. Er trank *wirklich*
auf Zügen. Er erfand keine kluge Geschichte, um sich diesen großen
Kerl zu angeln. Er war wirklich einsam, und so konnte er mit Integrität seinen Bruder-im-Schmerz erreichen. Aus seiner eigenen Verwundung heraus, konnte er auf authentische Weise eine Verbindung
mit der Verwundung eines anderen herstellen.

> *»Er, der versucht, für andere oder für die Welt*
> *zu handeln und zu denken,*
> *ohne sein eigenes Selbstverständnis zu vertiefen,*
> *seine Freiheit, Integrität und Fähigkeit zu lieben,*
> *wird nichts haben, was er anderen geben könnte.*
> *Er wird ihnen nichts mitteilen*
> *außer der Vergiftung durch seine eigenen Besessenheiten,*
> *seiner Aggressivität, seines ich-zentrierten Ehrgeizes,*
> *seiner Verirrungen über Ziele und Mittel,*
> *seine doktrinären Vorurteile und Ideen.«*
> Thomas Merton

Wie oft sind wir »Helfer« versucht, therapeutische Interventio-
nen zu »fabrizieren«, um jemanden zu retten. Aber das ist nur das
alte Verfolger-Opfer-Retter Dreieck. Der *Retter* ist in Wirklichkeit
Teil des Problems, nicht die Lösung. Alle drei sind notwendige Teile
des Dreiecks und für gewöhnlich tauschen die drei Positionen »ihre
Rollen«, so daß der Retter von heute der Unterdrücker von morgen
sein kann, usw.

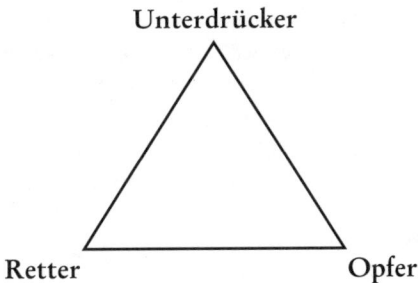

Unterdrücker

Retter   Opfer

Authentische Energie-Umwandlung geschieht durch Integrität. Integrität bedeutet, daß Sie von einem Ort innerer Wahrheit kommen, um mit einem ähnlichen Ort der Wahrheit in einem anderen Menschen in Verbindung zu treten. Weil das Konzept, positive Veränderung zu schaffen, große Macht beinhaltet, verlangt es von uns ein starkes Gefühl von Integrität. Diese Integrität wird in den *Mitteln* verlangt, in dem Vorgehen, das wir einschlagen, genauso wie im *Ziel*, dem Ergebnis, das wir anstreben. Das Ziel rechtfertig *nie* die Mittel, wenn die Mittel nicht von Integrität durchwirkt sind. *Wie* wir Frieden schaffen, ist genauso wichtig, wie das Frieden-Schaffen an sich.

Während ich dies schreibe, erinnere ich mich an meine Zeit mit Mutter Teresa und der neuen Definition von *Dienst*, die ich bei ihr lernte. Ich werde auch an meine Erfahrungen erinnert, die ich beim »Unterschriften-Sammeln« für das Einfrieren von Nuklearwaffen machte. Diese Erfahrung hat auch mit Integrität zu tun. Wenn wir von Macht sprechen, haben wir immer daran zu denken: Macht und Integrität *müssen* Hand in Hand gehen.

Mutter Teresa: Ein neues Modell des Dienstes

»Es kommt nicht darauf an, wie viel wir tun,
sondern wie viel Liebe wir in das legen, was wir tun.«
Mutter Teresa in ihrer Nobelpreis-Rede

1978 war ich in Bombay, Indien, gestrandet. Durch eine interessante Ansammlung von Nicht-Zufällen wurde ich vom katholischen Bischof von Bombay eingeladen und bewirtet. Am Tag meines Abflugs aus Indien verlangte der Bischof nach seiner Limousine und schon fuhren wir durch die dampfenden Straßen in Richtung Flughafen.

Auf dem Weg erwähnte er, daß Mutter Teresa in der Stadt sei und am Hafen ein Hospiz errichtete. Sie hatte der indischen Regierung zwei Lagerhäuser abgeluchst, die von der britischen East India Company zurückgelassen worden waren. Nun zogen Hunderte alter Männer und Frauen ein. Sie wissen sicher, daß Mutter Teresa und ihre Helfer in Lieferwagen herumfahren und die Ausgestossenen der indischen Gesellschaft mitbringen, die in ihrem eigenen Urin in den Gossen von Kalkutta, Bombay und anderswo ertrinken. Mutter Teresa heilt sie mit Suppe und mit Liebe und Respekt.

Der Bischof fragte mich nebenbei, ob ich Mutter Teresa gern einmal begegnen wollte. OB ICH WOLLTE? Da können Sie drauf wetten!

Als nächstes nehme ich wahr, wie wir vor einem dieser Lagerhäuser standen und er mich in Richtung Tür stieß. Von da an ist alles etwas verschwommen. Ich ging hinein in die Liebe.

Viele Tage später stakste ich dort heraus, hatte mein Flugzeug verpaßt, mein Visum war ausgelaufen, aber es machte mir nichts aus. Ich war erfüllt.

Einmal in meinem Leben habe ich völligen Frieden kennengelernt. Ich hatte die Knie sterbender alter Männer geschrubbt, die Laken unter Hunderten gekrümmter Körper gewechselt, hatte Ströme von Urin aufgewischt, und es war in jeder einzelnen Sekunde genau das, was ich tun wollte. Es gab nicht einen einzigen Augenblick, in dem ich meine Motive hinterfragte oder meine Effizienz oder mein Gehalt. Ich machte mir nicht einmal Sorgen, ob ich zu hart arbeitete oder ob ich ausgenutzt wurde oder zu wenig Bestätigung erfuhr. Ich arbeitete die ganze Nacht und war voll von Energie.

Eines Tages kam eine kleine indische Nonne zu mir und sagte: »Mr. Parry, Sie müssen heimgehen.« Angstanfall! »Ich muß etwas falsch gemacht haben,« schrie mein Ego. Sie sagte: »Das ist nicht Ihr Platz. Sie sind hergekommen, um etwas über Fülle zu lernen. Sie haben es gelernt. Jetzt gehen Sie nach Hause und finden Sie es an Ihrem Ort.«

Fülle. Das zu lieben, was Sie tun. Das zu tun, was Sie lieben. Das ist das Wichtigste auf dieser Welt.

Für die meisten von uns besteht das Leben darin, in Jobs zu arbeiten, die uns NICHT ausfüllen, sondern viel eher unsere Lust am Leben austrocknen. Wir tun das, um Geld zu verdienen. Dieses Geld soll uns erlauben, uns die Erfahrungen und Dinge zu leisten, die uns glücklich machen sollen. Das funktioniert nicht. Glück, Fülle, selbst Überfluß sind keine Dinge an sich. Sie sind Nebenprodukte. Wir erreichen diese Schätze nicht direkt, sondern nur nebenbei, wenn wir den für uns richtigen Platz in der Entfaltung des Ganzen gefunden haben. Das Geheimnis ist, sich mit dem zu identifizieren, was Sie anfüllt, wenn Sie es tun, und es mit Ihrem ganzem Herzen zu tun. Tun Sie es, als wäre es Ihr Geschenk an die Welt, Ihre Perle von großem Wert. Machen Sie es zu dem vollkommensten Geschenk, daß sie jemals geben können, und geben Sie es ganz.

Die Sache ist die: Wenn Sie sich nicht ganz Ihrer Arbeit hingeben können, dann wird sie Sie nicht nur nicht ernähren, sie wird Sie und andere verarmen. Es kommt nicht auf das externe Ergebnis an. Es ist die Qualität der Energie, die das ausmacht, worauf es ankommt. Wir scheinen dem Ergebnis unserer Anstrengung so viel Bedeutung beizumessen, dem Ziel, dem Produkt; oftmals ignorieren wir das Vorgehen, durch das wir dieses Ergebnis erzielen oder durch das wir das Ziel erreichen.

Lassen Sie mich Ihnen eine kleine Geschichte erzählen über die Zeit, als ich für den gesetzlichen Zusatzartikel zum Einfrieren der Nuklearwaffen Unterschriften sammelte.

Ich stand in einem Einkaufszentrum und wenn jemand vorbeiging, bat ich ihn um eine Unterschrift für die Petition. Als ich eine besonders aufgelöst aussehende Frau fragte, die mit Schachteln und Tüten beladen war, meinte sie: »Ich habe keine Zeit.« Ich drängte etwas mehr, und schließlich nahm sie meinen Füllfederhalter und kritzelte ihren Namen auf das Papier, ohne zu lesen, was sie da überhaupt unterschrieb. Sie hatte nur deshalb unterschrieben, um mich loszuwerden. Innerhalb weniger Minuten kam ein junger Mann vorbei und ich ging auf ihn zu. Meine 1,92 große, selbstbewußte Haltung schüchterte ihn sichtlich ein, und er unterschrieb. Ich denke, er hätte auch einen Blankoscheck unterschrieben, nur um mich loszuwerden. Als nächstes kam eine Frau mit ihrem Kind vorbei. Die Frau sah die Petition, las sie durch und sagte: »Was für eine großartige Idee! Natürlich unterschreibe ich und vielen Dank dafür, daß Sie das tun.« Dann ging sie und ließ mich zurück – ich fühlte mich gesehen und erfüllt.

Als ich hinterher über diese drei Begegnungen nachdachte, wurde mir klar, wie grundverschieden sie waren. Ich hatte die Vorstellung, daß in jedem dieser Fälle ein Energiestrahl ins Universum gelassen wurde, um zur kollektiven Energie hinzugefügt zu werden. Bei der ersten Begegnung war die Energie, die ins Universum schoß, voll von Schikane, voll von »Verdruß, Verdruß«. Der zweite Strahl war voll von Einschüchterung der Art: »Hacken Sie nicht auf mir herum«. Der dritte Energiestrahl war voll von Liebe mit Schattierungen von Vertrauen und Fürsorge. Auf einer bestimmten Ebene hatte ich mein Ziel bei allen dreien erreicht. Ich hatte drei weitere Unterschriften, die ich einreichen konnte, und die Unterschriftenzähler würden den Unterschied niemals erkennen. Aber ich würde es. Die drei Menschen, die ihre Unterschrift geleistet hatten, würden es. Irgendwie waren die verschiedenen Gefühlstypen, die an diesen Begegnungen beteiligt waren, viel wichtiger als jedwede Anzahl von Unterschriften auf einer Petition.

Seit damals weiß ich ziemlich genau, welche Qualität, welche Farbe der Energie, ich ins Universum lassen möchte. Wenn ich keine Unterschriften mit Liebe sammeln kann, wenn ich mein Ziele nicht erreichen kann auf eine Art, die das Reservoir an positiver Energie in dieser Welt anreichert, dann tue ich besser etwas anderes, wo ich es kann. Natürlich wachsen wir nicht wirklich, wenn wir zu »etwas anderem« flüchten. Wir wachsen nur dann wirklich, wenn wir uns inmitten einer schwierigen Situation ändern. Wenn ich von einem Ort der Liebe komme, wenn mein Geschenk an die Welt ich selbst bin, und nicht das, was ich produziere, dann ist jede Gelegenheit eine Möglichkeit, der positiven Energiebank etwas hinzuzufügen.

Das ist mein Ideal. Dort bin ich noch nicht. Also muß ich mich manchmal von Situationen fortbewegen, in denen ich mein Geschenk nicht voll geben kann, weil die Umgebung dem Geben jenes Geschenkes nicht förderlich war.

Wie auch immer Ihre Wahl sein mag, einige Dinge bleiben einfach wahr. Das Ziel rechtfertigt nie die Mittel. Das Vorgehen mag vielleicht wichtig sein, das Ziel ist es nicht. Die Vorstellung »zu arbeiten, um Geld zu verdienen, damit wir es uns leisten können, glücklich zu sein« ist ein grausamer Witz.

Wenn Ihnen Ihre Arbeit keinen Spaß macht, dann wird keine Menge Geldes Sie so glücklich machen, wie Sie es wären, wenn Sie das Risiko auf sich nähmen, das zu tun, was sie gerne tun. Dann brauchen Sie Glück nicht zu kaufen, Sie bekommen es einfach als Zugabe. Ja, ich weiß, daß die Umwandlungsphase zwischen den beiden Arten von Arbeit für gewöhnlich schwierig ist, oftmals verwirrend. Aber wenn Sie sich schließlich einklinken in das, was Sie ausfüllt, ernähren Sie sich nicht nur selbst, Sie nähren uns alle. Sie wissen ja: wir sind alle miteinander verbunden.

KAPITEL 14

Präsenz

DIE DELPHINE

Die Wellen meines Lebens
schlagen gegen den Strand und sterben
Mein Ozean lebt weiter
Danaan

»100%ig anwesend zu sein, läßt Ihr Leben funktionieren.«

Sei 100%ig anwesend

Wenn ich mich *wirklich* entspannen und meine Seele nähren will, besuche ich die Delphine. Jahrelang waren Delphine und Wale meine Lehrer, meine Regenerationsquelle. Schon, wenn ich nur um sie sein konnte, erfüllte mich das mit Freude. Das ist einer der Hauptgründe, warum ich mir zum Leben eine Insel im Puget Sund ausgesucht habe. Eine einfache Fährfahrt nach Seattle oder eine Kajakfahrt um die Landspitze kann den Anblick tanzender, springender Delphine oder Orkawale bieten. In dieser wilden, natürlichen Begegnung werde ich an meine eigene Natürlichkeit und meine eigene Schönheit erinnert.

Vor ein paar Jahren waren mein Sohn Michael und ich in Baja, Kalifornien, dieser großartigen Wüstensandbank, die zu Mexiko gehört, aber kaum Verbindung zum mexikanischen Festland hat. Die Sandbank ist ihre eigene, wilde Welt. Wir kampierten an der Südspitze, in Richtung des Golfs von Kalifornien, am felsigen Strand einer Bucht, von der ich wußte, daß sich dort bevorzugt Delphine aufhielten.

Wir führten ein kleines Sunfish-Segelboot mit uns. Am zweiten Tag begegneten wir einer Herde Delphine, etwa acht von ihnen. Ungefähr eine halbe Stunde lang spielten wir zusammen. Die Delphine schwammen am Boot entlang, rieben sich dagegen, hoben ihre Köpfe zum Dollbord und sahen uns mit ihren großen, sanften Delphinaugen an. Sie schwammen an den Seiten entlang, dann – auf ein stilles Signal hin – schossen sie zu beiden Seiten davon und sprangen gerade vor dem Bug des Bootes übereinander. Ich fragte mich, wer für die Choreographie der Delphintänze verantwortlich zeichnete?

Dann änderte sich der Wind, und ich mußte durch den Wind wenden. Die Delphine schwammen weiter geradeaus in Richtung des Kap-Mundes, um Nahrung zu finden. Schon nach einer Minute waren sie eine Viertelmeile von uns entfernt. Mein Herz sank. Ich wollte mehr Kontakt. Ich fühlte mich schrecklich unbefriedigt. Ich fing an, für meine Delphinfreunde auf eine Weise zu singen, von der ich herausgefunden hatte, daß sie darauf reagierten. Sobald ich zu singen angefangen hatte, sah ich ihre Rückenflossen sich um 180 Grad wenden, und sie schwammen zu uns zurück! Es schien nur einen Augenblick zu dauern, bis sie wieder unser Boot umkreisten. Sie kreischten ihr hohes Lied und rieben sich gegen das Boot.

Ich war im Himmel! Ich war glücklich, so ekstatisch, daß ich zu meinem Sohn sagte: »Nimm das Ruder, Mike, ich geh rein!« Und schon rollte ich vom Boot, genau in die Mitte dieser grandiosen Delphinherde, die nun von den ursprünglichen acht auf mindestens zwölf angewachsen war. Eine Ewigkeit von Minuten spielten wir zusammen, schlugen um uns, plantschten und lachten zusammen. Ich hängte mich an die Flosse eines größeren Delphins und er tauchte – mit mir im Schlepptau. Gerade als ich sicher war, meine Lungen würden aufgeben, tauchten wir auf, durchbrachen die Oberfläche kreischend und schreiend. Mein Körper – nur aus Armen und Beinen bestehend – schlug wild durch die Luft, der Körper des Delphins war ein glatter Bogen von graziösem Silber, der in der Sonne glänzte.

Das jetzt, das ist Freude! Ich hatte mich noch nie in meinem Leben so voll gefühlt, so völlig genährt. Dann wurde mir ein Gedanke in meinem Kopf bewußt. Es war einer jener »Gedanken-in-meinem-Kopf-der-nicht-mein-Gedanke-ist« Gedanke. Ich hatte gelernt, solche Gedanken als eine Art zu erkennen, mit denen diese wundervollen Wesen mit mir kommunizierten. Ich weiß, daß der Delphin neben mir diese Botschaft an mich sandte. Die Botschaft lautete: »Sei mit uns.«

»Sei mit uns?« Wovon spricht dieser Delphin? Ist er verrückt? »Sei mit uns?« Ich bin völlig hier, völlig präsent in diesem unglaublichen Augenblick. Aber die Botschaft kommt wieder »Sei mit uns, Danaan.« Ich widerstehe weiter. »He, Leute, ich bin hier. Ich bin so glücklich und voll und zufrieden; ich möchte nirgendwo anders sein.« Und wieder kommt die Botschaft: »Sei mit uns.«

Wir schwimmen jetzt langsam, gleiten ohne Anstrengung durch das Wasser und ich gestatte mir, mit der Verteidigung meiner Position aufzuhören.

Ich höre nicht nur dem Delphin zu, sondern auch meinem eigenen Kopf. Da begreife ich. Jetzt weiß ich, worüber sie sprechen. Jetzt kann ich das Spiel hören, das in meinem Kopf stattfindet. Langsam werde ich mir eines »Filmes« bewußt, der sich auf dem Videorecorder in meinem Gehirn abspielt. Der Film spielt selbst mitten in der Freude des Kommunizierens mit den Delphinen. Tatsächlich läuft der Film wegen der Freude, die ich erfahre. Der Film heißt »Ist es nicht schrecklich, was Menschen Delphinen antun.«

Da läuft er ab, auf dem Rundum-Bildschirm in meinem Kopf, in Farbe. In diesem Film kommen alle Szenen vor, bei denen ich je Zeuge war, alle Geschichten, die mir erzählt worden waren. Geschichten, die die menschliche Grausamkeit gegenüber Delphinen dokumentieren: Szenen, in denen ich an einem Dock in San Diego stehe und sehe, wie die Fischerboote vom Meer zurückkehren mit ertrunkenen Delphinen, die sich in den Wandnetzen verfangen hatten. Szenen, in denen ich japanische Fischer beobachtete, wie sie Delphine abschossen, weil sie dachten, daß Delphine ihnen beim Fischfang Konkurrenz machen. Szenen, in denen gefangenen Delphinen beigebracht wurde, Attrappen – und manchmal auch echte – Torpedos für die Marine zu apportieren. All das geht in meinem Kopf vor sich, und ich lasse zu, daß dieser Film und die Schuldgefühle, die er hervorruft, mich von meinen Delphinfreunden und diesem exquisiten Augenblick trennen.

Und meine Freunde sagen »Sei mit uns, Danaan. Ja,« sagen sie, »wir wissen von all dem, aber das ist dort und wir, Du und wir, sind hier. Sei hier, Danaan, benütze das nicht, um Dich von uns zu trennen.«

Und mir fällt auf, daß ich das, was ich mit den Delphinen mache, auch an anderen Orten meines Lebens tue. Es sind nicht die SCHLECHTEN Momente, die mir Ärger bereiten; es sind die wirklich GUTEN Momente. Wenn es zu gut wird, wenn der Moment mich allzusehr nährt, wenn die Möglichkeit der FREUDE zu nahe rückt, dann lege ich eine Kassette in den Videorecorder in meinem Kopf ein, um mich von dieser Ekstase abzutrennen. Ich ließ mich vielleicht zu 85% im Guten präsent sein, aber nicht zu 100%, weil das ein Nachgeben bedeutet hätte, ein Loslassen. Zwischen den Trapezen zu sein, ist immer noch ein angst-erregender Ort. Ich danke Euch, Brüder und Schwestern Delphine, ihr seid wahrhaft meine Lehrer.

Nun, meine menschlichen Freunde, ich sage Euch und ich sage
mir, daß unser Planet uns zuruft, 100 %ig anwesend zu sein. 100 %ig
in allen Momenten unseres Lebens präsent zu sein, ist *das* mächtigste
Werkzeug, das Sie und ich haben, um unser Leben funktionieren zu
lassen. Das stimmt. Keine Technik, keine kommunikative Fähigkeit
und kein psychologisch geschultes Verhalten ist auch nur annähernd
so wirksam, wie 100 %ig anwesend zu sein. Das ist keinesfalls einfach.

Es gibt zwei Situationen, in denen es für den Krieger des Herzens sehr wichtig ist, vollkommen präsent zu sein. Die eine Situation
ist mitten im Konflikt und die andere ist in der Gegenwart möglicher
Freude. Die meisten von uns laufen genau in diesen beiden Situationen »davon«, entweder physisch oder psychisch. Tatsächlich lehrt
uns unsere gesamte kulturelle Erfahrung, vor diesen intensiven Momenten davonzulaufen. Unsere Kultur versorgt uns mit einer Vielfalt
an Ablenkungen und Ersatzhandlungen für diese persönlich erfah-
rene Intensität. Es scheint, als ob wir all unsere kulturellen Struktu-
ren, all unsere Erziehungsmaßnahmen, all unsere Methoden der zwi-
schenmenschlichen Interaktionen nur dazu geschaffen hätten, um
uns in jenen Momenten voneinander zu isolieren. Momente, die – entweder »positiv« oder »negativ« – das Potential der *Intensität* in sich
tragen und, was noch wichtiger ist, der *Intimität*.

Intensität, Intimität und das Erlebnis, andere wirklich zu sehen

Das ist es also, das magische Wort, das den Schlüssel hält, um 100 %
präsent zu sein: Intimität. Intimität ist der Faktor in menschlicher Interaktion, der uns von einer Position der Gegnerschaft zu einer Position des gemeinsamen Erschaffens führt. Intimität ist das Element, das
uns zu wahrer Konfliktlösung führt – weg von den sogenannten
Lösungen, bei denen wir auf unsere Probleme einfach »ein Pflaster
kleben«. Intimität ist das notwendige Ingredienz, um Gewinner/Ver-
lierer-Situationen und »Ich-gegen-Dich« Wettbewerbe in Situationen
umzuwandeln, wo alle gewinnen können, wo kooperatives und kreati-
ves Friedensschaffen möglich wird. Ist es nicht interessant, daß unsere
gesamte Gesellschaft derart strukturiert ist, uns von der Erfahrung
wirklicher Intimität abzuhalten? Ist es nicht faszinierend, daß Intimität
die meisten von uns beinahe vor Angst verrückt werden läßt?

Vor ein paar Monaten hielt ich eine Reihe von Vorlesungen in Südkalifornien. Zwischendurch hatte ich einen Tag frei und beschloß, mit einem Freund nach Disneyland zu fahren. Ich liebte das Matterhorn mit seiner Wasserrutsche und das Geisterhaus mit seinen Hologrammgeistern, aber immer war da das Gefühl der »Plastik-Imitation«, das eben an einem Ort präsent ist, der aussehen soll wie etwas, was er ganz einfach nicht ist. Auf dem »Flußboot«, der Nachbildung eines alten Mississippi Raddampfers, platschte das »Hinterrad« nutzlos vor sich hin, denn ein Unterwasserkabel zog das Schiff vorwärts. Ich hörte ein junges Paar sagen: »Das ist großartig. Warum soll man sich da noch die Mühe machen, New Orleans zu sehen? Sie haben es uns hierhergebracht!« Natürlich. Warum soll man die wahre Sache erfahren, wenn wir die Plastik-Imitation haben können. Wir können es dann ohne diese ganze Realität erfahren und brauchen keine Angst zu haben, daß etwas Unerwartetes geschehen könnte (oder jemand Unerwartetes auftauchen könnte).

Wir haben ein plastiküberzogenes Disneyland geschaffen, voll von simulierter Intensität, künstlicher Intimität, und man nennt es die Gesellschaft des 20. Jahrhunderts. In dieser Welt sind wir sicher. Von der Sicherheit unserer Fernsehsessel aus erforschen wir ersatzweise all die Leidenschaft und Tiefe und das Gefühl in der Welt, während wir selbst sicher in der kulturellen Mittelmäßigkeit verborgen bleiben, die uns vom *Veränderungsprozeß* isoliert. Wie sicher das ist und wie tot.

Aber wie steht es mit *Ihnen*? Wie steht es mit der Person, die anfängt, sich aus dem Sumpf kultureller Mittelmäßigkeit herauszuziehen? Wie steht es mit dem Krieger des Herzens, der weiß, daß *Intensität* der Brennstoff für Veränderung ist, der Saft, das Ki des Lebens? Der weiß, daß *Intimität* die geheime Kraft ist, die mittelmäßige, oberflächliche Beziehungen verwandelt in tiefe, heilende, friedensvolle Beziehungen? Wie vollzieht *diese* Person die Umwandlung?

Höre den Delphinen zu

Wir wurden programmiert, auf die beiden wichtigsten Augenblicke in unserem Leben – die Augenblicke des Konfliktes und die Augenblicke der Ekstase – wie ein Toter zu reagieren. Wenn Ihnen bewußt wird, daß es einen Konflikt in Ihrem Leben gibt, wenn Sie spüren, daß Sie davonzulaufen oder anzugreifen beginnen, um Ihre Position zu verteidigen, dann halten Sie an. Atmen Sie. Benutzen Sie Ihren *Willen*, um all Ihre inneren Kräfte aufzurufen, in dieser Situation voll anwesend zu sein. Seien Sie präsent, 100 %ig. In der Klarheit dieser 100 %igen Anwesenheit werden Sie sehen, was Sie als nächstes tun müssen. In der Gegenwart von wirklicher – nicht nur projizierter – physischer Gefahr, könnte Ihr nächster Schritt der sein, sich von dieser Umgebung zu entfernen. Aber höchstwahrscheinlich wird in der Klarheit Ihrer 100 %igen Gegenwart der Konflikt bereits den Prozeß der Lösung einleiten.

100 %ig anwesend zu sein bedeutet viel mehr, als einfach nicht anzugreifen oder nicht wegzurennen (kämpfen oder fliehen). Es bedeutet:

1. *Sich selbst zu gestatten*, wirklich zu erfahren, was hier und jetzt geschieht, anstatt in einem Bildermeer vergangener Erfahrungen zu ertrinken.
2. Ihre Urteile einstweilen aufzuschieben. *Ihre Position loszulassen*, damit Sie die Möglichkeit haben, die Position eines anderen zu verstehen.
3. *Zuzuhören. Wirklich zuzuhören*, nicht nur Munition zu sammeln, um damit zurückzuschießen.
4. *Eine Sicherheitszone in Ihnen zu schaffen*, einen inneren Ort, der nicht auf die Überlebenssignale von jenen Tausenden von furchtvollen, vergangenen Erfahrungen in Ihrem Kopf reagiert.

Wenn ich sage, daß 100 %ige Präsenz von Ihnen fordert, *hier* zu sein, anstatt in den Bildern vergangener Erfahrungen versunken zu sein, dann spreche ich hiervon: *Es ist für jeden sehr schwer, jemand anderen im gegenwärtigen Augenblick wirklich zu sehen.*

Warum? Weil:

A. unsere Medullas nur die Informationen durchlassen, die sich auf Überlebensfragen beziehen.
B. unser Kortex jede *neue* Erfahrung mit allen alten Informationen in unserem Kopf vergleicht.
C. wir Menschen in unseren Köpfen eine Anzahl von Darstellern und eine Bibliothek alter Videokassetten herumzutragen scheinen, die konstant zwischen uns und die Person treten, für die

wir anwesend zu sein versuchen. So, als ob da eine Wolke wären, eine Nebelbank, zwischen uns und der Person, die wir klar und deutlich sehen wollen.

Ein Teil dieses Nebels ist auf uns zurückzuführen, und ein Teil stammt von dieser anderen Person. Das Hauptdilemma ist natürlich, daß wir normalerweise diesen Nebel nicht *bemerken*. Wir *denken*, wir würden uns gegenseitig deutlich sehen. Aber was wir in Wirklichkeit sehen, ist nur der schemenhafte Umriß des anderen. Meistens sehen wir nur das Spiegelbild in den Wassertropfen der Nebelbank. In gewissem Sinne sehen wir hauptsächlich verzerrte Spiegelbilder von *uns selbst* und unsere eigenen Projektionen und Phantasien. Und natürlich sind wir der Meinung, wir würden ganz deutlich diese andere Person sehen.

Mein alter Mentor der Gestalttherapie erzählte mir eine Geschichte über die Zeit, als er gerade die Prüfungen am Gestalt-Institut abgeschlossen hatte und in San Francisco eine Praxis eröffnete. Er hatte sofort Erfolg. Er ist ein sehr scharfsinniger und fürsorgender Mann, und die Leute kamen aus ganz Kalifornien, um mit ihm zu arbeiten.

Nach etwa einem Jahr entschied er sich, eine »Bestandsaufnahme« seiner Praxis zu mache, um zu sehen, wer zu ihm kam und warum. Er entdeckte etwas Interessantes. Sein Klientel repräsentierte alle Gebiete psychologischer Probleme außer einem. Sie kamen mit allen Arten von Problemen, Ängsten, Funktionsstörungen, usw., mit einer Ausnahme – niemand kam je zu ihm mit irgendeiner Art von sexuellem Problem.

Die Antwort darauf – so dachte er – lautete, daß es einen sensationellen Sex-Therapeuten in der Nachbarschaft gab und jeder mit einem sexuellen Problem zu diesem Spezialisten ging, während alle anderen zu ihm kamen. Richtig? Natürlich falsch!

Einige Monate später machte er einen »Auffrischungskurs« als Teilnehmer an einem Workshop. Mitten in einem didaktischen Gespräch mit einer anderen Therapeutin, hielt sie inne und sagte: »Ich würde dir gern ein Feedback geben, John. Zuerst möchte ich dich in deiner Fähigkeit zuzuhören bestätigen. Es ist wirklich leicht, mit dir etwas zu teilen. Deine Körpersprache ist sehr positiv, Du hast guten Augenkontakt, Du ermutigst mich sanft, tiefer zu gehen, und ich genieße unseren Kontakt. Aber jedes Mal, wenn ich etwas erwähne, was mit meiner Sexualität zu tun hat, verschwindet das ganze Blut aus deinem Gesicht! *Das ist faszinierend, weil sich sonst nichts ändert. Du hältst immer noch Augenkontakt aufrecht, du bist immer noch ein guter Zuhörer, Deine Körpersprache bleibt offen,* aber *dein Gesicht wird vollkommen schneeweiß und du siehst aus, als ob du sterben würdest! Und ich empfange von dir die deutliche Botschaft, daß es für mich nicht in Ordnung ist, mit dir über meine Sexualität zu sprechen. Also wechsle ich sofort das Thema, denn ich kann deine Furcht spüren und werde auch furchtvoll.«*

In diesem Moment wurde sich John bewußt, warum niemals jemand zu ihm mit irgendeinem sexuellen Problem kam. In Wirklichkeit kamen *sie zu ihm, und er verschreckte sie. Irgendeine »Wolke« wurde von ihm zwischen sich und seine Klienten geschoben.*

Das Bewußtsein ist immer ein wichtiger Teil der Lösung. Johns neues Bewußtsein erlaubte es ihm, sein Problem tiefer zu erforschen. Während einer Atemtherapie, die sich auf diese Frage konzentrierte, erschien ihm ein geistiges Bild. In diesem Bild war er etwa acht Jahre alt und in seinem Zimmer. Seine Mutter kam in den Raum gestürmt und erwischte ihn beim Masturbieren. Sie behandelte diese Situation nicht sehr feinfühlig, und er entschied genau in jenem Augenblick, daß er niemals wieder etwas mit Sexualität zu tun haben wollte. In Wirklichkeit traf er zwei Entscheidungen. Die eine war, nichts mit der Sexualität zu tun zu haben. Die zweite Entscheidung war, zu vergessen, daß er die erste Entscheidung getroffen hatte. (Diese Arten von Entscheidungen tauchen für gewöhnlich immer paarweise auf).

Dreißig Jahre und drei Ehen später war er nun bereit, seine Entscheidungen auf einen neueren Stand zu bringen, damit er die Menschen wirklich »sehen« konnte und nicht die nebulösen Geister seiner vergangenen Erfahrungen.

Auch ich habe Erfahrungen gemacht, die mich gelehrt haben, wie schwierig es ist, *hier und jetzt* präsent zu sein, mit wirklichen Menschen, die vor uns stehen, in Beziehung zu treten – anstatt mit den Geistern und Projektionen, mit denen wir uns selbst Sicherheit vortäuschen und unserer Welt »einen Sinn geben«.

Als ich meine private klinische Praxis eröffnete, lernte ich schnell, daß jede Frau, die in mein Büro kam, über 60 war und irgendeine Art von Alkoholproblem hatte, sofort zu meiner Mutter wurde. Ich saß dort eine Stunde lang und hörte diesen Frauen zu, machte hin und wieder Bemerkungen. Aber die ganze Zeit war ich für dieses wirkliche, menschliche Wesen nicht gegenwärtig. Ich ging mit meiner toten Mutter um, deren Alkoholproblem mich mit Tonnen ungelöster Probleme zurückgelassen hatte. Nicht schlecht, was? Berechnete ich ihnen 60 $ die Stunde, damit ich eine Therapie mit meiner Mutter machen konnte? Keineswegs. Keiner hat da gewonnen, und ich mußte aufhören, Patientinnen mit diesem Problem-Profil zu behandeln, bis ich selbst meine Rolle sauber spielen konnte.

Ein weiterer Vorfall ereignete sich vor nur einem Jahr, als ich vor einer großen Gruppe in San Franzisko einen Vortrag hielt. Nach meiner Rede kam eine kleine Gruppe auf mich zu, um Fragen zu stellen, mir die Hand zu schütteln und Hallo zu sagen.

Ungefähr die vierte Person in der Reihe war eine junge Frau, die auf mich zukam, mich umarmte und meinte, daß sie meine Rede sehr genossen habe. Tatsächlich äußerte sie: »Sie haben etwas gesagt, das mein Leben änderte.« Als ich sie fragte, was das war, und sie es mir sagte, mußte ich ihr blöderweise erzählen, daß ich das nicht gesagt hatte! Es wäre sicher gut gewesen, das zu sagen und wahrscheinlich werde ich es eines Tages auch sagen. Aber in dieser Nacht hatte ich es nicht gesagt.

Der nächste Mann in der Reihe kam schroff auf mich zu und meinte: »Sie müssen der größte Esel sein, den ich je gehört habe. Wie konnten Sie nur _____ sagen?« Raten Sie mal. Genau, ich hatte auch das nie gesagt!

Ich dachte zu mir selbst: »Hallo, ist da draußen jemand?« Gibt es wirkliche, lebende Personen, die zu wirklichen, lebenden Personen auf diesem Planeten sprechen, oder gibt es nur einen Haufen Filme, die sich überall auf Projektionsleinwänden abspielen?

Sie und ich haben eine Verantwortung, die respektiert werden muß. Wenn Sie Anspruch auf den Krieger des Herzens erheben, der in Ihnen freigesetzt werden will, dann werden Sie auch die Verantwortung akzeptieren, diese Nebelbank wegzuwischen. Jene Wolke von alten Energien und Geistern, die Sie davon abhalten, deutlich und klar zu sehen. Der Krieger des Herzens läßt sich damit beschreiben, daß er oder sie ein »Mensch für den Menschen« ist. Das bedeutet, daß wir uns selbst verfügbar machen. Wir sagen zu unserer Welt: »Ich bin hier. Du kannst auf mich zählen. Ich bin für dich da. Ich sehe dich deutlich durch den Nebel und ich will dir Mut machen, deinen Nebel auch wegzublasen.« Das ist ein großes Geschenk, das Sie da Ihrer Welt und der Förderung des Friedens auf diesem Planeten geben.

Meine Arbeit in der internationalen Konfliktlösung bringt mich manchmal in Situationen gewalttätigen Konflikts. Dabei war es für mich immer gut, wenn ich mein Einlassen auf dieses 100%ige Präsent-Sein im Konflikt tatsächlich verbalisiere. Ich merke, wie ich oft laut heraus sage: »Ich bin hier«. Diese einfache Behauptung ist für mein Nervensystem zum Signal geworden, »*nicht* weiterzukämpfen und *nicht* weiterzufliehen«. Es ist zu einer Blitzbotschaft an meine Medulla und meinen biologischen Computer (meine Großhirnrinde) geworden, daß ich diesmal durchhalten werde: also, wenn ihr überleben wollt, Jungs, dann versorgt ihr mich besser mit der Information, die ich brauche, und zwar auf eine solche Weise, daß ich sie auch gebrauchen kann, um das fertigzubringen, was ich tun muß. In diesen Momenten kann ich fühlen, wie Tausende von verschiedenen Elementen sich in meinem Körper zu einem Team zusammenschließen. Mein Gehirn, mein Geist, mein Nervensystem, meine endokrinen Drüsen, mein elektrisches Feld – jede Zelle in meinem Körper schaltet auf »on-line« und weiß um den Zweck dieser Integration. Das ist ein wundervolles Gefühl. Außerdem ist es eine machtvolle Erfahrung des Neu-Programmierens – weg von Kampf oder Flucht, dem Überleben unserer Vorfahren, und hin zu einem Bewußtsein des voneinander Abhängigseins und dem Einssein im evolutionären Zweck. Genau das brauchen wir, um Menschen des 21. Jahrhunderts zu werden.

Übung:

Bitte denken Sie an die Situationen in Ihrem Leben, wo Sie Schwierigkeiten hatten, »ganz da zu sein«. Diese Schwierigkeiten haben wir alle und wenn Sie sie sich ins Bewußtsein rufen, können Sie an Ihnen wachsen.

Sie kennen die Situationen, auf die ich mich beziehe: Situationen, in denen Ihr Körper zwar präsent ist, aber in denen Sie sich nur schwer konzentrieren können. Sie fühlen sich, als ob Sie unwirklich wären, Ihr Geist ist überschattet. Sie wären am liebsten woanders. Sie versuchen, Konversation zu machen, aber es kommt nur Brei raus.

Versuchen Sie, ob Sie zwei von diesen Situationen näher beschreiben können:

Nr. 1

Die Szene:

Wer ist da?

Wie fühlen Sie sich?

Wie geht es aus?

Nr. 2

Die Szene:

Wer ist da?

Wie fühlen Sie sich?

Wie geht es aus?

Welche Fragen stellen sich in diesen beiden Situationen zur »Intimität« dieser Begegnung? Was geht wirklich vor sich? Warum haben Sie das Gefühl, daß Sie jetzt lieber »woanders« wären?

Welche Möglichkeiten gibt es, daß Sie in solchen Situationen mehr »präsent« sein können?

(Ich benutze Verhaltensweisen wie: tiefes Atmen, Augenkontakt, meine Gefühle mitzuteilen. Ich versuche weiter, die Schwierigkeiten als meine zu betrachten, während ich mit meinem Gegenüber gemeinsam einige »Quellenkonflikte« erforsche, die hinter dem »Präsentationsproblem« liegen, meine Furcht zu teilen, meine Zweifel, meine Hoffnungen, meine Verwirrung.)

Manchmal fällt es mir schwer, für meine Kinder oder meine Partnerin da zu sein. Es fällt mir immer schwer, für meine Ex-Frau da zu sein oder für jeden, von dem ich mich bedroht fühle. Wenn ich den Mut aufbringe, in dieser Situation eine positive Handlung zu vollbringen, gewinnen wir beide. Tief in uns haben wir alle das Bedürfnis, mit anderen *echt* zu sein. Manchmal macht es nur zuviel Angst, das zuzugeben. Aber es fühlt sich so gut an, wenn wir etwas dafür tun.

Ich erinnere mich an eine Klasse in Berkeley, vor der ich vor Jahren unterrichtet habe. Es gab eine Person in dieser Klasse, die, wie es schien, ununterbrochen über nichts sprach. Jeder brachte unglaubliche Mengen an Zeit und Energie auf, um diesem Menschen aus dem Weg zu gehen, weil »in die Falle zu gehen« schlimmer war als der Tod.

Eines Tages ging ich nach dem Unterricht in die Falle. An die Tafel genagelt, fühlte ich, wie ich mich im Geist an einen anderen Ort versetzte, nur um emotional zu überleben. Ich überlegte, was ich im Lebensmittelladen kaufen sollte, dachte über die Arbeiten nach, die ich benoten mußte, hatte alle möglichen Phantasien. Die ganze Zeit nickte ich verständnisvoll meinem Angreifer zu und äußerte hin und wieder ein »aha«, um die Wirkung zu erhöhen.

Er machte immer weiter. Mir gingen die Phantasien aus. Etwas in mir sagte: »Hör auf wegzulaufen, Danaan. SEI da!« Wie kann ich für ihn da sein und trotzdem für mein Wohl sorgen? »Sage Deine Wahrheit.« In Ordnung!

Ich sagte ihm einfach meine Wahrheit. Nicht DIE Wahrheit, einfach meine Wahrheit. Ich sagte: »Frank, ich muß Ihnen sagen, was in mir vorgeht. Ich LANGWEILE mich! Das heißt nicht, daß Sie langweilig sind, nur, daß ich mich gelangweilt fühle und ich möchte da etwas tun, damit Sie und ich jetzt eine bedeutungsvollere Unterhaltung führen können. Können wir darüber sprechen, was hier vor sich geht? Über das, was mich Gefühle der Langeweile spüren läßt? Das wäre für mich ein sehr interessantes Thema.«

Stille. Dann sagte er: »Danke. Danke, daß Sie sich genug kümmerten, um hier zu bleiben, ihre Wahrheit zu sagen und dennoch da zu sein.« Was danach geschah, war eine wundervolle Unterhaltung, die alles abdeckte: von meinen Problemen, das zu sagen, was für mich wahr ist, bis hin zu seinem Schrecken davor, daß ihm keiner zuhört. Darum langweilt er alle zu Tode, um seine Angst-Phantasien Wirklichkeit werden zu lassen. Ich war alles andere als gelangweilt!

Die einfache Feststellung dessen, »wie-es-für-mich-ist«, verwandelte unsere Beziehung und gab jedem von uns die Gelegenheit, darüber hinaus unsere nächsten Schritte im persönlichen Wachstum zu gehen. Sagen Sie Ihre Wahrheit und verwandeln Sie Ihr Leben!

IV
Die Sicherheitszone

KAPITEL 15

Die Sicherheitszone

Einer der herausforderndsten Aufträge, den ich je angenommen habe, brachte mich nach Pakistan. Ich sollte dort einen Weg finden, um die Völker zweier, sich einander bekämpfender, religiöser Glaubensgruppen – den pakistanischen Christen und den pakistanischen Moslems – zusammenzubringen. Besonders in der Bergstadt Murree war Gewalt für diese Gruppen ein Mittel, um miteinander in Beziehung zu treten, und es war auf beiden Seiten viel Blut vergossen worden.

Als wir inmitten dieser scheinbar hoffnungslosen Situation ankamen, erforschten wir umgehend die Möglichkeit eines »gemeinsamen Nenners«. Wir suchten einen gemeinsamen Wert oder Glauben oder ein gemeinsames Bedürfnis. In Gesprächen mit Lehrern der verschiedenen weiterführenden Schulen (Gymnasien) entdeckten wir so ein gemeinsames Bedürfnis. Die Lehrer wünschten sich alle, ihre Schüler besser beraten zu können! Sie hatten alle Bücher über »Beratung« gelesen und hatten von dem Nutzen von persönlicher und individueller Beratung für die Schüler gehört, aber keiner hatte auf diesem Gebiet jemals eine Ausbildung erhalten. AHA!

Um eine lange und verrückte Geschichte kurz zu machen, lassen Sie mich nur sagen, daß wir es für so viele Lehrer in Murree wie nur möglich einrichteten, die gewünschte Beraterausbildung zu erhalten. Es gab nur eine Bedingung – die Klassen bestanden zur Hälfte aus christlichen Lehrern und zur anderen Hälfte aus moslemischen Lehrern. Fünf Wochen lang waren die christlichen und die moslemischen Lehrer an den Abenden im gleichen Raum, um das zu bekommen, was jeder Einzelne von ihnen so sehr wollte, daß sie sich durch die Gegenwart »der anderen« nicht abschrecken ließen. Die meisten von ihnen waren noch nie im gleichen Raum mit »den anderen« gewesen, obwohl sie nur wenige Häuserblöcke voneinander entfernt wohnten.

Wie lehrt man Beraterfähigkeiten? Natürlich experimentell. Man lehrt es nicht einfach, man involviert die ganze Klasse in Übungen. Man macht Rollenspiele, Psychodramen, formt Diaden (Paare) und kleine Gruppen. Man inter-agiert.

Wir schufen eine Sicherheitszone. Sicherheitszonen kommen
nicht einfach so zustande, nur weil man einen Haufen Leute zusammen in einen Raum bringt. Wir lehrten sie Zuhören und ließen es sie
praktizieren, jeweils einen Moslem und einen Christ. Wir brachten
ihnen Ich-Botschaften bei, Feedback, Körpersprache und Gruppen-
dynamik. Wir waren das Experiment. Wir waren das Labor.

Manchmal muß man, um eine Sicherheitszone zu schaffen, die
Energie von den Konfliktparteien (A) weg und hin zu einem dritten
Punkt (B) bringen, wie in diesem Diagramm:

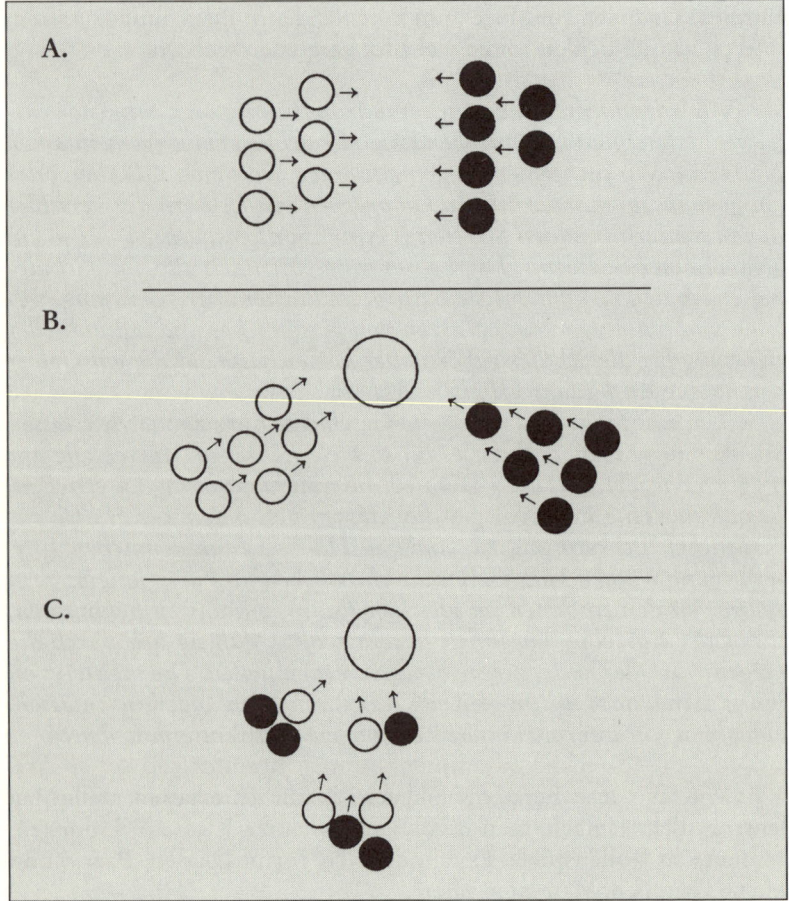

Wenn die Gruppen und die Individuen das Gefühl haben, daß man ihnen zuhört und sie respektiert, und wenn die Person, die den dritten Brennpunkt verkörpert, wichtig ist und Integrität besitzt, dann können die einander bekämpfenden Gruppen vielleicht, nur vielleicht, langsam zusammengebracht werden. Nur dann können sie vielleicht zu einer einzigen Gruppe verschmelzen, die mit dem Brennpunkt wie in Bild (C) kommuniziert.

Genau dies geschah in jener pakistanischen Gruppe. Das Element, welches dazu die Magie lieferte, war eines, das ich immer wieder bei meiner Arbeit gesehen habe. Die Magie bestand darin, daß sie ihr Leid teilten.

Es begann damit, daß wir unsere Übungen des Teilens auf das Leid, das jede Gruppe erfahren hatte, konzentrierten. Zuerst nahm es die Form eines Wettbewerbs an:

»Eure Leute haben meinen Bruder umgebracht.«

»Ja, aber nur, weil Eure Leute unsere Häuser niederbrannten.«

Dann:

»Daß Ihr meinen Bruder umgebracht habt, tut mir so weh, ich vermisse ihn so sehr.«

Dann:

»Ich leide immer Schmerzen, mein Leben kennt nur Trauer.«

Als sie einander zuhören konnten, erfuhren sie, daß sie *alle* trauerten. Es gab keinen, der nicht tief verwundet war. In dieser Dunkelheit und Verzweiflung gab es keinen »anderen«, nur verletzte Menschen auf der Suche nach Heilung.

Wir baten sie, einen Ton von sich zu geben, um ihre Gefühle auszudrücken. Ein Wehklagen, ein trauervolles Aufstöhnen füllte den Raum wie von einer Stimme. Es ging eine Stunde lang so weiter, und als es nachließ, da lag ein Christ im Schoß eines Moslem, ein Moslem wurde von einem Christen gewiegt, ein alter Mann und ein Junge, früher Feinde, starrten sich gegenseitig in die Augen und sahen sich selbst.

Irgendwie waren wir Menschen durch einen verrückten Zufall fähig gewesen, in unserer Trauer zusammenzukommen, wo wir in unserer Freude nicht zusammenkommen konnten. So sei es. Wir können dies nutzen, um eine Sicherheitszone zu schaffen, in der wir unseren Planeten heilen können.

KAPITEL 16

Grundregeln

Es klingt vielleicht ein wenig steif und formell, aber Grundregeln sind bei der Schaffung einer Sicherheitszone wichtig. Ihre Aufgabe besteht darin, diese Grundregeln zu kommunizieren und die Zustimmung der Beteiligten so zu erreichen, daß die Regeln nicht als unterdrückend oder als Zwang empfunden werden. Grundregeln unterscheiden sich von Fall zu Fall, aber es gibt einige Standardregeln, die auf die meisten Situationen anwendbar sind:

A. *Keine körperliche Gewalt.* Keine psychologische / emotionale Gewalt ist auch für 99 % aller Konfliktlösungen eine Regel. Aber im Fall der Christen und Moslems in Pakistan oder der IRA / UVF in Nordirland und selbst in häuslichen Situationen muß man ausfallendes Verhalten tolerieren und damit arbeiten, solange es physisch gewaltlos bleibt und der Vermittler es erreicht, daß beide Parteien mit der Regel »gleiche Sendezeit für alle« einverstanden sind.

B. *Gleiche Sendezeit.* Ganz einfach, die eine Partei ist damit einverstanden, zuzuhören und nicht zu unterbrechen, solange die andere Partei spricht. Sie hat die Garantie, daß beide Parteien die gleiche Gelegenheit haben, zu sprechen und angehört zu werden.

C. *Aktives Zuhören.* Beide Parteien stimmen zu, kurz und korrekt die Hauptpunkte der anderen Partei zusammenzufassen, bevor sie mit ihrer eigenen »gleichen Sendezeit« beginnen. Die erste Partei muß damit einverstanden sein, daß die von ihr dargelegten Hauptpunkte gehört wurden (nicht notwendigerweise akzeptiert, nur gehört). Dann kann die zweite Partei sprechen. Die erste Partei hört nun zu und faßt anschließend die wichtigsten Punkte zur Zufriedenheit der zweiten Partei zusammen.

Dieses Teilen der gleichen Sendezeit geht hin und her, bis jeder das Gefühl hat, daß er gehört wurde und alle wichtigen Punkte offenliegen. Als nächstes erforschen wir dann die Möglichkeiten, die sich eröffnen.

Es ist die Aufgabe des Vermittlers, folgendes herauszuhören:

I.   *Quellenkonflikte, die unter den Präsentationsproblemen liegen.*
   1. Erwähnen Sie deren Existenz und versuchen Sie, daß beide Parteien sie in ihre »gleiche Sendezeit« einbauen.
   2. Seien Sie bereit, sich über das Vorhandensein eines Quellenkonflikts auch einmal zu irren, und lassen Sie dann Ihre »Position« dazu los.

II. *Bereiche eines gemeinsamen Nenners.*
   1. Orte, wo die Konfliktparteien eine Sicht der Wirklichkeit, eine gemeinsame »Wahrheit«, teilen.
   2. Bringen Sie diese im nächsten Schritt zur Sprache.

D.   *Bereitschaft, neue Wege zu erforschen.* Eine Sicherheitszone benötigt die Zustimmung aller Parteien, darin zu forschen, Brainstorming zu machen, über neue Möglichkeiten und über alternative Lösungen zu fantasieren, an die bislang noch niemand gedacht hat. Auf diese Weise können Sie erreichen, daß alle Parteien gespannt daran mitarbeiten, neue, wundervolle, erweiterte Möglichkeiten für Situationen zu schaffen, die in sich das Potential tragen, alle Beteiligten gewinnen zu lassen.

E.   *Vertraulichkeit.* In einer Sicherheitszone müssen alle Parteien wissen, daß das, was sie dort teilen, auch dort bleibt. Der Grundregel, daß alle Informationen, die in dieser Zone preisgegeben werden, vertraulich sind – nur für ihre Ohren – muß von allen Parteien zugestimmt werden. Die Zustimmung zu dieser Grundregel zu bekommen, kann manchmal Zeit kosten und beim ersten Mal schwer sein, da die Teilnehmer Ehefrauen, Ehemänner, Geschäftspartner usw. haben, die wissen wollen, was geschehen ist. Trotzdem müssen Sie die sensiblen Bereiche, die Vertraulichkeit erfordern, aufdecken. Und Sie müsssen die Zustimmung aller gewinnen, daß *diese* Themen nicht außerhalb der Sicherheitszone diskutiert werden.

F.   *Die Zusage, zu bleiben.* Wie ich schon sagte, wird uns von Geburt an beigebracht, Konflikte zu vermeiden. Wenn es brenzlig wird, wollen einige sich ausklinken. Wenn Sie erst einmal die Idee eingeführt haben, daß es Konflikt GIBT, daß er das natürliche Er-

gebnis davon ist, daß mehr als ein menschliches Wesen diesen
Planeten bewohnt, und daß man ohne Konflikt keine *Konflikt*-
Lösung haben kann, dann streben Sie langsam das Einverständnis der Parteien für die Grundregel »der Zusage, zu bleiben« an.
Jede Partei muß wissen, daß die anderen nicht davonlaufen werden. Die Zusage, die man zum Aufbau einer Sicherheitszone
benötigt, ist für gewöhnlich die, zu bleiben, bis die Sitzung
vorüber ist. Sie müssen daher natürlich das Ende festsetzen.
Normalerweise ist es eine gute Idee, eine weitere Zusage für eine
oder mehrere Sitzungen zu erhalten, bei denen diese Zusage
dann erneut verhandelt wird.

STOP

Hier sind einige der Dinge, mit denen Sie und ich *aufhören* müssen, wenn wir eine *Sicherheitszone* schaffen wollen:

1. *Hören Sie auf* anzunehmen, daß Ihre Wahrheit *die* Wahrheit ist.
   Was für Sie wahr ist, ist nicht notwendigerweise für einen anderen wahr.
2. *Hören Sie auf*, darauf zu bestehen, daß andere Menschen Ihnen
   zustimmen müssen. Meinungsverschiedenheiten sind okay. Nehmen Sie niemanden ins »Kreuzverhör«.
3. *Hören Sie auf*, unbewußt anzunehmen, daß alle anderen es so
   sehen wie Sie. Prüfen Sie das erstmal.
4. *Hören Sie auf*, die Erfahrung anderer niederzumachen, nur weil
   sie nicht mit Ihrer Erfahrung übereinstimmt.
5. *Hören Sie auf*, jemand anderem die Schuld dafür zu geben, wie
   Sie sich fühlen oder was Ihnen geschieht. Übernehmen Sie für
   sich selbst die volle Verantwortung.

KAPITEL 17

Techniken

Hier sind einige Techniken, um eine »Sicherheitszone« zu schaffen und aufrecht zu erhalten.

Im Einklang atmen

Das ist ein uralter Trick. Wenn Menschen in Konflikte geraten und sich angegriffen fühlen, halten sie ihren Atem an. Oder sie atmen flach und kurz. Der Atem geht nur bis zum oberen Brustkasten oder der Bronchialgegend. Ihre Energie wird abgeblockt, Furcht steigt auf, Schutzverhalten und Widerstand sind das Ergebnis.

Atmen Sie. Atmen Sie tief und lang. Geben Sie, wenn Sie atmen, einen sanften, weichen Ton von sich. Weiten Sie mit jedem Ausatmen und Einatmen Ihren Brustkasten und Ihren Bauch und ziehen Sie sie anschließend wieder zusammen. Modellieren Sie Ihren Atem, während Sie atmen. Damit er-innern Sie die Menschen daran, das Leben zu wählen und sich selbst zu nähren. Das schafft eine Sicherheitszone.

Darüber hinaus sollten Sie bemüht sein, ein »Atmen im Einklang« zu schaffen. Es *ist* möglich, daß alle im Rhythmus atmen und dies ist ein machtvoller Weg, die Gruppe über die oberflächlichen Meinungsverschiedenheiten hinaus zu vereinen.

Nachdem Sie Ihren Atem modelliert haben und die anderen davon angesteckt sind, wird Ihnen auffallen, daß viele Menschen in diesem Raum bereits im gleichen Rhythmus atmen. Sie müssen ein aufmerksamer Schüler der Körpersprache sein, um dieses Muster zu sehen und zu fühlen. Unterstützen Sie diesen Rhythmus mit Ihrem eigenen Atem und Ihren eigenen Körperbewegungen. Halten Sie dies aufrecht, während Sie die vielen anderen, notwendigen Aktivitäten dirigieren, selbst wenn Sie sprechen.

In dieser Beziehung sind wir alle wie Pendel. Stoßen Sie eine Reihe von Pendeln willkürlich an und kommen Sie etwas später wieder: Sie werden sehen, daß alle im Gleichklang schwingen. Wenn man uns ein wenig Hilfe und Ermutigung gibt, werden auch wir alle uns mit anderen im Gleichklang bewegen, atmen, schwingen und zu der natürlichen Harmonie tanzen, die uns alle unter der Oberfläche der uns trennenden »Positionen« vereint.

Zuhören

Wieder sind Sie das Vorbild für das Schaffen einer Sicherheitszone. Zuhören, wirkliches Zuhören, kann – wie das Atmen – ansteckend sein.

Wirkliches Zuhören geschieht nicht mit den Ohren; es geschieht mit jeder Zelle Ihres Seins. Wirkliches Zuhören verlangt, daß jedes Ihrer Moleküle zum Kopfhörer, zum Empfänger wird. Sie nehmen Informationen auf der zellularen Ebene, auf der seelisch-intuitiven Ebene und auf der emotionalen Ebene auf. Nur ein geringer Teil der eingehenden Informationen wird von Ihren Ohren empfangen. Hören Sie mit Ihrem *ganzen* Wesen zu.

Sitzen Sie aufrecht, jedoch entspannt, mit beiden Füßen auf dem Boden und offenen Armen. Nehmen Sie Augenkontakt auf zu der Person, die spricht, aber starren Sie nicht. Eine leichte, angemessene Geste des Kopfes drückt nicht Zustimmung, sondern Verständnis aus.

Versuchen Sie nicht, den Sprecher zu verführen. Unangemessene Gesten oder Gesichtsausdrücke von Zustimmung oder Ablehnung übermitteln manipulative Botschaften wie »Bleib auf *dieser* Spur und ich unterstütze dich« oder »Junge, darüber zu sprechen ist ganz schön dumm«. Seien Sie einfach *da*, wie mit einer Herde Delphine, die ihre wunderbaren Geheimnisse mit Ihnen teilt.

Um *da* zu sein, um mit ausgeschaltetem Sender und hoch aufgerichtetem Empfänger 100 %ig zuzuhören, müssen Sie für den Moment alle Ihre *Positionen* aufgeben und all Ihre *absoluten* Wahrheiten darüber, wie es ist. Ganz da zu sein, erfordert von Ihnen, sich der Wahrheit eines anderen zu öffnen, selbst auf die Gefahr hin, daß Sie Ihre Ansichten, vielleicht sogar Ihr Leben ändern müssen. Und die wundern sich, warum wir das den Krieger des Herzens nennen!

Fragen stellen

Es wäre besser, wenn Sie einfach *zuhören*.
Aber wenn Sie doch einmal Fragen stellen müssen, dann erinnern Sie sich an folgende Punkte:

1. Fragen rufen für gewöhnlich eine Verteidigungshaltung hervor. Sagen Sie den Leuten immer, warum Sie die Antwort auf eine Frage brauchen und stellen Sie »offene« Fragen. Fragen, die kein »ja« oder »nein« zur Antwort haben. Lassen Sie die Leute mit ihren eigenen Worten antworten.

2. Schätzen Sie das Schweigen. Schweigen ist eine machtvolle Art Kommunikation. Lassen Sie das Schweigen zu, wenn es entweder bei Ihnen oder bei anderen geschieht. Widerstehen Sie dem Drang, das Schweigen mit Worten zu füllen.

3. Stellen Sie allgemeine, einladende Fragen. Geben Sie den Menschen durch Ihre Fragen die Erlaubnis, Ihre Gefühle zu erforschen und die Dinge neu zu sehen ... »Würden Sie mir sagen, wie Sie wirklich über das, was gerade geschah, empfinden? Ich werde Ihnen zuhören.«

4. Helfen Sie den Menschen, tiefere Kommunikationsebenen zu erreichen. »Jeder hat Schwierigkeiten, über Gefühle (oder über _____) zu sprechen. Ich tue es: meine Schwierigkeit ist _____ . Können Sie mir sagen, wo für Sie die Schwierigkeit liegt?«

5. Fassen Sie zusammen, was gesagt wurde, und überprüfen Sie es auf Genauigkeit. Dann stellen Sie Ihre Fragen.

6. Nutzen Sie Fragen, um offene Alternativen anzubieten. »Sind Sie der Meinung, daß uns jemand hierzu einen Ratschlag geben kann?« »Gibt es für uns einen Weg, bei dem wir beide das bekommen, was wir wollen?«

7. Die Kardinalsregel für das Fragen lautet: Geben Sie etwas von sich selbst, bevor Sie etwas von jemand anderem verlangen. Wenn Sie wissen wollen, was in einem anderen Menschen vor sich geht, dann sagen Sie ihm zuerst, was in Ihnen vor sich geht. Nur dann haben Sie das Recht, Ihre Frage zu stellen.

Tun Sie etwas zusammen

Die Daumenregel lautet: Wenn Sie für Menschen in einem Konflikt eine Sicherheitszone schaffen wollen, bringen Sie sie dazu, gemeinsam, kooperativ, etwas zu TUN. Reden Sie nicht nur.

Reden hält die Menschen in ihren Köpfen gefangen. Für eine dauerhafte Lösung müssen die Menschen es in ihr ganzes Körper-Geist System »bekommen«. Außerdem sind wir Menschen psychologisch besser ausgerüstet, gemeinsam die Lösung unserer Konflikte anzugehen, wenn wir darüber hinaus kleine Aufgaben gemeinsam bearbeiten.

Einer der Gründe, warum meine Organisation rund um den Globus so viele Bäume pflanzt, ist der, daß gemeinsames Bäumepflanzen die Beteiligten auf psychologisch machtvolle Weise verbindet. So nutzen wir die Wiederaufforstung und die Wüstenbegrünungsprojekte als Mittel, miteinander in Konflikt liegende Gruppen zusammenzubringen. Wenn sie erst zusammen schmutzig und verschwitzt sind, fangen sie an, außerhalb der engen Grenzen ihrer vorgefaßten Stereotypen in Beziehung zu treten. Einen Baum zu pflanzen heißt, ein lebendes Symbol der Hoffnung zu schaffen. Einen Baum zu pflanzen sagt: »Wir, die wir das getan haben, erkennen an, daß es einen Sinn in der Welt gibt, der mich und meine Probleme, uns und unsere Probleme übersteigt.« Es ist ein Akt des Glaubens an die Zukunft. Es ist ein gemeinsam geteilter Akt, der eine Sicherheitszone schafft.

Reden Sie nicht nur; TUN Sie etwas zusammen:

Stellen Sie die Möbel um
Stellen Sie gemeinsam die Tagesordnung auf
Zeichnen Sie Ihre mißliche Lage
Machen Sie ein Rollenspiel
Bereiten Sie zusammen das Mittagessen vor
Pflanzen Sie Bäume; kaufen Sie zusammen Bäume als Geschenk
Machen Sie gemeinsam die Lieblingsgymnastikübung von jedem Einzelnen
Gehen Sie zusammen spazieren
Beschweren Sie sich beim Hausmeister zusammen über den Lärm, die Malerarbeiten, die Hitze, was auch immer
Tun Sie einfach etwas, und tun Sie es zusammen!

KAPITEL 18

Energiefluß

Der kreisförmige Energiefluß

Geometrie: Schaffen Sie immer kreisförmige Geometrien. Konfliktlösung formt lineare Kommunikation zu kreisförmiger Kommunikation um. Selbst in meinem pakistanischen Beispiel konnte die Umwandlung erst geschehen, als der Brennpunkt vom Leiter weggenommen und
unter die Teilnehmer verteilt wurde.

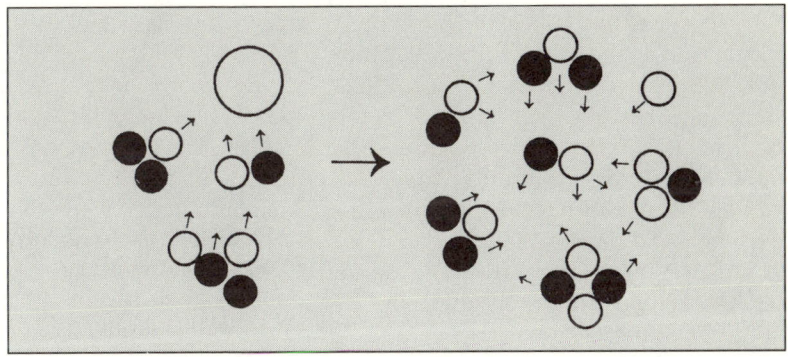

Nur in dieser Art Sicherheitszone können Menschen ihre früher
eingenommenen »Positionen« loslassen.

Manchmal muß man einfach nur die Gruppe neu anordnen, damit
sie/wir in einem Kreis sitzen und nichts uns trennt. Wenn das nicht
möglich ist, muß man einen dynamischen Fluß kreisförmiger Energie
und Kommunikation in der Gruppe schaffen. Hier ist das Studium
der Kriegskunst Aikido von Wert. Die Gruppenleiter können sich
einen wirbelnden, kreisförmigen Fluß vorstellen, der die Gruppe verbindet und durchdringt. Durch ihre Fragen, ihren Augenkontakt, ihre
sanft anleitenden Antworten und der Art, wie sie Gruppenaktivitäten
einbauen, können die Gruppenleiter die Energie in der Gruppe immer
wieder neu herumwirbeln.

Ein kreisförmiger Energiefluß ist ebenso wichtig, wenn nur zwei
Menschen interagieren. Wenn Sie einer von beiden sind, können Sie

nicht nur ein kreisförmiges Muster visualisieren, um aus diesem Muster
Ihre Kommunikation zu geben und zu nehmen. Sie können sich auch
an die vier Elemente erinnern, die für eine vollständige Kommunikation nötig sind, und diese Elemente als Kreis einsetzen, indem Sie ab-
wechselnd sprechen und zuhören, sprechen und zuhören:

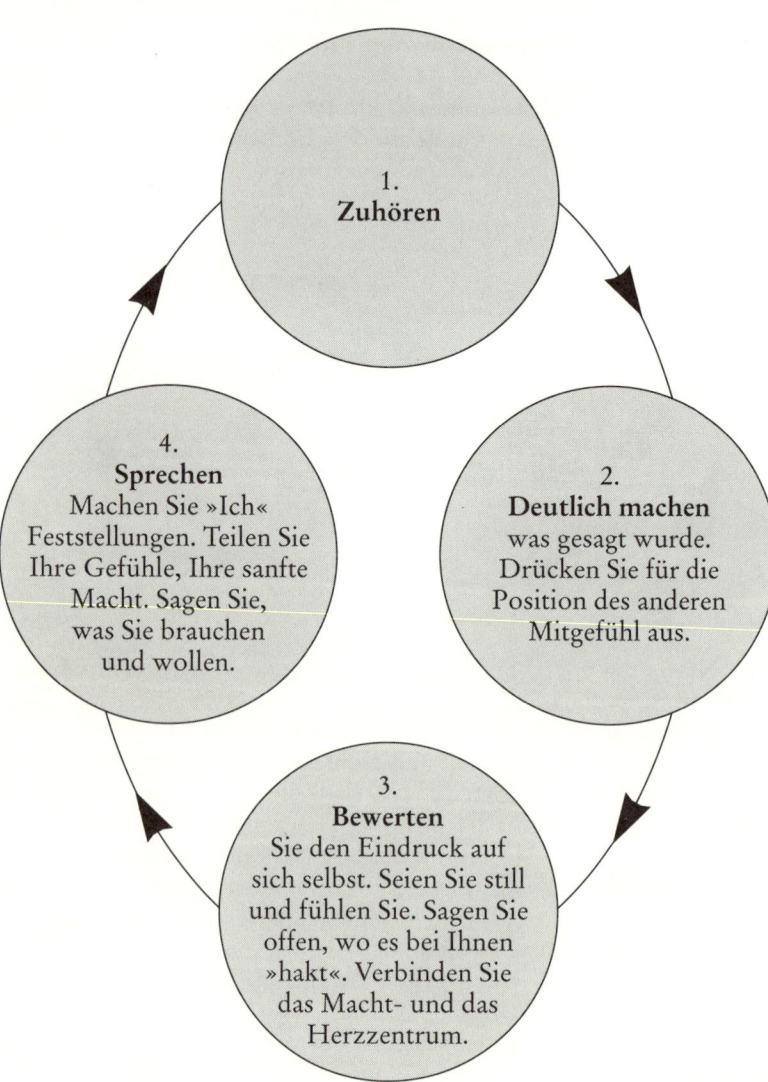

Zwei-Personen-Kreise

Das Konzept eines kreisförmigen Ki-Flusses im Aikido läßt sich an die Idee, eine kreisförmige Kommunikationsgeometrie zu schaffen, anpassen – selbst wenn nur zwei Personen kommunizieren.

Wenn Sie mit einer anderen Person kommunizieren, dann stellen Sie sich bildlich vor, daß Ihre Kommunikation nicht in Ihrem Mund beginnt (nur ein geringer Teil unserer Kommunikation mit anderen ist verbal), sondern in Ihrem Hara, Ihrem Kraftzentrum. Bringen Sie das Ki hinein in Ihr Herz (wo es besänftigt und mit Leidenschaft durchdrungen wird) und heraus aus Ihrem Kopf (wo Ihr Intellekt es mit Verständnis durchdringt).

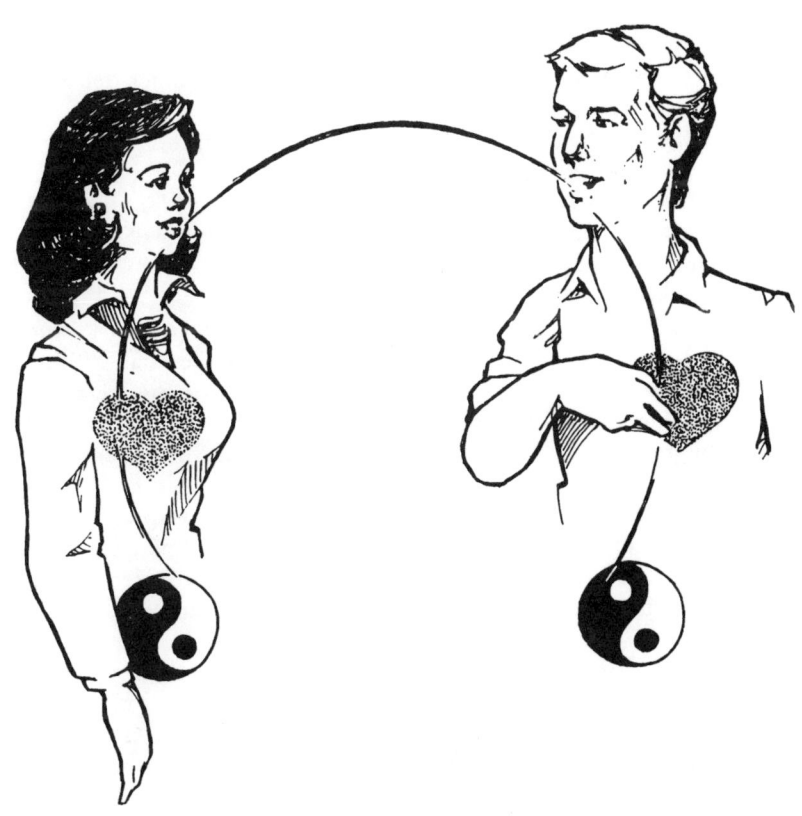

Stellen Sie sich vor, wie die Kommunikation auf dem Ki reitend in den Geist Ihres Partners eindringt und dort verstanden wird. Es reitet hinunter bis auf sein oder ihr Herz, wo es mit Leidenschaft empfangen wird. Und immer weiter reitet Ihr Ki, bis in sein oder ihr Hara, wo es auf der Gefühlsebene erfahren wird und wo Ihr Ki als ein Geschenk reiner Energie empfangen wird. Dieses Ki reitet auf seinem kreisförmigen Weg weiter – zurück in Ihr Hara. Nun ist der Kreis geschlossen.

Wenn Ihr Partner mit Ihnen kommuniziert, visualisieren Sie denselben Kreis in umgekehrter Reihenfolge. Fühlen Sie, wie die Kommunikation Ihren Geist betritt, zu Ihrem Herzen hinabgleitet und weiter zu Ihrem Hara. Halten Sie nach zwei Dingen Ausschau:

1. Vergewissern Sie sich, daß das Ki *durch* Ihr Hara geht, nachdem Sie ruhig Ihrem Partner dafür gedankt haben, daß er es mit Ihnen teilte. Halten Sie das Ki nicht »fest«; da beginnt nämlich der wirkliche Ärger. Lassen Sie es fließen.
   Denken Sie daran, daß Aikido die andere Person immer als *Partner* ansieht, selbst wenn die andere Person versucht, Sie anzugreifen. Die »Tänze«, die wir mit verschiedenen Menschen aufführen, mögen sehr unterschiedlich *aussehen*, aber jede Person bleibt Ihr Tanzpartner.

2. Wenn Sie spüren, wie sich Ihr Bauch anspannt, wenn Ihr Partner mit Ihnen kommuniziert, dann kommt das daher, daß Sie Ihre Energie in Ihren Bauch gezogen haben, bevor Sie sie durch Ihren Geist und Ihr Herz zogen. Sie haben sie zu einem *linearen* Fluß gemacht und Sie müssen den kreisförmigen Fluß erst wieder erneuern.
   Es ist großartig, diese Visualisation mit jemandem zu praktizieren, den sie mögen (*bevor* der Konflikt sich einstellt), und das, was in Ihrem Kopf, Ihrem Herzen, und in Ihrem Bauch vor sich geht, in Worte zu fassen. Lassen Sie Ihren Partner daraufhin dasselbe tun.

Ihr Leben ist Ihr Labor

Suchen Sie nach Gelegenheiten, die Konzepte, über die Sie gerade gelesen haben, zu beobachten und zu praktizieren. Wenn Sie sich zum

Beispiel in einer Gruppe von Menschen befinden, beobachten Sie die
verschiedenen Kommunikationsarten und deren Qualitäten. Beobachten Sie, wie zwei Menschen miteinander sprechen und achten Sie darauf, »von welchem Ort« ihre Kommunikation kommt und »wo« sie
hingeht. Damit meine ich nicht ihre Worte, die ganz offensichtlich
von Ohr zu Ohr gehen, sondern den wirklichen Transfer von »Kom-
munikationsenergie«. Geht er von Hara zu Hara ohne durch das Herz
oder den Kopf zu laufen? Geht es vom Kopf geradewegs in den
Bauch (Hara) wie ein Schwertstoß, der den Empfänger sich angegriffen fühlen läßt? Oder ist es ein kreisförmiger Fluß wie in dem Diagramm auf Seite 141.

Achten Sie darauf, wie einige Menschen anderen zuhören und
wie die meisten Menschen gar nicht so sehr zuhören, als vielmehr
ihre Antwort (bzw. ihren Gegenangriff) vorbereiten, während sie so
tun, als ob sie zuhörten. Achten Sie auf ihre Körpersprache. Achten
Sie auf ihre Augen. Werden Sie ein Schüler menschlichen Verhaltens,
und Sie werden alles lernen, was Sie wissen müssen. Lehnen Sie sich
zurück und achten Sie auf das, was funktioniert und was nicht. Wenn
Sie wissen wollen, was funktioniert und was nicht, so beobachten Sie
einfach, wie die Körper der Menschen weich oder hart werden. Der
Körper eines Menschen wird Ihnen immer sagen, ob die Kommunikation durchkommt oder nicht.

Hören Sie den Menschen zu, wie sie »Positionen« einnehmen,
»Standpunkte« hinsichtlich bestimmter Fragen ergreifen. Beobachten Sie deren Körper, wenn das geschieht, und beobachten Sie die
Körper der anderen Beteiligten. Einfach in der Ecke zu sitzen und
den Vorgang zu beobachten, wirklich zu beobachten, kann der
beste Kurs über effektive und ineffektive Kommunikationstechni-
ken sein.

Die Abschlußprüfung für diesen Kurs besteht natürlich im Entwickeln der Fähigkeit, »sich selbst zu beobachten«, wenn Sie kommunizieren und zuhören. Wenn wir nur jemanden hätten, der uns bei
unseren tagtäglichen Kommunikationen heimlich auf Video aufnehmen würde. Diesen Videofilm zu studieren wäre ein unglaubliches
Lernerlebnis.

Entwickeln Sie diese Fähigkeit, sich selbst zu beobachten, Sie
können es. Dann wird Ihnen bewußt werden, wie Sie in Ihrer eigenen
Kommunikation agieren und reagieren. Sie *können* einen Teil Ihres
Bewußtseins herausnehmen und in »die Ecke des Raumes« stellen.
Dort kann es sehen, was Sie tun. Versuchen Sie es.

BITTE BEACHTEN SIE: Dieses Buch ist kein Kurs für professio-
nelle Vermittlertätigkeit. Wenn es Sie danach drängt, ein profes-
sionelles Zertifikat im Bereich der psychotherapeutischen Ver-
mittlung zur Konfliktlösung zu erlangen, dann empfehle ich
Ihnen, einige der in der Bibliographie genannten Bücher zu lesen
(zuerst *Getting to Yes* von Uri und Fischer). Bezüglich der nächsten Schritte sollten Sie mit einem der vielen Vermittlungszen-
tren in Verbindung treten, die es in den meisten Großstädten
gibt.

Meine Absicht hier ist es, Ihnen – einem Krieger des Herzens –
die benötigte Information und das Bewußtsein zu geben, damit
Sie Ihr Verlangen *leben* können, ein Mit-Schaffender friedvoller
Veränderungen in Ihrem Leben zu sein.

V
Veränderung

KAPITEL 19

Die Anatomie
des Veränderungsprozesses

Kreative Veränderung

Konfliktlösung ist ein anderer Ausdruck für kreative Veränderung. Mit Konfliktlösung meine ich die wahre Lösung und nicht eine oberflächliche Lösung des Problems. So wie ich es definiere, sieht die Problemlösung nur das Präsentationsproblem an, die *Sache*, und versucht, die beste Lösung für dieses an der Sache orientierte Problem zu finden. Funktionierende Konfliktlösung löst nicht nur das mit der Sache in Zusammenhang stehende Problem, es heilt auch die Beziehung der Beteiligten. Wirkliches Frieden-Schaffen erfolgt immer auf der Beziehungsebene. Das »Problem« wird nicht sehr lange gelöst bleiben, wenn nicht auch die Beziehung der beteiligten Personen irgendwie geheilt wird.

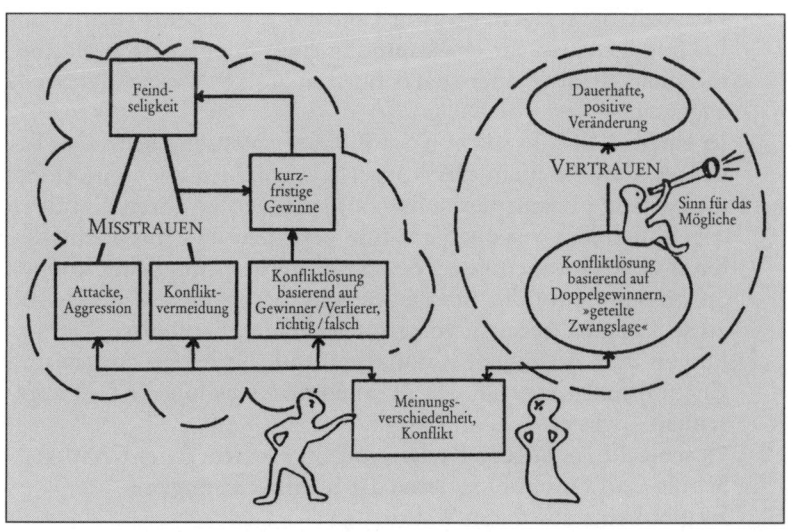

Zehn Punkte zur Erinnerung

Für den Fall, daß Sie einmal die Gelegenheit haben, mit KONFLIKT umzugehen, folgt hier die Zusammenfassung meiner »Zehn Punkte zur Erinnerung«:

1. Konflikt ist wie das Atmen. Es gibt keine Beziehung ohne Konflikt. Respektieren Sie die Tatsache, daß es Konflikt GIBT.
2. Das Präsentationsproblem ist so gut wie nie das wahre Problem. Im Präsentationsproblem steckenzubleiben, isoliert Sie von sich selbst und von anderen und verhindert die Lösung.
3. Um den Konflikt zu lösen, müssen Sie eine Sicherzeitszone schaffen. Eine Sicherheitszone ist ein Bereich, in dem Sie sich frei fühlen, Ihre Verletzlichkeiten zu teilen – in dem Wissen, daß Sie nicht verurteilt oder angegriffen werden, und daß man auf Sie eingeht.
4. In Konflikten geht es um Intimität. Um intim zu sein, müssen Sie etwas tun, das Aufmerksamkeit erregt. Wir Menschen neigen dazu, eine Art Negativität zu schaffen, um auf uns aufmerksam zu machen. Der Kern wirklicher Verbundenheit ist geteiltes Leid.
5. Veränderung geschieht direkt am Rande Ihres Behaglichkeitsbereiches. Unser Behaglichkeitsbereich ist ein Ort, an dem wir heilen, entspannen, still sein können. Wir müssen aus diesem Bereich heraustreten, um zu wachsen und zu lernen.
6. Das, dem Sie widerstehen, wird andauern. Konflikte suchen eine Lösung, genauso wie ein Mißton in einer Melodie nach Harmonie sucht. Früher oder später müssen Sie die Wurzel der Sache angehen.
7. In einem Konflikt müssen Sie 100 %ig anwesend sein. Das bedeutet, daß Sie nicht nur körperlich, sondern auch emotional und geistig präsent sein müssen. Je offener Sie Ihren Gefühlen gegenüber dem was um Sie herum geschieht und Ihren Antworten und Reaktionen sein können, desto ursprünglicher können Sie an dem Konflikt, um den es geht, partizipieren. *Anwesend* zu sein beinhaltet auch, vorgefertigte Bilder, Ergebnisse, Beurteilungen und Ansichten loszulassen und mit neuen Augen und einem offenen Herzen das anzunehmen, was hier und jetzt geschieht – was es auch sein mag.
8. Geschlechts-bezogene Rollen sind ein Element *jedes* Konflikts.
9. Schuld und Furcht blockieren die Konfliktlösung.
10. Es gibt keine absoluten Wahrheiten.

Dämonen sind Verbündete
Sie wachen und lehren im Dunklen
Niemals allein
Bebe

Es gibt ein Geheimnis, das Quantenphysiker, Aikido-Meister und Menschen, die mit Basisenergie arbeiten, seit langer Zeit kennen: Veränderung geschieht, wenn Polaritäten integriert werden. Polarisation ist das Gegenteil von Veränderung.

Konfliktlösungstheoretiker sind der Meinung, daß alle verlieren, wenn einer verliert. Gewinnen/verlieren bedeutet auf lange Sicht in Wirklichkeit verlieren/verlieren. Wenn Sie dauerhaft wirklich gewinnen wollen, müssen Sie darauf achten, daß alle Beteiligten sich auf irgendeine Art und Weise wie Gewinner fühlen.

KONFLIKT   LÖSUNG

Laut den Aikido-Meistern füttern Sie die negative Kraft, wenn Sie ihr mit Ihrer »positiven« Energie entgegentreten. Mit anderen Worten: man sollte dem »Bösen« nicht widerstehen, sondern es verwandeln. Um es zu verwandeln, müssen Sie mit ihm verschmelzen, es respektieren und ein Ergebnis auf einer höheren Beziehungsebene als zuvor erzielen. Dafür braucht es nichts weniger als die unbeugsame Integrität des Kriegers.

Vielleicht können wir dieses Konzept in unseren persönlichen Beziehungen leichter verstehen, als uns das bei unseren nationalen Konflikten gelingt.

Wenn Sie und Ihr Partner oder Ihr Kind Krach haben und Sie den Streit gewinnen, gewinnen Sie dann wirklich? Was haben Sie denn gewonnen? Wurde da nicht eine Verstimmung geschaffen, die in irgendeiner Form wieder auftaucht? Haben Sie nicht einfach die Polaritäten verstärkt und in Wirklichkeit wahre Veränderung verhindert?

Nur wenn Sie einen »abgeschlossenen Bereich« schaffen, in dem
Sie beide das Gefühl haben, daß man Ihnen zuhört, Sie respektiert
und schätzt, besteht die Hoffnung auf eine Veränderung der Beziehung. Das bedeutet nicht, daß einer von Ihnen Unrecht haben muß.
Das Schaffen von miteinander zusammenhängenden, gemeinsam re-
spektierten Lösungen kann in Wirklichkeit nur dann geschehen, wenn
keine Partei sich im Unrecht fühlen muß.

Das stellt eine ziemliche Herausforderung für jene von uns dar,
die auf den vielen Gebieten der Friedensbewegung arbeiten. Unsere
Sache scheint so offensichtlich, so unmittelbar richtig zu sein, daß es
leicht ist, über andere das Urteil zu fällen, sie seien »im Unrecht«, anstatt zu respektieren, daß sie einfach eine andere Meinung haben. Wir
sind herausgefordert, über diese Gewinner / Verlierer-Haltung hinauszugehen, die Basis gemeinsamer Besorgnis und Übereinstimmung zu
identifizieren und Lösungen zu suchen, die die Meinungen und Ängste
von anderen und von uns selbst achten.

Alle Seiten der Nuklearwaffenfrage teilen zum Beispiel das gemeinsame Bedürfnis, genannt »Überleben«. Jede einzelne Zelle im
Körper aller Menschen ist auf Überleben getrimmt. Wenn dieses orga-
nische, ursprüngliche Bedürfnis sich nach aussen manifestiert, nimmt es
entweder die Form von Konkurrenz oder Zusammenarbeit an.

Andrew Schmookler schreibt in seinem Buch *Parable of the
Tribes*, daß primitive Stämme grundsätzlich auf eine von zwei Arten
miteinander in Beziehung treten – sie führen Krieg oder sie verteilen
Geschenke. So ist es auch mit uns. Es ist auf traurige Weise ironisch,
daß viele der Friedensgruppen sich für einen Ansatz des Kriegszug
(Feind, Gewinner / Verlierer) entschieden haben, anstatt Geschenke
(Bündnis, Gewinner / Gewinner) zu geben, um ihre Ziele zu errei-
chen.

Jedoch taucht in allen Ecken der Friedensbewegung ein neuer
Schlag von Aktivisten auf, der hinter die Angst und den kurzfristigen
Ansatz von Gewinnern und Verlierern sieht. Diese neuen *Veränderer*
respektieren ihre eigene Angst davor, nicht zu überleben. Aber er oder
sie wird von dieser Furcht nicht gefangen gehalten. Dieser *Veränderer*
arbeitet an Mitteln und Wegen, Ergebnisse zu erzielen, bei denen alle
gewinnen können, und Möglichkeiten zu eröffnen, die den Überlebens-
und Sicherheitstrieb auf beiden Seiten der Polarität ansprechen.

Können Sie »ihnen« erlauben zu gewinnen,
solange auch Sie gewinnen?

Die meisten Menschen können das nicht. Sie haben immer noch das Gefühl, daß ihr »Gegner« verlieren muß, wenn sie gewinnen sollen. Das ist ein falscher, aber tief verwurzelter Glaube. Ein Glaube, der Konflikt fortbestehen läßt. Wirkliche Konfliktlösung erfordert Ergebnisse, bei denen beide Seiten gewinnen.

Damit Völker, Gruppen oder Nationen solche »Doppelgewinner-Lösungen« erreichen können, sind zwei Dinge absolut notwendig: Vertrauen und das, was ich »den Sinn für das Mögliche« nennen will.

Vertrauen

Ohne Vertrauen können wir positive Veränderung vergessen, friedliche Interaktion vergessen und – bei dem gegenwärtigen Zustand unseres Planeten – Überleben vergessen. Ohne Rücksicht darauf, wie schlecht unser Bild von »ihm« ist oder von »ihnen« oder von der »Regierung« oder von den »Sowjets« ... wir müssen Wege finden, zusammen mit eben den Menschen, die in uns Gefühle des Mißtrauens wecken, ein Vertrauensverhältnis aufzubauen. Das mag eine Art kosmischer Humor sein, aber es ist ebenso der einzige Weg zum Frieden.

Kontakt läßt Vertrauen wachsen. Das Entwickeln von Vertrauen erfordert Vertrautheit; es erfordert, daß wir unsere rostigen Tore namens Verdacht, Vorurteil und Rechtschaffenheit öffnen, selbst wenn wir das letzte Mal, als wir sie öffneten, tiefe Narben davontrugen. Wenn es leicht wäre, hätten wir das Problem schon längst gelöst.

Das Entwickeln von Vertrauen erfordert, daß wir unpolarisierte Wege finden, um zusammen zu sein. Gemeinsam an einer Aufgabe zu arbeiten, die wir alle für bedeutend halten, ist der beste Weg, den ich kenne, um Vertrauen aufzubauen. Vertrauen heißt nicht:«Ich stimme dir zu.« Vertrauen bedeutet: »Ich respektiere dich, selbst wenn ich nicht mit dem übereinstimme, was du tust oder was du denkst.« Sind Sie bereit, sich so weit zu öffnen?

Der Sinn für das Mögliche

Die meisten Bemühungen in Richtung Veränderung kommen von einer Position des »ist es nicht schrecklich, daß ...« Wir sollten langsam den Ansatz versuchen: »Wäre es nicht wunderbar, wenn ...« Es genügt

nicht länger, nein zu sagen. Wir müssen jetzt Wege finden, so leidenschaftlich wie möglich JA zu dem zu sagen, was sein kann, und
NEIN zu sagen, zu dem, was ist. Wir müssen uns hinbewegen zu
etwas Wunderbarem und nicht nur weg von etwas Schrecklichem.
Wir müssen unseren Träumen Leben einhauchen.

   Ich sage nicht, daß Nein-sagen und der Widerstand gegen Unterdrückung und Gewalt nicht länger gebraucht werden. Wir MÜSSEN den
Mut haben, nein zu sagen, wenn nein gesagt werden muß. Aber Sie
sehen doch sicher, daß »der Unterdrückung zu widerstehen« eine Position ist, die Gewinner und Verlierer erzeugt, und im besten Fall nur
zu kurzfristigen Lösungen führen kann. Wenn Sie das bezweifeln,
denken Sie über jeden Krieg nach, der jemals zur »Friedenssicherung«
geführt wurde, und prüfen Sie das langfristige Ergebnis für die »Gewinner« und die »Verlierer«.

   Gleichen Sie jedes Nein immer mit einem Ja aus. Gehen Sie jetzt
eine leidenschaftliche Bindung zu einer positiven Zukunft ein, in der
unsere Neins ihre Wirkung gezeitigt haben.

   Und dieses JA, diese Bewegung auf das Positive zu, muß jeden
einschließen, selbst die, zu denen wir nein gesagt haben. Wir müssen
die Verantwortung für Lösungen übernehmen, die keine Verlierer
kennen, selbst wenn unsere »Gegner« nicht bereit sind, daran mitzu-
wirken. Der Zustand unseres Planeten, das Versagen der alten Ge-
winner/Verlierer Taktik ruft uns auf, über die Gewinner und Verlierer, die Sieger und die Besiegten, hinauszugehen und in eine
Beziehung gegenseitiger Abhängigkeit mit jenen einzutreten, die wir
früher als Gegner nannten.

   Mit dem Begriff Paradigma-Wechsel wurde der massive Be-
wußtseinswandel beschrieben, der noch zu unseren Lebzeiten geschehen könnte. Ich glaube, was wir hier angesprochen haben, ist
ganz eng verbunden mit diesem Wechsel weg von den Gewinnern
und Verlierern, unseren guten Jungs und jenen schlechten Kerlen, zu
einem Bewußtsein der gegenseitigen Abhängigkeit und des Wir-
Seins. Das klingt nur nach einer kleinen Veränderung, aber ich glaube,
daß dieses eine Puzzle-Teil den nächsten evolutionären Quanten-
sprung auslösen könnte. Nämlich das Bewußtsein, daß Sie und ich
Teile eines größeren, lebenden Ganzen sind. Sie können jetzt entgegen halten, Sie besäßen bereits das Bewußtsein der Ganzheit. Erinnern Sie sich an diese Behauptung, wenn Ihr Partner das nächste
Mal Ihre Ego-Grenzen verletzt und Sie auf die »Du/Ich«-Verteidi-
gungstaktiken zurückgreifen. Wir wissen um dieses Konzept nur in-

tellektuell. Aber wir kommen nahe dran, es zu erfahren, und das Aufregende ist, daß das Chaos und die starke Polarisation, die uns im Augenblick bedrängen, genau die Mechanismen sind, die uns an den »Rand des nächsthöheren Bewußtseins« gezwungen haben.

Wir haben jetzt die Wahl. Ich wähle das JA.

> *»Man hat ihnen tausend Mal »NEIN« gesagt,*
> *und nach dem letzten »NEIN«*
> *rettete ein »JA« die Welt.«*
> Wallace Stevens

Übung: Identifizieren Sie Ihr JA

Nehmen Sie sich ein paar Minuten, um in sich zu gehen und still zu werden, damit Sie mit diesem »JA« in Verbindung treten können, das Ihnen zuruft.

In Ihnen lebt ein »Sinn für das Mögliche«, eine Sehnsucht, vorwärtszugehen und das Leben in seiner ganzen Fülle zu umarmen. Es ist an der Zeit, dieses »JA-zum-Leben« in Ihnen zu identifizieren, damit es Sie an sich ziehen kann.

Stellen Sie Ihre Füße auf den Boden, sitzen Sie mit geradem Rücken und legen Sie Ihre Hände im Schoß zusammen. Bevor Sie nun Ihre Augen schließen, sage ich Ihnen, was Sie mit geschlossenen Augen tun sollen. Atmen Sie tief und voll – Ihr Brustkasten muß sich merklich heben und senken. Falten Sie langsam Ihre Hände auseinander, und nehmen Sie Ihre Ellbogen zurück, bis Ihre Ellbogen schließlich nach hinten zeigen. Dadurch gehen Ihre Schultern zurück, und Ihr Brustkasten öffnet sich. Mit dieser Bewegung soll Ihre Lungenkapazität geweitet und Ihr Herz geöffnet werden. Atmen Sie weiterhin tief.

Während Sie sich langsam immer weiter öffnen, lassen Sie mit geschlossenen Augen die Vorstellung zu, wie sich Ihr ganzes Sein für dieses JA in Ihnen öffnet. Lassen Sie Ihr JA nach all den Jahren des NEIN herauskommen. Denken Sie nicht darüber nach, was das JA ist, atmen Sie es einfach durch Ihr Herz heraus ins Freie. Tun Sie das einige Minuten lang und öffnen Sie dann die Augen.

Wenn Sie damit fertig sind, dann schreiben Sie das auf, was hier aufgeschrieben werden will. Fangen Sie einfach an, zu schreiben und sehen Sie, was dabei herauskommt. Urteilen Sie nicht darüber oder über sich.

Ich sage JA zu ...

Ich sage JA zu ...

Ich sage JA zu ...

ICH SAGE JA

Ich sage JA zu meinem Leben

Ich sage JA zur Liebe

Ich sage JA dazu, daß die ganze Welt eine Familie ist

Ich sage JA zu einem Planeten in Frieden

Ich sage JA zu den Kindern überall

Ich sage JA zu uns

Ich möchte, daß meine nächste Handlung
das JA in der Welt anwachsen läßt

Versuchen Sie, dies jeden Tag laut auswendig aufzusagen,
und beobachten Sie, wie es Wirklichkeit wird.

KAPITEL 20

Männer und Frauen

»QUELLENKONFLIKTE« / »PRÄSENTATIONSPROBLEME«

»Eines Tages werden sich Männer und Frauen erheben,
sie werden die Berggipfel erklimmen,
sie werden sich groß und stark und frei treffen,
bereit, zu empfangen, teilzunehmen
und sich in den goldenen Strahlen der Liebe zu sonnen.
Welch ein Bild, welch eine Vorstellung.
Welches Dichtergenie kann auch nur annähernd
die Möglichkeiten einer solchen Kraft
im Leben von Männern und Frauen vorhersehen.«
Emma Goldman

Wenn wir nicht einfach nur Pflaster auf die Oberfläche von »Präsentationsproblemen« kleben, sondern tatsächlich an der Konfliktlösung teilhaben wollen, bei der wir die Lösung tiefer, unser Leben beeinträchtigender »Quellenkonflikte« möglich machen, dann müssen wir wirklich harte, bohrende Fragen stellen.

Bei meiner Arbeit in der internationalen Konfliktlösung versuche ich immer zu fragen: »Was liegt dem Konflikt ganz allgemein zugrunde? Warum sind menschliche Wesen so feindselig? Warum bringen wir uns gegenseitig um, verletzen uns gegenseitig schon so lange, wie es Menschen gibt?«

Es wurden viele Antworten gegeben, die mit der Furcht um das eigene Überleben zusammenhängen, mit dem Glauben an Mangel, dem territorialen Imperativ und gesellschaftlichen Definitionen von »Erfolg«, »Macht« und dem, was »wünschenswert« ist, usw. Aber es gibt eine zugrundeliegende Dynamik, einen Quellenkonflikt, der sich in *jeder* Konfliktsituation, in jeder Kultur, zeigt. Es ist die Dynamik, die zwischen *Männern* und *Frauen* existiert.

Wer immer und was auch immer die Protagonisten in einem Konflikt sind, sie sind ebenfalls immer Männer und Männer – oder Frauen und Frauen – oder Frauen und Männer. Dieser Bestandteil eines

Konflikts ist einer der entscheidendsten Faktoren dessen, wie sich das Szenario entfalten wird. Frauen und Männer tragen nämlich ein Repertoire an Haltungen, Positionen, Bildern und Vorurteilen mit sich herum, »wie man sich als Mann benimmt«, »wie eine Frau reagieren sollte«, »wie Männer mit Männern umgehen«, usw. usw. Dieses Rollenspiel geht, meist unbewußt, an der wirklichen Konfliktlösung vorbei und hält die meisten Menschen, selbst in ihren engsten Beziehungen, wie in billigen Rollen zweitklassiger Filme gefangen.

Das Lernen von Geschlechterrollen in Belfast

Im Sommer vor einigen Jahren befand ich mich in Belfast und organisierte eine Reise von katholischen und protestantischen Jugendlichen in die USA. Dafür mußte ich mit verschiedenen para-militärischen Gruppen verhandeln. Während dieser Verhandlungen schloß ich einige Freundschaften.

Das Mitglied einer IRA-Gruppe lud mich zu sich nach Hause zum Abendessen ein, und ich nahm gerne an, da dies eine Gelegenheit war, das Familienleben der Menschen, mit denen ich arbeitete, kennenzulernen.

Als ich an ihrem Abendbrottisch saß – und später vor dem Torffeuer – lernte ich eine ganze Menge über männlich-weibliche, männlich-männliche und weiblich-weibliche Dynamik und Regeln der Subkultur. Am besten erinnere ich mich an die Rollendefinition, die der jungen Mutter und Ehefrau in diesem IRA-Heim zufiel. Sie war dafür verantwortlich, ihren Kindern Geschichten des Hasses zu erzählen. Ja, das war ihre Pflicht, und es gab keine Möglichkeit, dies zu hinterfragen – keine Frauengruppe, zu der sie gehen konnte, um hierüber einen anderen Standpunkt zu bekommen. Also mußte diese Frau Nacht für Nacht in ihren Kindern Furcht und Ablehnung lebendig halten. Ich saß da und hörte ihren Worten zu: »Sean, Patrick, vergeßt ja nie: es sind die Protestanten im Shankill, die unser Leben elend machen. Sie haben euren Onkel gehängt, Jungs, und euch kriegen sie auch, wenn ihr sie nicht zuerst drankriegt.« (Ihr Onkel wurde zwanzig Jahre zuvor getötet, lange bevor sie auf die Welt kamen). »Es sind die Protestanten, die eurem Vater die Arbeit wegnehmen und ihn die letzten acht Jahre von der Stütze leben ließen. Das werden sie mit euch auch tun, damit ihr immer von dem lebt, was andere euch geben, und ihr keine Achtung vor euch selbst habt. Das einzige, was uns ge-

blieben ist, Jungs, sind unser Stolz und unsere Ehre. Laßt die Protestanten für das, was sie getan haben, zahlen.«

So wird dieser historische Konflikt der nächsten Generation weitergegeben. Genau eine Woche später wurde ich in ein anderes Haus zum Essen eingeladen, nur war es dieses Mal von einem Mitglied der UVF (Ulster Volunteer Force). Es war im protestantischen Gebiet von Belfast, im Shankill Distrikt. Nur acht Häuserblocks vom Haus der katholischen Familie entfernt. Für mich sah es so aus, als ob es dasselbe Haus sei, ja, es sah beinahe wie diesselbe Familie aus. Aber es war die »andere Seite« der Falls Road und deshalb durch Lichtjahre des Hasses getrennt.

Wieder saß ich da und hörte zu, wie eine junge Mutter ihrer Rolle nachkam, Geschichten des Hasses zu erzählen. Nur lebte dieses Mal der Feind auf der anderen Seite der Falls Road, drüben in Andersontown und New Barnsley. Bis weit in die Nacht lebte die Frau ihre Rolle: »Michael, Patricia, ihr dürft diese Katholiken niemals an euch ranlassen. Das sind böse Menschen, voller Haß. Sie brannten das Haus von eurem Vater und mir nieder, bevor ihr auf die Welt kamt, und sie erschießen euch aus Spaß an der Sache. Laßt sie da, wo sie hingehören und verteidigt immer unsere Ehre und unsere Rechte, Kinder.« *Auch hier wurde den Kindern beigebracht, jemanden zu hassen, den sie nicht kennen.*

Die Rollen, die Frauen und Männer in diesen schmerzlichen Situationen spielen, sind Teil der Gewalt und des »Feststeckens«, mit dem sie leben. Während meines Aufenthaltes besuchte ich das Zentrum von Belfast, um in den Kaufhäusern einige Einkäufe zu erledigen. In jenen Jahren mußte man sich »abtasten« lassen, bevor man die Läden betreten durfte, um sicherzustellen, daß man kein Dynamit am Leib trug, mit dem man dann den Laden in die Luft jagte. Also stand ich da, meine Arme in die Luft gestreckt, während mich ein britischer Soldat durchsuchte und ein anderer seine Maschinenpistole auf mich gerichtet hielt. Als ich in die Augen dieser beiden jungen Männer sah, sah ich ihre Angst, ihren Schrecken. Sie zitterten. Ich sagte: »Warum haben Sie solche Angst? Wovor haben Sie Angst? Sicher nicht vor mir; Sie haben ja die Waffe.«

Da sprudelte aus ihnen die Geschichte heraus, was es heißt, in dieser Kultur ein »Mann« zu sein. Wie man hart bleiben und bereit sein muß, die anderen zu kriegen, bevor sie dich kriegen. Man kann keinem vertrauen und darf niemals, niemals Angst oder Weichheit zeigen. Sie erzählten mir, wie die Armee ihnen beibringt, ihre Angst in Haß zu ver-

wandeln und diesen Haß nach draußen – gegen den Feind – zu richten. Haß und Wut (und Furcht) waren das einzige Repertoire an Gefühlen und Reaktionen, das erlaubt war, wenn man überleben wollte. Oh Gott, wie diese jungen Männer in ihren Rollen gefangen waren, Rollen mit dem Titel: »Wie es ist, wenn man ein Mann ist.«

Bis wir über diese künstlichen Rollen hinauswachsen und die tiefere Schönheit und Stärke dessen begrüßen können, wie es *wirklich* ist, eine Frau oder ein Mann zu sein, bis dahin sind wir *alle* an das Rad »oberflächlicher« kleiner Verletzungen und »oberflächlicher« kleiner Freuden gekettet – von jenen, die eine Maske tragen und vorgeben, wirklich zu sein.

In unserer amerikanischen Kultur fangen wir gerade an, die Rollen, in denen wir »feststecken«, in Frage zu stellen. Wir stehen zwar noch ganz am Anfang, aber immerhin haben wir den ersten Schritt getan. Bis zum glücklichen Ende haben wir noch einen weiten Weg vor uns. Aber wohin sollen wir denn gehen und wie?

»Persönlichkeits-Ich« und »Natürliches Ich«

Mir geht da dieses Bild durch den Kopf, wie ich »lernte, ein Mann zu sein«. Ich will damit sagen, daß ich manchmal die Erfahrung mache, *zwei* Männer in mir zu haben. Einer ist der natürliche Mann, der ich einfach deshalb *bin*, weil ich die entsprechenden Genitalien habe, die vorgeschriebene Menge an männlichen Hormonen und eine Menge Haare im Gesicht, etc. Ja, ich falle ganz sicher innerhalb der Grenzen der Definition eines »Mannes«.

Aber ich spüre auch einen *anderen* Mann in mir und das ist der Mann, der »zu sein ich gelernt habe«. Manchmal sind die beiden Typen veschiedene Männer. Manchmal habe ich das Gefühl, als ob die beiden miteinander im Krieg lägen. Der *natürliche Mann* in mir mußte nicht lernen, ein Mann zu sein, er *ist* es einfach. Aber meine Kultur hielt es für nötig, mir *beizubringen*, wie man ein Mann ist, und ehrlich gesagt, schätze ich das meiste von dem, was mir beigebracht wurde, überhaupt nicht. Meine innere Stimme hält mich dazu an, umzukehren und jenen natürlichen Mann wiederzuentdecken, der von dem »Mann, der ich zu sein gelernt habe« überdeckt wurde (ich nenne diesen Kerl den »Persönlichkeits-Mann«). Viele meiner Freundinnen sind auf derselben Reise: sie entdecken ihre natürliche Frau neu hinter der »Frau, die sie zu sein gelernt haben«. Meiner Meinung nach ist das eine wesentliche Reise zur Ganzheit, die wir für *alle* unsere Brüder und Schwestern unternehmen. Das ist Krieger-Arbeit.

Die Reise zur Ganzheit

Was immer sonst noch wir als Menschen sind, wir sind auch Männer und Frauen, und wir müssen diesem Aspekt unseres Wesens Bewußtheit entgegenbringen. Es wird viel gesagt über unser Bedürfnis nach der Integration des Männlichen und des Weiblichen. Während wir Männer unserer selbst immer bewußter werden, scheinen wir das natürliche Bedürfnis zu entwickeln, die »weiblichen« Aspekte unseres Wesens kennenzulernen: unsere weiche, sanfte, empfangende, intuitive Natur. Diese Sehnsucht nach der Erfahrung der »Ganzheit« drängt auch Frauen, ihre »männliche« Seite zu erleben: ihre lineare, kausale, selbstbewußte, rationale Natur. Beide Seiten bewegen sich auf ein Gleichgewicht hin. Diese Bereitschaft, dieser Wunsch, uns selbst in aller Gänze kennenzulernen – über die alten, kulturellen Modelle hinaus – ist einer der positivsten und solidesten Aspekte, die ich in dem »Zeitalter des Wandels« sehe.

Ich ziehe YANG und YIN den Begriffen männlich und weiblich vor. Yang (unsere äußere, aktive Natur) und Yin (unser inneres Sein) sind Qualitäten, die sowohl Frauen als auch Männer besitzen und es ist das Gleichgewicht dieser Eigenschaften, das uns alle dazu führt, die tieferen Bereiche unseres Wesens wahrhaft zu verwandeln.

Wie bei allen Reisen ins Bewußtsein gibt es auch in dieser Bewegung viele Ebenen. Da wir Menschen so wild danach sind, es »geschehen zu machen«, können wir uns leicht an die oberflächlichen Aspekte dieser Bewußtseinsbewegung klammern, während wir die tieferen Ebenen ignorieren – Ebenen, die in diese Bewegung eingeschlossen werden müssen. Was sind die tieferen Aspekte von Männlichkeit und Weiblichkeit? Ich würde drei große Entwicklungsbereiche nennen:

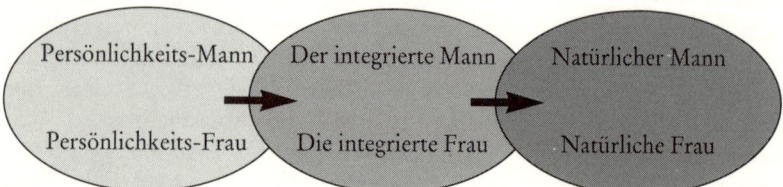

Mit Sicherheit muß sich das Macho-hafte, feindselige Verhalten
in den meisten männlichen Kulturstereotypen (der Persönlichkeits-
Mann) verändern. Dieses Verhalten kann (und wird in vielen Fällen
auch schon) ausgeglichen werden durch Männer, die ihren YIN-Aspek-
ten (die jeder von uns Männern schon in sich trägt) erlauben, zutage
zu treten und unser Leben zu bereichern. Bei den Frauen werden die
alten Opferrollen und die manipulativen »hübsch-aber-hilflos«-Ver-
haltensweisen (die Persönlichkeits-Frau) durch Frauen ausgeglichen,
die ihre Macht beansprucht haben und ihren YANG-Aspekten erlauben, sich in ihr Wesen zu integrieren.

Wenn diese Integration unserer Polaritäten erreicht wurde, gibt
es dann noch mehr? Ist Androgynität das »Ziel« der Reise von Frauen
und Männern? Ich denke nicht.

Ich glaube, daß *hinter* diesem männlich/weiblichen Gleichgewicht
eine urtümlichere Kraftquelle liegt, welche die Mittel besitzen muß,
die Erfahrung der Ganzheit auszudrücken. Robert Bly nennt das den
»wilden Mann« in den Männern. Nur eine Frau kann sagen, wie das
bei Frauen heißen könnte: vielleicht die »Hexe« in ihrer alten, positiven Bedeutung? Ich nenne diese tieferen Quellen lieber die »natürliche
Frau« und den »natürlichen Mann«.

Die männliche Reise zur Ganzheit

Wie in meinem einfachen Diagramm dargestellt, führt der Weg zur
Ganzheit den heutigen *Mann* zuerst weg von der Ich-Vorstellung
und hin zum Seins-Aspekt der YIN-Natur, der in jedem Mann verborgen ist. Aus diesem oberflächlichen »tätigen« Aspekt im Mann
sind Ich-Persönlichkeiten gemacht. Der Persönlichkeits-Mann agiert,
um Bestätigung zu erhalten. Sein unzulängliches Selbstbild hält ihn
– im Bestreben, geliebt zu werden – im Tun gefangen. Durch die Integration seiner YIN-Natur kann seine innere Stimme in der Stille des
Seins gehört werden. Diese innere Führung wird dann zum Schlüssel
seiner Fähigkeit, sich auf den nächsten Schritt seiner Reise zu konzentrieren und seine ursprünglichen Energien kreativ zu steuern.
Dieser nächste Schritt läßt ihn seine natürliche Männlichkeit in Besitz
nehmen, die tief in seinem Körper liegt.

Gerade an diesem Punkt der YIN-Integration verlieren viele
Männer ihre Richtung – und ihren Glanz. Wir Männer haben die
Rolle des harten, unverletzbaren Machos so lange gespielt, daß wir,

wenn wir uns selbst die Erlaubnis geben, einfach zu sein – verletzlich und sanft zu sein, und nicht der zu sein, der die Zügel in der Hand hält – dann in dieser Art Welt bleiben wollen. Es ist eine solche Erleichterung, nicht mehr unsere fadenscheinige, gespielte Tapferkeit aufrecht erhalten zu müssen! Und unsere Schwestern bestätigen uns in unserer neugefundenen Weichheit und unserer Fähigkeit, zuzuhören.

Aber, meine Brüder, es gibt noch mehr Arbeit zu tun. Wenn wir bereit sind, das notwendige Entfernen der alten Rollen und Stereotypen vorzunehmen, und wenn wir unserer tieferen Natur erlauben, hervorzukommen, dann erwartet uns die Wieder-Entdeckung unserer männlichen Quelle. Dies wird auf *natürliche* Weise geschehen, sobald wir unsere Ego-Spiele nicht mehr länger spielen müssen. Einer bestehenden Männergruppe beizutreten, wäre ein großartiger Anfang, die alten Rollen und Spiele herauszufordern. Und denken Sie daran, daß die tieferen Aspekte der *natürlichen* Männlichkeit sich in so vielen einzigartigen Erscheinungsformen zeigen, wie es Männer gibt. Also versuchen Sie nicht, Ihre Brüder in eine Definition dessen zu quetschen, was ein »Mann« ist, insbesondere nicht auf unserer tieferen Ebene der Männlichkeit.

GEWALT WIRD NICHT VON IRGENDEINEM INNEWOHNENDEN MÄNNLICHEN TRIEB HERVORGERUFEN, SONDERN VIELMEHR VON DEM *VERLEUGNEN* DER TIEFSTEN EBENEN UNSERER MÄNNLICHKEIT.

An dieser Stelle möchte ich ein Bewußtsein teilen, das ich durch meine unmittelbare Erfahrung in Belfast erlangt habe. Als ich mich den Männern von Belfast und der täglichen Gewalt und der Feindseligkeit in ihrem Leben öffnete, erfüllte mich die Erkenntnis, daß Gewalt *nicht* von irgendeinem innewohnenden männlichen Trieb hervorgerufen wird, sondern vom *Verleugnen*, vom *Einsperren* der tiefsten Schichten unserer Männlichkeit. Im kugelgeschwängerten Belfast erlauben sich die am Konflikt beteiligten Männer weder, ihre innere YIN-Führung, noch ihre tiefe männliche Sicherheit zu erfahren. Folglich müssen sie ihren Lebenssinn in gespielter Tapferkeit finden.

So wie ein Dampfkessel mit Wucht in die Luft fliegt, wenn der Dampf nicht entweichen kann, so explodiert auch unsere innere kreative Natur, wenn ihr verboten wird, so zu sein, wie sie ihrer Natur nach ist.

Das *Zähmen* des wilden Mannes hat ihn zu einem Verrückten gemacht. Nach Jahrhunderten des vergeblichen Versuchs, das Maskuline zu beruhigen, es zu zähmen und zu bändigen, schlage ich nun eine radikale Idee vor:

Laßt uns so sein, wie wir wirklich sind.

Was bedeutet das? Da wir uns so daran gewöhnt haben, zu verleugnen, wer wir sind, wie bringen wir dann wahre BEDEUTUNG in die Entfaltung unseres Lebens? Das Männliche ist einer von zwei Polen im physischen Universum. In unserer Psyche liegen die Archetypen des Adlers, des Kriegers, des Himmel-Läufers und des Weisen. Laßt uns die positiven Aspekte dieser Archetypen in Besitz nehmen. Um das zu tun, müssen wir Männer weit hinter unsere flachen Ich-Bilder hinausgehen. Bilder dessen, wer wir sind, wer wir sein wollen und wer wir uns zu sein fürchten. Wir müssen lernen, auf unsere innere Führung zu hören und sie zu respektieren. Wir müssen unseren Geist beruhigen und lernen, die Erde zu ehren. Unsere Schwestern können uns dabei helfen, aber letztendlich müssen wir Männer es wagen, uns mit unseren Brüdern zu unserer ursprünglichen Männlichkeit aufzumachen. Wir müssen es lernen, uns gegenseitig und uns selbst zu vertrauen. Nur dann werden wir in der Lage sein, unser wundervolles, leidenschaftliches, lebendiges Gefühl einer tiefen, natürlichen Männlichkeit in die Rolle des wahren Friedensstifters, eines Kriegers des Herzens, zu kanalisieren.

Die weibliche Reise zur Ganzheit

Der Weg zur Ganzheit führt die Frau von heute weg von der oberflächlichen Rolle der machtlosen Spielgefährtin (der Persönlichkeits-Frau) und hin zu einem selbstvertrauenden Wesens-Aspekt der YANG-Natur, der in jeder Frau lebt. Diese Integration ihrer äußerlichen, kreativen Macht und Stärke erlaubt ihr, eine noch tiefere Macht freizusetzen, ihre »Sanfte Macht« oder die »Macht der Natürlichen Frau«.

Wenn eine Frau ihre YANG Seite freudig umpfängt, dann kann sie sich leicht daran aufhängen. Die äußere »Persönlichkeits-Mann«-Welt des Wettbewerbs und des oberflächlichen Erfolges kann sie leicht gefangennehmen. Frauen wurden in dieser äußeren Welt so lange wie Bürger zweiter Klasse behandelt, daß die Versuchung groß ist, »männlicher sein zu wollen als die Männer«. Aber das hält sie auf der gleichen Ebene des Spiele-spielens gefangen, auf der auch der »Persönlichkeits-Mann« in die Falle ging.

Unter und jenseits der Ebene des »Integrierens der Gegensätze« liegt die Weisheit und die *wirkliche* Macht des natürlichen Erbes der Frauen – ein Faden uralter Energie, der vom Frauen-Geist über Generationen und Generationen an jede Frau weitergereicht wurde. Unser Planet hungert nach Frauen, die sich mit diesem Wissen vereinen und mit dieser Art der Frauen-Krieger-Macht leben.

Über diese ergreifende Reise zur Quelle wahrer Macht einer Frau kann kein Mann schreiben. Nur eine Frau, die den Mut hat, ihre ursprüngliche Verbindung zu diesem Faden der *Frauenmacht*, der seinen Weg zurückspinnt durch die Jahrhunderte, in Anspruch zu nehmen, hat auch das Recht, hierüber zu schreiben. Ich habe eine hochgeschätzte Freundin, Diana Long, eine Frau, die in die Dunkelheit und darüber hinaus geblickt hat, gebeten, mit uns zu teilen. Sie schreibt ...

Für mich ist diese Reise zur Ganzheit mehr als eine Reise ins Unbekannte, es ist ein Umarmen, ein Umschließen, ein Einbeziehen des Geheimnisvollen.

Ich hatte in meinem Leben schon viele Vorstellungen davon, was es heißt, eine »ganze« Frau zu sein. Ich stolperte so durch den Prozeß des Annehmens und Verwerfens von Rollen und Personas, und ich wurde mir deutlich meines Glaubens an meine eigene »positive« und »negative« innere Weiblichkeit und Männlichkeit bewußt. Als ich mich mit meinem Verständnis der Dynamik meiner 14jährigen Ehe befaßte, entschleierte ich viele der dynamischen Strömungen in meiner »inneren Ehe«, die sehr danach verlangte, yin und yang einzubeziehen. Auf der tiefsten Ebene meines Unterbewußtseins entdeckte ich, daß ich weder meiner inneren Weiblichkeit noch meiner Männlichkeit traute. Mein Bewußtsein über die Tiefe meines Mißtrauens gegenüber meinem Selbst wuchs, und meine Verzweiflung darüber, daß ich keine Idee hatte, wie ich authentisch »sein« konnte, erreichte ihren Höhepunkt. Die natürlich Folge war, daß meine Vorstellungen, wie ich in einer Beziehung SEIN sollte, erschüttert wurden. Ich fiel in einen scheinbar bodenlosen Abgrund der Trauer und der Verzweiflung. Während ich nun fortgesetzt jede vorgefaßte Meinung darüber, wie ich SEIN soll oder wie ich lieben soll, fallenlasse, fühle ich, wie ich immer tiefer in diesen Abgrund falle. Ich lebe in einem Raum der Frauenmacht, den ich nur als Mysterium beschreiben kann. Ich befinde mich jetzt in einer Phase, in der ich fortwährend alle Aspekte meiner Selbst, ying und yang, einlade und begrüße. Wenn diese Aspekte hervorkommen, respektiere ich sie, ohne sie zu etikettieren oder zu beurteilen. Ich habe das Gefühl, mich in einer Phase einer »inneren Ehe« zu befinden. Je mehr ich damit aufhöre, andere als Objekte meiner eigenen, nicht integrierten Aspekte zu betrachten, desto mehr bin ich in der Lage, in einen furchteinflössenden Tanz des Mysteriums mit ihnen einzutreten, der jedem von uns erlaubt, uns fortwährend zu entdecken und uns einander und uns selbst gegenüber zu erkennen zu geben. Diese »innere Ehe« ist keine Androgynität. So, wie ich sie verstehe, ist es viel mehr.

Das ist jetzt meine »Frauen«-Reise, mein momentaner Tanz.

Früher glaubte ich zu wissen, wie man liebt. Jetzt glaube ich nur an das Geheimnisvolle. Ich weiß, daß ich nicht weiß, wie man liebt, aber ich lerne, mich in das Mysterium fallen zu lassen.

DEN NATÜRLICHEN MANN/DIE NATÜRLICHE FRAU ERFORSCHEN
(Danaans Workshop in Dublin, Irland)

Wir waren 19 Personen im Workshop, zehn Frauen und neun Männer. Man wies uns an, uns nach Geschlecht zu trennen und eine Ecke in der Halle zu wählen, wo wir ein »Ritual und ein Symbol von Bedeutung« für uns selbst schaffen sollten, eine Feststellung unserer Bezie-

hung. Wir Männer versammelten uns in der nördlichsten Ecke und kauerten uns nieder, eng beieinander, um unser Ritual zu planen. Hin und wieder warfen wir einen Blick zu den Frauen hinüber, die zusammengedrängt in der südlichsten Ecke saßen und eifrig am Planen waren.

Keiner von uns verstand wirklich, was wir tun sollten. Nach einer Weile wurde klar, daß es darauf nicht ankam – WIR waren das Ritual und das Symbol, und was immer wir zusammen schufen, war genau richtig.

Als wir fertig waren und die Frauen uns ihr Ritual vorspielten und wir ihnen unseres vorspielten, wußte ich, daß wir einen uralten, vielleicht urtümlichen Tanz von Frauen und Männern aufführten. Die genauen Einzelheiten schienen nicht wichtig zu sein, aber der Energiefluß war überaus wichtig.

Die Frauen tanzten ihr Ritual. Sie bildeten einen engen Kreis und schauten in die Mitte. In dieser Mitte hatten sie Ornamente, Nahrungsmittel und Schmuckstücke angesammelt und ihr Tanz brachte sie in diesen Kreis hinein und wieder heraus. Sie wirbelten herum und schwangen sich empor, aber ihr Kreis war immer »Energie-intakt« und sie konzentrierten sich immer wieder auf die Mitte und auf den Kreis selbst. Sie schienen ein Wesen zu sein.

Die Körper der Frauen waren das Symbol. Das Aufrechterhalten des Kreises war das Ritual und die Mitte war das Energiereservoir. Dieses Reservoir schwoll mit Macht an, bis schließlich die Frauen ekstatisch auf dem Boden zusammenbrachen. Und immer noch blieb der Kreis intakt.

Nach einer langen Zeit formten wir Männer unseren Kreis, aneinandergepreßt in einem engen Band um das Symbol der Mitte, das wir vorher geschaffen hatten. Es war fast das gleiche Symbol der Mitte, wie es die Frauen geschaffen hatten. Wir fingen an, Geräusche tief aus unserem Bauch heraus von uns zu geben; wir schwangen und drehten uns, wir krochen hinein und hinaus und übereinander. Wir bildeten unseren Kreis neu, rieben Hüfte an Hüfte, und rannten dann brüllend hinaus in die äußersten Ecken der Halle, flogen, fielen, sprangen. Wieder und wieder rannten wir zu unserer symbolischen Mitte zurück, kamen allein an und verließen sie allein. Schließlich versammelten wir uns in einem Kreis und standen, mit den Armen auf den Schultern der anderen, still da. Ich erinnere mich an den wundervollen Geruch nach Schweiß.

Wenn ich mich an diesen wunderbaren rituellen Tanz erinnere, der sich spontan in meinem Workshop in Irland gebildet hatte, weiß ich ganz genau, daß das, worüber ich in diesem Kapitel gesprochen habe, wahr ist.

Es *gibt* tiefere Schichten einer positiven und vielleicht uralten Macht in uns, und viel davon fließt durch die männlichen und weiblichen Körper, die wir jetzt bewohnen. Diese wunderbar leidenschaftlichen und weisen Energien sind über Jahrzehnte, vielleicht Jahrhunderte der Kontolle, der Furcht und der »genehmigten Verhaltensweisen« überdeckt worden, aber sie sind tief unten immer noch lebendig.

Dieser pulsierende Kreis irischer Frauen ließ es sie in ihrem Ritual spüren, und so erging es auch den Männern. In ihren Tänzen vibirierten die Frauen vom Kreis zur Mitte, und wieder vom Kreis zur Mitte, immer und immer wieder. Die Männer vibrierten vom Kreis nach außen und dann zurück in den Kreis, immer und immer wieder. Die Kreise überlebten und behielten ihre Integrität. Es waren keine konkreten Absprachen nötig, nur das Bewußtsein einer machtvollen und natürlichen Kraft, die durch uns fließt. Einer Kraft, mit der sich jeder von uns wieder verbinden kann, zum Guten des Ganzen.

Wenn Frauen und Männer diese reiche Kraft natürlicher Frauen-Macht und Männer-Macht angezapft haben, sind sie frei, diese Kraft auf ihre eigene, einzigartige, natürliche Weise auszudrücken. Dabei kommt es darauf an, daß der äußere, physische Ausdruck dieser Kraft – gleichgültig, welchem Geschlecht man den Vorzug gibt – aus einem tiefen, bodenständigen, natürlichen Teil von uns stammt und nicht von einer oberflächlichen, reaktionären, gesellschaftlichen Rolle.

Gemeinsames Erschaffen

Irgend etwas in mir weiß, daß wir uns schnell einer Zeit nähern, in der es genug Frauen auf diesem Planeten gibt, die sich wieder mit ihrer »natürlichen Frau« verbunden haben und genug Männer, die sich mit ihrem »natürlichen Mann« verbunden habe. Dann wird sich ein neues Modell der Frau-Mann-Interaktion in unserem kollektiven Unterbewußten bilden. Wie wird dieses neue Modell aussehen? Seien Sie vorsichtig, ziehen Sie jetzt nicht all Ihre alten Bilder und Vorstellungen und unerfüllten Träume hervor, die auf Ihrem »Tonal« basieren, Ihrem »gestrigen« Blick für die gleiche, alte, »stimmige« Wirklichkeit.

Das *neue* Modell von Mann-Frau-Beziehungen muß aus dem Nagual, nicht aus dem Tonal kommen (siehe auch Seiten 18/19). Als Krieger des Herzens ist es *Ihre* Aufgabe, dieses Modell zu finden. Erinnern Sie sich: der neue Krieger sitzt nicht phantasierend mitten im Tonal und läßt sich beredt darüber aus, »wie großartig es sein wird«. Der Krieger wagt sich in das Nagual hinaus, den Ort zwischen den Trapezen, das Unbekannte. Dort öffnet er sich dem Neuen und bringt es anschließend zu seinem Stamm.

Meine Intuition sagt mir, daß unser neues Modell von Mann-Frau-Beziehungen (und auch Mann-Mann und Frau-Frau-Interaktionen) sich *sehr* von dem unterscheiden wird, was wir jetzt erwarten. Ich weiß, das Zusammentreffen der natürlichen Frau und des natürlichen Mannes, wie immer es auch aussehen mag, wird eine kokreative Kraft in unserer Wirklichkeit freisetzen, die eine unglaubliche Beschleunigung der persönlichen und kollektiven Evolution zur Folge hat. Ich kann es kaum erwarten.

In meinem Artikel für das Magazin *In Context* mit dem Titel »We're Not Ready Yet, But Soon« (Noch sind wir nicht bereit, aber bald) versuchte ich meine Gefühle über meine eigene Reise zu meinem natürlichen Selbst durch ein Ereignis auszudrücken, das sich zum Zeitpunkt des Äquinoktiums am Strand an der Pazifikküste mit einer Gruppe von Männern und Frauen, die ich sehr liebe, ereignete. In diesem Ritual der Tag-und-Nachtgleiche hatten sich die Männer und die Frauen getrennt, um die Nacht in der Gruppe ihres gleichen Geschlechts zu verbringen. Dort wollten wir den natürlichen Mann und die natürliche Frau erforschen.

»Noch sind wir nicht bereit, aber bald«

Durch das Feuer kann ich Andy sehen. Er springt in rhythmischer Bewegung von einem Fuß auf den anderen, zu einem – vielleicht uralten – Rhythmus in ihm. Die Flammen unseres Männer – Treibholzfeuers züngeln 10 Meter hoch in den Himmel und ich bekomme wieder dieses Gefühl. Es ist das gleiche, das ich immer spüre, wenn ich an einem Lagerfeuer kauere und eine Seite meines Körpers sehr heiß wird und die andere Seite sehr kalt. Plötzlich bin ich nicht mehr in dieser Zeit, an diesem Ort. Ich bin anderswo, an einem uralten Ort, und ich bin nackt, und meine Muskeln und Sehnen schwingen zu einer ursprünglichen Energie, und ich bin ein Mensch beim Erwachen von ... ich weiß nicht, von was. Ich verliere es an diesem Punkt, als ob ich mich nicht erinnern soll. Noch nicht!

Hier sind wir, Andy und ich und Bob und ein halbes Dutzend anderer Männer. Es ist die Frühjahrs-Tag-und-Nacht-Gleiche, und wir sind zusammengekommen, um die Nacht an diesem Strand zu verbringen. Eine andere Gruppe, nur Frauen, will die Nacht auf einem Bergkamm verbringen. Getrennt wollen wir die Energien unseres Geschlechts wecken; wir werden versuchen, uns für uns selbst zu öffnen, Brüder zu Brüdern, Schwestern zu Schwestern, jenseits von Rolle und Spiel und Erwartung. Wir wollen es versuchen. Wir werden Rituale und Tänze und Geschichten benutzen, und was immer wir können, um zu erforschen, wer dieses Wesen »Mann« ist; wer dieses Wesen »Frau« ist. Wir haben darüber gesprochen, was wir am Morgen tun wollen. Wir kamen überein, daß wir Männer zu einer Wiese zwischen dem Meeresstrand und dem Bergkamm gehen werden. Auch die Frauen werden dort hinkommen. Wir werden uns treffen und sehen, was geschieht. Wir wollen es versuchen.

Aber jetzt ist es Mitternacht, oder ein Uhr, oder zwei Uhr morgens, und meine Brüder und ich sind heiß auf der einen Seite und kalt auf der anderen. Ich bin ich und nicht ich; ich bin sehr neu und sehr alt und, durch das alles hindurch, weiß ich, daß ich ein Mann bin. Es fühlt sich so unglaublich gut an, unglaublich richtig, auf diese Weise mit all diesen Männern hier zu sein.

Später würde mir der Dichter Robert Bly einen Rahmen für diese Gefühle geben, als er mich wieder in den männlichen Archetypus des »wilden Mannes« einführt (»What Men Really Want« – Was Männer wirklich wollen – im *New Age Journal*, Mai 1982). Dieser Aspekt des männlichen Wesens ist eine tiefe, unbewußte Quelle urtümlicher Energie, die, so behauptet Bly, von uns Männern ignoriert worden ist in unserem Wunsch, die weichere, intuitivere, weibliche Seite in unsere Person miteinzubeziehen. Das feindselige Verhalten der meisten männlichen Kulturstereotypen, die zur Zeit existieren, brauchen dringend einen Ausgleich. Das kann und wird auch in vielen Fällen von Männern getan, die sich den weichen, femininen Teil spüren lassen. Die Männer an diesem Strand, in dieser Nacht, waren alle an dieser weicheren Stelle und jetzt es ist Zeit, tiefer zu gehen.

Aber bis jetzt gibt es nur die Hitze des Feuers und meine Brüder, und das ist genug. Ich bin so angefüllt, wie ich schon sehr, sehr lange Zeit nicht mehr angefüllt war.

Die Sonne wirft ihren ersten Glanz über den Kamm und Andy zieht mich an den Rand des Wassers. Jetzt sind wir nackt und rennen durch die Brandung des Meeres und schreien. Gott, ich liebe es zu schreien. Ich meine, WIRKLICH zu schreien. Ich friere. Der pazifische März-Ozean schlägt gegen meine Genitalien und die Morgensonne malt ihren Weg über den Kamm, über die Lagune und ergießt sich über meinen zitternden Körper. Vom Nabel aufwärts bin ich golden und warm; vom Nabel abwärts, bin ich meergrün und kalt. Dieses uralte Gefühl ist wieder in mir.

Irgendwo in mir, von einem Ort, der so tief in mir verborgen liegt, daß ich nichts von seiner Existenz wußte, kommt ein anderer Schrei hoch. Nicht aus meinem Hals, meiner Stimme, meinen Lungen, sondern aus meinem Bauch, von einer tiefen, dunklen Höhle in meinen Eingeweiden. Der Schrei explodiert aus mir heraus, ein Gefühls-Orgasmus. Vielleicht haben Sie ihn ja gehört! So laut war er, so mächtig. Meine Brüder standen wie festgefroren und tranken mich in sich hinein. Dann hallten ihre Schreie wie ein Echo zu meinem Schrei, während wir den Strand in Freude tauchten. Wir TOLLTEN herum. Haben Sie jemals erwachsene Männer HERUMTOLLEN sehen? Mir war, als würde mein Herz zerspringen.

Dann sank das Bewußtsein dessen, was gerade geschehen war, in mich. Dort, in dem eiskalten Wasser, fühlte ich mich zum ersten Mal in meinem Lebens als MANN, ohne mich dafür schuldig zu fühlen. Ja, in meinem ganzen Leben hatte ich mich auf einer Ebene direkt unter meinem Wachbewußtsein schuldig gefühlt, ein Mann zu sein. Warum? Vielleicht wegen einiger Vorstellungsbilder von Männern als den »Gewalttätigen«, den Zerstörern, den Kriegs-Führern. Ich weiß es nicht; alles, was ich weiß, ist, daß es da war, diese unterschwellige, chronische Unfähigkeit, den, der ich bin, ganz zu umarmen. Das war nun verschwunden. Befreit. Losgelassen.

Die stahlharte, aufwühlende Wucht urtümlicher Energie, die in meiner Männlichkeit liegt, ist weder gut noch böse – sie ist einfach pure Energie. Mein Bewußtsein ist die Kraft, die entscheidet, wie dieser ungeheure Vorrat an urtümlicher Energie genutzt wird. Da ich und so viele meiner Brüder in unserem Bewußtsein wachsen, respektieren wir allmählich das mächtige, innere Schwert von kreativer Aktivität, mit dem wir das Licht in physischer Form manifestieren können.

Zum ersten Mal in dieser Nacht teilten wir Brüder nun Worte. Wir sprachen aufgeregt von unserer Furcht und Schuld und Verwirrung. Von den Beziehungen, die uns »angeblich« Glück bringen, und von dem Erfolg, von dem man uns versprochen hatte, er würde uns Erfüllung bringen. Jetzt ließen wir uns, unser männliches »uns«, darauf ein, unsere Stärke und unseren Willen zu benutzen, unsere Macht zu schaffen, nicht zu zerstören; zu lieben, nicht zu fürchten. Wir wollten das beitragen, was nur männliche Energie zur Schaffung einer friedens-vollen Zukunft für unsere Welt beitragen kann.

Wir sind Handelnde und wir lernen es, unsere handelnde Energie auf Wege des Dienstes und der Ganzheit zu richten. Gandhi, Martin Luther King und Anwar Sadat sind glühende Beispiele von Männern, die ihr inneres Schwert in Besitz genommen haben, ihre positive, handelnde Natur.

Dann war es Zeit, zur Wiese zu gehen. Die Frauen würden schon da sein. Vielleicht würde der nächste Schritt dort klarer werden. Bevor wir den Strand verließen, teilten wir uns in unserem Kreis mit, wie schwer es war, zu gehen und dieses Zusammensein-über-das-ich-hinaus loszulassen. Aber wir sagten uns auch, wie wichtig es ist, unsere Zusagen einzuhalten. Also gingen wir gemeinsam zu der Wiese.

Wir konnten sehen, wie die Frauen auf dem Weg vom Berg herunterkamen. Bilder von warmen Umarmungen und weichen Düften waren nun mit mir. Aber als wir uns den Frauen näherten, bemerkte ich, wie sich mein Körper langsam verschloß, nur ein wenig. Meine Schultern zogen sich hoch, nur ein wenig. Meine frei schwingenden Hüften wurden ein klein wenig kontrollierter, angemessener. Andere bemerkten ihre Körperreaktionen auch. Wir begannen zurückzukehren.

Dann waren wir zusammen, Männer und Frauen, Menschen, die einander sehr mochten. Wir sahen uns gegenseitig an, sagten nichts. Lange Zeit standen wir nur da und sahen uns ins Gesicht. Eine der Frauen brach die schwierige Stille. Sie sagte: »Jetzt noch nicht.«

Wir wußten alle, was sie meinte. Wir drehten uns um und gingen fort. Viele Stunden lang wurden keine weiteren Worte gewechselt. Gefühle der Trauer und der Richtigkeit durchströmten mich. Wir hatten während dieser Nacht etwas berührt, etwas, das für mich so tief und wichtig war, für mich, den Mann, und sie, die Frau, daß der Versuch, auf dieser Ebene zusammenzukommen, unmöglich gewesen wäre. Bis jetzt.

Es wird eine Zeit kommen, in der Männer und Frauen auf dieser Ebene zusammenkommen *werden*. Aber zuerst müssen Männer als Männer und Frauen als Frauen die Tiefen erforschen, die unglaublichen Tiefen dessen, was sie sind. Sie/wir müssen das Risiko auf uns nehmen und uns öffnen und erforschen und unsere Frauen-Macht und unsere Männer-Macht in Besitz nehmen, die in jener Höhle tief in uns lebt und doch jenseits unserer selbst. Wir haben gerade erst damit begonnen.

Wenn wir Männer und Frauen diese Arbeit getan haben und dann zusammenkommen, dann wird die gemeinsame Schöpfungskraft, die aus dieser Vereinigung entsteht, uns von dort, wo wir sind, dorthin bringen, wo wir sein sollen.

Ich bin ein Mann und möchte mich selbst verstehen. Ich möchte auch Frauen zu verstehen helfen, wer wir als Männer sind. Daher frage ich mich: »Was ist diese MANN-Macht, diese tiefere Manifestation dessen, was ich als Mann bin?« Die Worte, die mir einfallen, lauten: SCHÖPFE, RISKIERE, ERFORSCHE, FORDERE, DRÄNGE, ÜBERTREFFE ... und noch mehr – alle weckten dieses alte, alte Gefühl in mir, das ich in meiner gesellschaftlichen Erfahrung mit »Ärger bekommen« zu verbinden gelernt hatte. Hmmmmm.

DER ÄRGER MIT DEN MÄNNERN ... Ich gehe einen Strand entlang, bin einfach entspannt und genieße den Tag. Es ist keiner da außer den Möwen und vielleicht einem Seehund. Mein Wagen steht oben an der Straße und ich steige langsam die Klippen hinauf, den gemächlichen, nett angelegten, staatlichen Parkweg hinauf. Doch dann fällt mein Auge auf einige interessante Felsen zu meiner Linken. Ich wette, ich könnte sie von hier erklimmen. Es ist steil, kein Pfad, lose Felsbrocken. Was, wenn ich falle? Warum es wagen? Aber in mir ist keine Frage. Meine Hosen werden schmutzig, meine Hände reißen auf, es dauert eine Stunde länger, und ich liebe es. Was soll das? Warum bin ich nicht einfach auf dem netten Weg geblieben?

Ich fahre auf dem Motorrad die Autobahn entlang der Küste. Das Motorrad brummt, jedes einzelne der weit über hundert kleinen Teile funktioniert tadellos, schafft eine Harmonie, und ich als Fahrer bin Teil dieser Harmonie. In diesem Augenblick habe ich die Verantwortung für diese Ansammlung von Teilen und bin doch selbst nur ein Teil davon, ein Stück des Ganzen. Ist das einfach Macho-Scheiße oder erfahre ich wirklich eine lebendige Verbindung zu all dem? Ich fühle mich und uns im Gleichgewicht; mich und die Maschine und die

Vereinigten Staaten, die daraus entstanden sind, daß alle Teile tadel-
los funktionieren.
    Da kommt eine Kurve. Ich kann die Straße weit dahinter sehen.
Wenn ich die Kurve mit dieser Geschwindigkeit nehme, ist das ris-
kant. Zehn Stundenkilometer mehr und ich weiß, es wird in die Hose
gehen. Zehn Stundenkilometer weniger und mir, uns, würde nichts
abverlangt werden. Komm schon, es ist keiner da, dem du etwas be-
weisen müßtest. Aber ich weiß bereits, jenseits aller Fragen, jenseits
aller Analysen, was ich tun werde. Ich fühle langsam die alte Reaktion
meines Körpers, wenn meine Adrenalindrüsen ihren Job erledigen. Ich
kann spüren, wie mein parasympathisches Nervensystem in Gefechts-
bereitschaft geht, den ROTEN KNOPF drückt, »Alarm, jeder ... alle
Mann an Deck«. Mein Biocomputer stellt auf Hochgeschwindigkeits-
datenanalyse um: »Wahrscheinlichkeit einer Schotterstrecke hinter der
Kurve ... Wahrscheinlichkeit einer Fehleinschätzung hinsichtlich der
freien Strecke ... Zustand der Reifenprofile...« Mein Blick wird klar,
konzentriert sich, weiche Augen nehmen das große Bild auf. Die
Muskeln sind gespannt und gleichzeitig entspannt. Wir fahren in die
Kurve. Nicht ich, wir. Jede Zelle in mir, jedes Gen, jeder Bolzen, jeder
Kolben, jede Speiche.
    Die Kurve liegt hinter uns. WIR wird wieder zu ICH, und mir
bricht der kalte Schweiß aus und ich spüre, wie meine linke Gehirn-
hälfte anfängt, Fragen zu stellen und Urteile zu fällen: »Du Esel,
du Volltrottel, du Macho-Spinner. Warum machst du so idiotische
Sachen?«
    Vielleicht, weil das eines der ganz wenigen Dinge ist, die mir
meine Kultur erlaubt, die ich mir erlaube, um ein uraltes Bedürfnis
zum Leben zu erwecken.

Wissen Sie, es liegt in unserer Natur, die Erfahrung der Intensität zu spüren und zu ersehnen, sich bis an die Grenzen zu wagen,
Herausforderungen anzunehmen und Risiken einzugehen. Das ist
nicht alles, was wir sind, aber es ist ein natürlicher, tiefer, wundervol-
ler Teil von dem, was wir sind. Dies ist das »innere Feuer«, das unseren Handlungen Leben einhaucht.
    Ich habe mit so vielen Vietnam-Veteranen gesprochen, die die
Erfahrung »töten und / oder du wirst getötet« gemacht haben. Die
meisten von ihnen haben Schmerzen. Sie sind verloren. Sie flüstern
mir von einem schrecklichen Bewußtsein zu. Zum ersten Mal in ihrem
Leben, auf dem Schlachtfeld, den möglichen Tod vor Augen, fühlten

sie sich absolut lebendig. Jede Erfahrung, die sie seither gemacht haben, hat den bedeutungslosen Geschmack der Mittelmäßigkeit. Wie können wir darin einen Sinn sehen? Wir MÜSSEN!

Wir können nicht einfach verlangen, daß Menschen aufhören, einander zu verletzen und dann denken, das würde funktionieren. Es geht so viel tiefer als das. Denken Sie denn, es hätte nicht schon seit Tausenden von Jahren »Friedensbewegungen« gegeben? Meinen Sie, Frauen hätten nicht seit Tausenden von Jahren ihre Männer angefleht und aufgefordert, über ihr dominierendes, unterdrückendes, gewalttätiges Verhalten hinauszuwachsen? Glauben Sie wirklich, daß das einfache »Schwerter zu Pflugscharen« irgendetwas ändert? Was sollen wir denn mit all den Pflugscharen anfangen?

Uns Menschen wohnt eine Intensität inne. Das hat etwas damit zu tun, bis an die Grenzen zu gehen, das Unversuchbare zu versuchen. Das, was ist, für das, was sein könnte, aufs Spiel setzen. Das hat schon eine Menge Ärger verursacht. Diese Intensität hat sich auf eine Art manifestiert, die uns einander als Gegner gegenüberstellt, die unser persönliches Ego aufbläht oder zusammenfallen läßt, und die jeden und alles, was sich uns in den Weg stellt, objektiviert. Was sollen wir also tun?

Seit einigen Jahren versuchen wir, bis zu einem gewissen Grad, unsere Bedürfnisse nicht länger auf macho-männliche und manipulativ-weibliche Weise auszudrücken. Nach einigen schwierigen, wunderbaren Jahren des Erforschens unseres Yin und unseres Yang hören wir langsam die sanfte Weisheit unserer innneren Stimme, unseres intuitiven Selbst. Sie flüstert uns zu, daß unsere nächste Reise ins Bewußtsein nicht in Richtung auf Androgynität erfolgt, sondern vielmehr zu den tieferen Schichten der Männlichkeit und der Weiblichkeit, um diesen kreativen, leidenschaftlichen Risikoträger zu erforschen, diesen Bis-an-die-Grenzen-Geher, der darauf brennt, 100 %ig zu leben – jenseits von Macho oder Opfer, jenseits jeglichen Bedürfnisses, seinen oder ihren Wert zu beweisen.

Wir dürfen niemals auf den Vulkan unserer Intensität einen Korken propfen. (Vulkane mit Korken explodieren). Wir müssen die Klarheit und die Selbstliebe entwickeln, um die furchtgebietende Macht des Vulkans auf das Gute zu richten. Unsere Welt ruft Männern und Frauen zu, jenseits ihres Rollenspiels und jenseits ihrer Schuld zu gehen und diese tiefe, fruchtbare Natürlichkeit aufzuschließen, die in uns lebt. Die Menschheit hungert nach guter, erdverbundener, männlicher Energie genauso sicher, wie sie nach klarer, tiefer, machtvoller, weiblicher Energie hungert. Die Einbeziehung dieser kreativen Kräfte wird etwas sehr Neues, sehr Wundervolles gebären.

Jetzt noch nicht, aber bald!

Ich fing diesen Abschnitt mit der Idee an, daß einer der »Quellenkonflikte« in unserer Welt das Mißverständnis, das Mißtrauen und die Feindseligkeit ist, die zwischen Männern und Männern, Frauen und Frauen und Frauen und Männern existiert, und daß wir herausfinden müssen, wer wir unter den oberflächlichen Spielen, die wir in diesen Rollen spielen, wirklich sind.

Ich möchte an dieser Stelle meiner Meinung Ausdruck geben, daß eine der »Quellenlösungen« zum Konflikt in der Welt, eines der wirksamsten Handwerkszeuge, die wir für *wirkliches* Friedensschaffen besitzen, *ebenfalls* innerhalb der Definition von *Frau* und *Mann* liegt. Dafür müssen wir natürlich die alten, unwirksamen Definitionen über Bord werfen und die uralten / brandneuen Energien dessen, was Sie als Mann oder als Frau jenseits der Unwirksamkeit sind, in Anspruch nehmen. Dann sind Sie bereit für eine *wirkliche* Beziehung.

Gehen Sie den nächsten Schritt

Überlegen Sie sich, ob Sie nicht einer Männergruppe / Frauengruppe beitreten möchten. Einer Gruppe, die willens ist, die tieferen Ebenen dessen zu erforschen, was sie sind, und nicht auf der Ebene stehenzubleiben, auf der Sie dem anderen Geschlecht die Schuld zuweisen. Das bedeutet *nicht*, daß Sie nicht Ihre Wut und Ihre Frustration darüber untersuchen und ausdrücken sollten, daß man Sie so viele Jahre gelehrt und von Ihnen gefordert hat, eine oberflächliche Rolle zu spielen. Es meint einfach, daß Sie Ihre Wut benutzen, um sich auf den nächsten Schritt hinzubewegen. Ein Schritt, der vielleicht die Erforschung dieser mächtigen, eindeutigen Frau in Ihnen ist, die ihrem ganzen Geschlecht helfen kann, das Bedürfnis loszulassen, »sicher« auf der Ebene der Persönlichkeits-Frau zu bleiben. Oder die Erforschung des machtvollen Mannes, der dasselbe für sein Geschlecht erreicht. Diese mächtige Frau, dieser machtvolle Mann gehen mit Ihnen auf die Reise, die heraus aus dem Tonal und hinein in das Nagual führt.

KAPITEL 21

Beziehungen als Weg des Kriegers

Egos wachrüttelnd
spontane Entzündung
fälschlich für Liebe gehalten
Pat

»... *eines der schändlichsten Mythen über die Liebe*
ist das Bild der Liebe als einem
geschlossenen Systems zwischen zwei Menschen
oder drei Menschen, oder einem Mann und seinem Land,
seiner Religion, seiner Rasse, seiner Familie.
Die süße Intimität der Liebe
wird unausweichlich ranzig, wenn sie
in sich selbst kreist und der Welt gegenüber nicht offen ist.
Denn die Liebe ist ein Prisma,
durch das man die ganze Welt liebt.
Jede Intimität und jede Süße der Liebe
verändert die ganze Welt.
Sie öffnet dich für die Realität der Welt,
anstatt dich davor zu schützen.«
Al Carmines

Eine der Lehrgeschichten aus den Veden des alten Indiens handelt von Paravatis Feuer. Paravatis Feuer ist das heilige Feuer, das die äußeren Schichten der Spreu verbrennt und den Getreidekern darin freilegt. Bildlich gesprochen ist es das Feuer, das unsere Oberflächenabschirmungen und Personas und Schleier der Illusion verbrennt, damit wir den Zugriff erlangen auf unseren inneren Kern, unser Juwel im Zentrum der Lotusblume.

Wenn Sie nahe an Paravatis Feuer stehen wollen, um die Spreu wegzubrennen, dann müssen Sie – so heißt es in den Veden – zwei Dinge tun: »Geh nicht auf die Spitze des Berges, um zu meditieren«, sagen die Veden, sondern »gehe eine Beziehung ein und begebe dich zum Marktplatz.«

Ha! Welch große Weisheit! Paravatis Feuer brennt nicht auf der Bergspitze. Dorthin gehen wir, um selbst still zu werden, zu heilen und zuzuhören. Das Feuer, dasjenige, das heiß genug ist, um unsere harten äußeren Schichten der Spreu wegzubrennen, lodert inmitten von Beziehungen und in der Hitze des Marktplatzes. Sie wissen, wovon ich spreche. Tatsächlich könnte ich wetten, daß sie ein oder zweimal in einer solchen Umgebung dachten, sie würden zu Tode brennen. Bei mir war das so. Aber wir verbrennen nicht, wir überleben und sind deshalb hoffentlich einige Spreu-Schichten näher an unserem Kern, unserem Wesen, unserem SELBST.

Krieger-Beziehungen

Seien wir ehrlich, es sind Beziehungen, die uns zum Überprüfen unserer Glaubenssätze zwingen, zur Prüfung, wieviel Integrität in dem besteht, was wir zu praktizieren bekunden. *Wirkliche* Beziehungen erfordern, daß wir entweder »leben, was wir sagen« oder den Mund halten. Solche Beziehungen können unsere härtesten Lehrer sein.

Sie und ich können Beziehungen als ein Mittel nützen, unsere Reise auf unserem Krieger-Pfad zu beschleunigen. Wenn wir bereit sind, uns in unserem Leben nicht länger mit Mittelmäßigkeit zu begnügen, wenn wir bereit sind, das, was wir über Integrität und Lebendigkeit sagen, auch zu leben, dann werden uns unsere Beziehungen genau das geben, was wir brauchen, um »uns selbst zu überprüfen«. Sie werden uns helfen, Kurskorrekturen vorzunehmen und zwischen den Trapezen zu leben.

Für den Krieger des Herzens können das alle Beziehungen bewirken; ob es nun unsere Beziehung zur geliebten Person ist, zu unseren Eltern, unseren Kindern, unseren Freunden. Die vielleicht deutlichste und nützlichste Beziehung-als-Weg-des-Kriegers ist diejenige zu Ihrer geliebten Person, Ihrem Ehepartner, Ihrer »anderen Hälfte«. Der fortwährende, sich-immer-verändernde Tanz des Yin und Yang mit diesem Menschen kann eine Gelegenheit zu unvergleichlichem Wachstum bieten; dort kann Paravatis Feuer am hellsten und am heißesten brennen.

Übung: Wenn sich Krieger begegnen

Ich bitte Sie, sich nun an Ihre Erfahrung als Krieger auf der
Wiese zu erinnern (im Kapitel über das Allein-sein). Ob es für
Sie Zeit ist oder nicht, sich an einen anderen Krieger des Herzens zu wenden, damit er im Tanz von Intimität und Sexualität
um Paravatis Feuer Ihr Lehrer und Ihr Schüler sein kann,
machen Sie diese Übung trotzdem. Sie helfen sich damit selbst,
an die Oberfläche zu sprudeln und diese Punkte in Ihrem Leben
zu klären.

Blättern Sie jetzt zurück zu Ihrer Zeichnung, die Sie von
sich selbst auf Seite 63 angefertigt haben. Erinnern Sie sich Ihrer
Symbole und Kleider, Ihres Schildes und Ihrer Tiere. SEIEN Sie
wieder dieser Krieger auf der Wiese. Spüren Sie die Gegenwart
der Natur und spüren Sie Ihr Krieger-Selbst als integralen Bestandteil von all jenem. Sie gehören hierher an diesen schönen
Ort in der Natur.

Sehen Sie jetzt über die Wiese. Betrachten Sie Ihre Umgebung genau. Saugen Sie jeden Aspekt Ihres Umfeldes ein.
Nichts entgeht Ihrer Aufmerksamkeit. Am anderen Ende der
Wiese bewegt sich etwas. Einige Hirsche und andere wilde Tiere
wandern durch Ihr Bild und sie begegnen einander mit Respekt.
Aber eine andere Energie zieht Ihre Aufmerksamkeit auf sich,
eine, die verschwommene und bekannte *Erinnerungen* weckt.

Plötzlich taucht – mit einem Heldenmut und einer Zentriertheit, die Ihrer eigenen gleicht – ein anderes Wesen aus den
Bäumen am äußersten Ende der Wiese auf und steht dann im
Freien. Sie spüren mehrere Gefühle gleichzeitig – Herausforderung, einen Anflug von Furcht, ein Hauch von Wunder, Aufregung. Wer ist dieses Wesen, das sich da zeigt, das nicht von
Baum zu Baum huscht, sondern offen im Freien steht?

Sie gehen näher heran, um seine / ihre Kleider zu begut-
achten. Diese Person trägt Kleider absichtsvoll, bewußt. Seine /
ihre Farben und Muster symbolisieren offensichtlich sein / ihr
Erbe und Kultur genau wie bei Ihnen Ihre Farben und Muster.
Aber die Farben und deren Zusammenstellung, die Materialien
und Muster unterscheiden sich sehr von den Ihren. Was bedeuten sie? Welche Geschichte erzählen sie?

Sind Sie eine Warnung für Sie; lauert da Gefahr? Ist diese Person eine Bedrohung für Sie? Sollten Sie sich, als Krieger, verteidigen?

Aber Sie sind der *neue* Krieger, und es ist Ihre Aufgabe, sich in das Nagual zu wagen, um Neues zu erforschen. Sie leben zwischen den Trapezen, und in diesem Augenblick fühlt es sich so an, als ob diese Wiese das Nagual *ist* und Sie genau da sind, wo Sie hingehören.

Diese andere Person ist näher an Sie herangekommen und beobachtet Sie jetzt. Sie bemerken, daß sie/er sich von ihrem/seinen Zentrum aus bewegt, bodenständig, mit der Erde verbunden. Sie befinden sich in der Gegenwart eines Kriegers des Herzens.

Jetzt stehen Sie sich gegenüber. Diese Person ist in Berührung mit ihrer / seiner Macht. Sie / er fordert nicht, daß Sie weniger als mächtig sind. Tatsächlich spüren Sie eine Einladung zu spielen, Ihre Macht der ihren / seinen anzugleichen, die äußersten Grenzen des Möglichen mit dieser Person zu erforschen. Sie wissen intuitiv, daß Sie »Ärger« kriegen. Es ist die Art »Ärger« von der Sorbas, der Grieche, sprach.

Erinnern Sie sich an diesen wundervollen alten Film »Sorbas der Grieche?« Erinnern Sie sich an die Szene, in welcher der sehr anständige, junge, britische Gentleman entsetzt ist über etwas »Unkonventionelles« (das Nagual), das Sorbas getan hat? Er sagt: »Sorbas, das kannst Du nicht tun; Du wirst Ärger bekommen!« Zorbas richtet sich auf, schaut dem anständigen Gentleman ins Auge und erklärt: »… Ärger? Leben ist Ärger! Nur der Tod ist nett. Leben heißt, die Ärmel hochzukrempeln und sich auf den Ärger einzulassen.«

Da draußen auf der Wiese, im vollen Besitz Ihrer Verbindung zu Ihrem menschlichen Erbe, Ihres Bewußtseins für Ihren natürlichen Mann oder Ihre natürliche Frau und auch Ihrer Krieger-Neuheit und dessen Potential, haben Sie einen anderen Krieger angezogen. Dieser Krieger wird Sie auffordern, Ihre Integrität in Besitz zu nehmen, Ihre Leidenschaft und Ihre Lebendigkeit. Er oder sie wird Ihre kleinen Finger von dieser alten, abgenutzten Trapezstange reißen, an die Sie sich seit so langer Zeit schon klammern. Jawohl, Sie kriegen ganz eindeutig Ärger. Zu dieser Art von Ärger gehört der Krieger des Herzens. Ein anderes Wort für diese Art von Ärger lautet Intensität.

Wenn sich Krieger begegnen, gibt es unter ihnen für gewöhnlich drei Arten von emotionalen Reaktionen. Eine davon ist *Aufregung*. Schließlich sind Sie jemandem begegnet, mit dessen Macht Sie sich vergleichen können – der guten, erdverbundenen, lebensbejahenden Macht des »Hara«-in-Verbindung-mit-dem-Herzen. Hier braucht es keine Spiele, kein Kürzertreten, keine stundenlangen Erklärungen, keine Kompromisse. Sie spüren die Möglichkeit des »Doppelgewinnens«, des 1 + 1 = 3, des 100 %igen Lebens ohne Entschuldigungen. Und Sie sind *aufgeregt*.

Eine andere Empfindung ist *Furcht*. Es ist, als ob der Teil von Ihnen, der sich noch nicht ganz auf den Herzens-Weg des Kriegers eingelassen hat, weiß, daß seine Zeit knapp ist, seine Tage gezählt sind. Sein Klammern an die alten Trapeze wird bald Geschichte sein. Dieser Teil von Ihnen kann sich nirgends mehr verstecken und die alten Spiele werden mit dieser Person nicht funktionieren. Dieser alte, nicht funktionierende Teil Ihres Egos wird sterben müssen, und er wird nicht mit Anstand sterben. Er wird um sich treten und schreien und schöntun und jeden schmutzigen, manipulativen Überlebens-Trick benutzen, den Sie je gelernt haben. Es wird nicht funktionieren, aber in Ihrem Leben wird wahrscheinlich die Hölle losbrechen, bevor dieser Teil in Ihnen aufgibt. Sehen Sie jetzt, was ich mit *Ärger* meine? Heißen Sie ihn willkommen. Feiern Sie ihn.

Dieser Ärger ist das Signal, der Bote wahrer Veränderung in Ihrem Leben. Sie bewegen sich vorwärts, in Richtung auf eine Ebene der Integrität und der Klarheit und der Richtig-keit, die Sie nie zuvor erfahren haben. Was immer es kostet – es ist den Preis wert.

Die andere emotionale Reaktion, die letzte, ist schwierig zu fühlen und schwierig zu beschreiben, außer, Sie hätten es schon einmal gespürt. Die beste Beschreibung dafür lautet: *Wissen*. Da stehen Sie also, Auge in Auge mit diesem anderen Krieger des Herzens. Sie / er ist ganz anders, vielleicht sogar fremd; das Ende eines Fadens, der sich durch einen Krieger-Stammbaum zieht. Ein Faden, der seinen Weg durch unterschiedliche, vielleicht völlig fremde Glaubenssätze und Symbole und »Wahrheiten« in der Zeit webte. Sie fühlen Aufregung und Furcht und sind doch gleichzeitig völlig ruhig. Nie zuvor in Ihrem ganzen Leben waren Sie ruhiger oder zentrierter oder mehr in Berührung mit allen Fähigkeiten Ihres Körpers / Geistes.

Sie *wissen*. Wissen was? Das ist eine irrelevante Frage. Das ist eine alte, beschissene Frage von einem alten Trapez aus dem Tonal. Sie *wissen* einfach. (Ich habe Ihnen ja gesagt, daß es schwierig zu beschreiben ist, außer Sie hätten es schon einmal erfahren.) Es fühlt sich einfach *richtig* an, es macht Sinn. Alles fällt an seinen Platz. »Natürlich, *genau* hier gehöre ich hin (obwohl Ihr logisches Gehirn Ihnen vielleicht zuschreit: verdammt noch mal, bloß weg von hier).«

Ich habe dieses Gefühl der *Richtigkeit* einige Male in meinem Leben gespürt. Ich habe es bei Mutter Teresa gespürt. Ich habe es in Belfast nach meinem Erlebnis mit der Mutter, ihrem Baby und den britischen Soldaten gespürt. Ich spüre es mit einigen meiner männlichen Freunde, bei denen ich mir selbst erlaube, die Wiesen und Höhlen unseres *natürlichen Mannes* zu erforschen. Ich spüre es mit einigen meiner Schwestern, die sich auf ihrer Reise zur Entdeckung ihrer *natürliche Frau* befinden. Und ich spüre es *immer* bei den Delphinen.

Es kam einige Male vor, daß eine Frau und ich auf dieser Wiese standen. Wir haben unsere Kleider stolz und selbstbewußt getragen. Wir haben die Macht des anderen respektiert, ebenso die Aufregung und die Furcht. Wir haben das Wissen gespürt. Wir tanzten auf dieser Wiese, zuerst zaghaft, jeder tanzte seinen bzw. ihren Tanz, angefüllt mit Bewegungen, Tönen und Ritualen unserer eigenen Einzigartigkeit. Dann verschmolzen wir langsam – dabei verloren wir niemals den Augenkontakt, verloren auch niemals unsere Zentren. *Ki*, Lebens-Kraft, fließt in *Ai*, Harmonie, auf einem geteilten *Do*, Weg der spiralen Aufwärtsbewegung. Paravatis Feuer. Ich habe den Tanz von Yang und Yin mit einem weiblichen Krieger des Herzens getanzt, und es hat meinen männlichen Krieger des Herzens inniger mit meinem natürlichen Mann verschmolzen. Es half mir, mich daran zu erinnern, was für ein unglaubliches Geheimnis mein Leben darstellt. Und es war Ärger, *Sorbas Ärger.*

Übung: Ihr Partner als Krieger

Erinnern Sie sich an Ihre Zeichnung Ihres eigenen Krieger des Herzens. Zeichnen Sie auch Ihre geliebte Person in ihrer / seiner Kriegerausrüstung in das Bild auf der nächsten Seite. Aber zuerst ein Vorschlag:

A.   Machen Sie zwei Kopien von der Seite, *bevor* Sie Ihren Partner in seiner oder ihrer Kriegerausrüstung zeichnen.

Dann machen Sie eine Zeichnung, wie Sie sich ihn/sie in Verbindung mit ihrer Herzenskriegernatur vorstellen (selbst wenn Sie sie Ihrer Meinung nach nie in Berührung damit gesehen haben).

Anschließend geben Sie die beiden leeren Kopien Ihrem Partner und bitten Sie ihn/sie, eine Zeichnung von sich selbst und auch von Ihnen als Krieger zu machen. Sie müssen Ihrem Partner das genaue Vorgehen natürlich erklären.

oder

B.   Kaufen Sie Ihrem Partner ein Exemplar dieses Buches, damit er/sie die früheren Abschnitte über den konzeptionellen Rahmen lesen kann und seine/ihre Zeichnungen vor demselben Hintergrund wie Sie machen kann.

Ob Sie nun A. oder B. wählen, der Sinn dahinter ist natürlich, daß Sie und Ihr Partner sich hinsetzen und alle vier Zeichnungen, wenn sie fertig sind, miteinander teilen. Vergewissern Sie sich, daß Sie sich auch genügend Zeit zugestehen und daß Sie gemeinsam eine Sicherheitszone geschaffen haben, in der das Teilen stattfinden kann. Dann *hören* Sie einander *zu*, mit Respekt und mit einem Gefühl für das Wunder, das immer dann geschieht, wenn man sich in der Gegenwart eines Kriegerkollegen befindet, mit dem man die Geschenke aus dem Nagual teilt.

Ein Wort der Warnung: Machen Sie bitte keine Religion daraus. Nur weil der Partner auf dieses spezielle Bild des Kriegers des Herzens nicht reagiert oder nur weil sie/er diese Übung nicht tun will (oder irgendeine andere), bedeutet das nicht, daß er/sie nicht der richtige Partner für Sie ist. Stecken Sie die Menschen nicht in Schubladen! Es gibt viele Krieger des Herzens da draußen, die einfach andere Definitionen benützen, andere Bilder und Metaphern, um sich selbst zu beschreiben.

ACHTUNG: Wenn Sie im Moment keine Beziehung haben, dann zeichnen Sie Ihre Vorstellung der anderen Person, mit der Sie *gern* »auf der Wiese tanzen« würden.

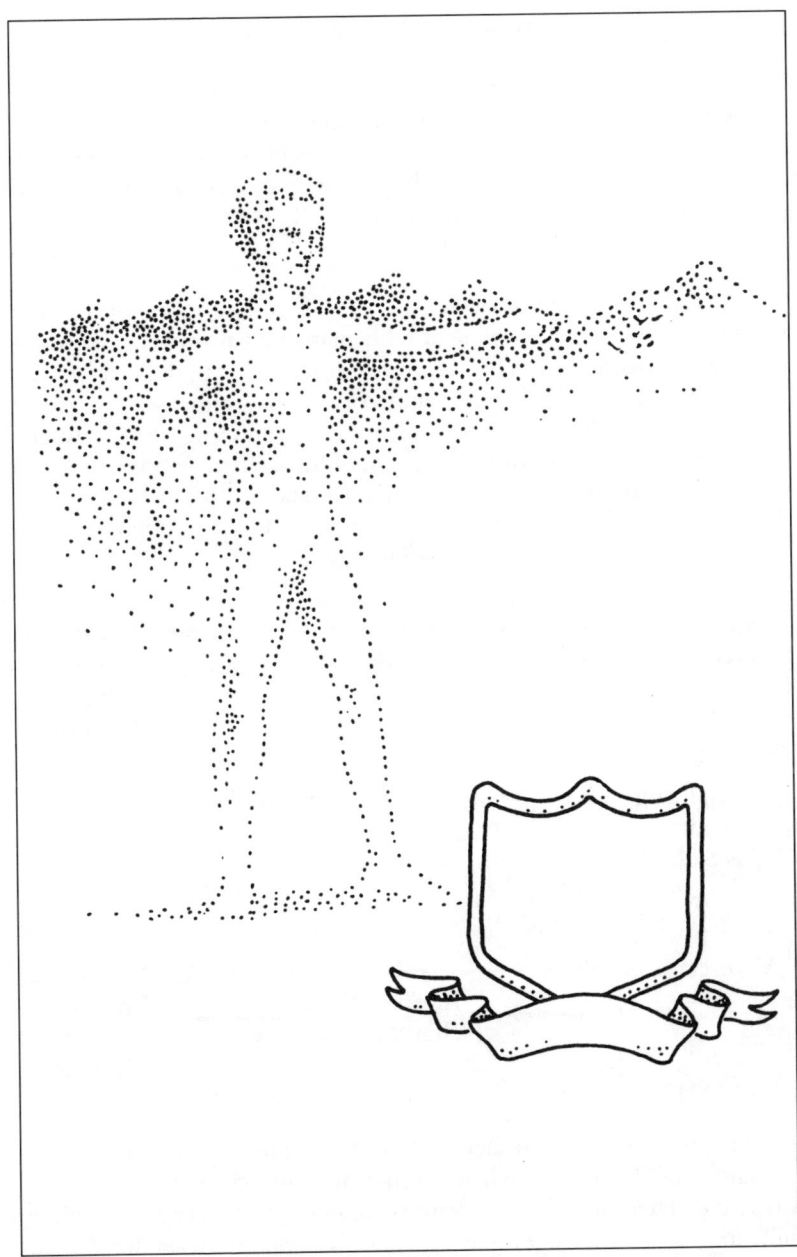

Aufwerten unserer Beziehungen

In meinem eigenen Leben bin ich mir schmerzlich bewußt, wie schwierig es ist, ausdauernd und länger als nur eine kurze Zeitspanne als Krieger zu leben. Die bekannte Alltags-Schufterei fängt wieder an und ich lasse meine Kriegerkleidung scheinbar schäbig und abgetragen werden. Ich ziehe den Mantel der Mittelmäßigkeit an, von dem meine Kultur sagt, »es sei wie es eben sei«. Und ich schließe *Kompromisse*.

Das Wort *Kompromiß* wird dieser Tage häufig benutzt. »Wir müssen lernen, Kompromisse zu schließen«, sagt man. Scheiße. Kompromisse haben wir seit Jahrhunderten geschlossen und dabei hat keiner gewonnen. Das Webster Fremdwörterbuch definiert *Kompromiß* wie folgt: »eine Einigung, bei der beide Seiten einige Forderungen aufgeben oder Konzessionen machen.« Die nächste Definition davon im Webster lautet: »ein Offenlegen der Gefahr, des Verdachtes oder der Verrufenheit.« Ich denke, die letztere sollte eigentlich die erste Definition sein, besonders in Beziehungen.

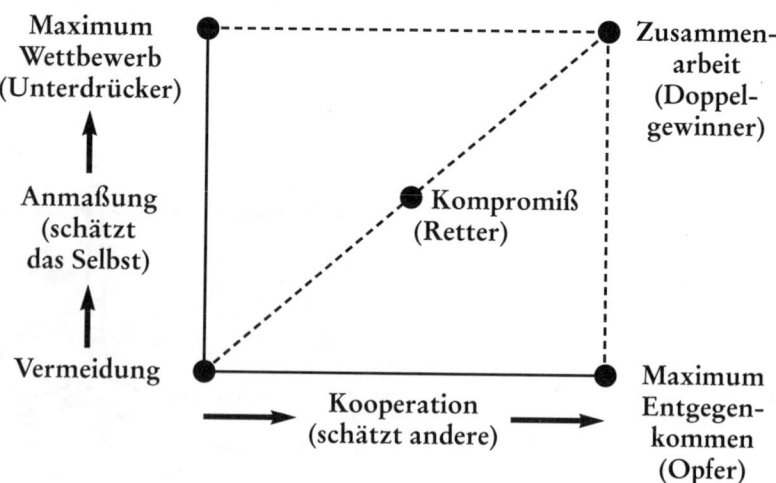

Bei meiner Arbeit in der Konfliktlösung benütze ich häufig dieses einfache Diagramm. Ich wünschte mir nur, ich würde es öfter in meinen eigenen Beziehungen benützen. Diese graphische Darstellung hilft uns, unser Gleichgewicht zu identifizieren, zwischen der Zusam-

menarbeit mit anderen und unseren eigenen Wünschen und Bedürfnissen. Ich sehe es auch gern auf eine andere Art: daß es uns nämlich
bei der Erkenntnis hilft, wie sehr wir andere schätzen und wie sehr
wir uns selbst schätzen.

Achten Sie in der Graphik auf den Punkt »Vermeidung«. Ein
Mensch, dessen Verhalten sich an diesem Punkt befindet, ist einfach
nicht bereit, sich selbst zu behaupten, sich selbst zu schätzen. Er ist
auch nicht bereit, mit anderen zusammenzuarbeiten. Menschen, die
am Punkt »Opfer« stehen, zeigen Verhaltensweisen, die ihre Macht
verschleudern. Sie sind durchaus bereit, mit anderen zusammenzuarbeiten, sind aber nicht bereit, sich selbst zu behaupten. Sie weigern
sich, für sich selbst einzustehen. Das Gegenteil zum Opfer ist der
»Unterdrücker«, bei dem sich die Menschen behaupten, sich aber weigern, mit anderen zusammenzuarbeiten. Mit anderen Worten, sie sind
mehr als bereit, »ihre eigene Wahrheit zu sagen«, sind aber nicht bereit,
der Wahrheit irgendeines anderen zuzuhören.

Interessant ist der Punkt »Kompromiß«. Kompromisse geschehen
dann, wenn wir uns selbst »ein wenig« behaupten und mit anderen »ein
wenig« zusammenarbeiten«. Man nennt das »fair« sein. Bis vor kurzem
lehrte ein Großteil der Literatur, daß »Kompromisse« ein gutes Ziel
seien. Schließlich, so hieß es, muß man etwas geben, um etwas zu erhalten, richtig? Also schlossen Sie Kompromisse und Ihr Kopf sagte:
»Nun gut, das ist das Beste, was ich kriegen konnte«. Und Ihr Bauch
sagt: »Wie kommt es, daß ich mich so schrecklich fühle, als ob ich
gerade meine Integrität verscherbelt hätte und sie jetzt den Bach run-
tergeht?« Es scheint so, als ob Kompromisse einfach nicht so gut
funktionieren. Mit Sicherheit nicht über längere Zeit. Alle Parteien
enden mit dem Gefühl, als ob sie nicht *wirklich* bekommen hätten,
was sie wollten.

Um wirklich einen Raum zu schaffen, wo alle gewinnen, wo
sich jeder respektiert und bestätigt fühlt, müssen wir alle den Weg der
»Zusammenarbeit« gehen. Das fordert von uns, 100 % zu geben, bereit zu sein, uns ganz zu behaupten, uns selbst zu schätzen, aber auch
kooperativ zu sein, es anderen zu erleichtern, ihren ganzen Wert zu
erreichen. Das heißt nicht, sich »niederzulassen«, den Konflikt zu
vermeiden. Es bedeutet, immer und immer wieder zurückzukommen
und zu den Quellenkonflikten vorzustoßen, die hinter dem Präsentationsproblem liegen. Nur wenn die Quellenkonflikte klar und deutlich angesprochen werden, können wir gemeinsam an einer Lösung
arbeiten, bei der »alle gewinnen«.

Wenn wir andere und uns selbst nicht schätzen, dann gibt es Null-Kooperation und Null-Behauptung (Vermeidung). Wenn wir mit anderen zusammenarbeiten, aber unsere eigenen Wünsche und Bedürfnisse nicht respektieren, fallen wir in die Anpassung oder in die Rolle des *Opfers*. Wenn wir *nur* unsere eigenen Wünsche und Bedürfnisse respektieren und uns nicht um die Wünsche und Bedürfnisse anderer scheren, enden wir mit einem reinen Wettbewerb des »schnapp sie, bevor sie dich schnappen«, oder wir landen in der Rolle des *Unterdrückers*.

Sehen Sie mal, an welcher Stelle im Diagramm der *Kompromiß* steht. Er sitzt am Schnittpunkt von »ein wenig« Zusammenarbeit und »ein wenig« Selbstbehauptung. Mit anderen Worten, jeder bekommt etwas von dem, was er will, und fast ausnahmslos geht jeder mit dem Gefühl davon, ein wenig betrogen worden zu sein. Jeder hat das Gefühl, als ob er seine Integrität dafür hergegeben hätte, um »Frieden zu halten« (gemäß der alten Definition von Frieden). Das ist ganz eindeutig keine Situation, in der alle gewinnen. Aber sie ist viel leichter; es fordert von Ihnen nicht, 100 % zu geben und zu leben.

Kompromisse sind ein Weg, Konflikte zu vermeiden. Es ist eine Methode, sich mit weniger als 100 % zu begnügen und an Ihrer *Position* festzuhalten. Es *rettet* Sie davor, mit anderen wirkliche Intimität zu erfahren.

Lassen Sie uns über Retter, Opfer und Unterdrücker sprechen. Wenn Sie sich mit der Transaktionspsychologie beschäftigt haben, sind Sie wahrscheinlich dem U-R-O Dreieck begegnet, über das wir vorher gesprochen haben. Hier ist es:

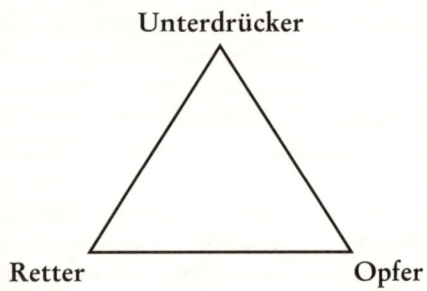

Dieses »Beziehungsdreieck« stellt die drei Rollen dar, in denen wir in einer nicht-funktionierenden Beziehung feststecken. Zu einem beliebigen Zeitpunkt in dem sich entwickelnden Drama Ihrer Beziehung finden Sie sich möglicherweise in der Rolle des *Unterdrückers* wieder, dem dominanten, schlechten Kerl, der die ganze Macht hat (aber nicht wirklich) und sie dazu benützt, seinen / ihren Partner zu unterdrücken. Zu einem anderen Zeitpunkt sind Sie vielleicht das *Opfer*, der machtlose (aber nicht wirklich) Unterdrückte, der dem Tyrannen »nachgibt«. Wieder zu einem anderen Zeitpunkt werden Sie vielleicht zum *Retter*, der das Opfer rettet (Ihren Partner oder sich selbst – wer auch immer in diesem Moment das Opfer spielt). Der Retter hält den Unterdrücker und das Opfer davon ab, sich wirklich miteinander auseinanderzusetzen. Der Retter versucht, die Sache »nett« und »sicher« zu halten (alte Definition). Der Retter garantiert das *Kompromiß*-Ergebnis, bei dem keiner gewinnt.

Dieses Spiel kann man auch anders spielen. Man nennt das *Zusammenarbeit*. Hinter dieser Zusammenarbeit steckt eine machtvolle Idee, die nicht nur helfen kann, eine Situation zu schaffen, bei der alle gewinnen. Diese Idee kann Sie auf dem ganzen Weg zum Krieger des Herzens vorwärtsbewegen, auf Ihrer Reise des Erweckens von Unterdrücker, Opfer oder Retter.

Das Wörterbuch beschreibt »Zusammenarbeit« als: »die Kunst, gemeinsam zu arbeiten.« In dem Diagramm können sie sehen, daß Zusammenarbeit sowohl ein Maximum an Selbstbehauptung *wie auch* ein Maximum an gemeinsamem Arbeiten erfordert. Mit anderen Worten fordert es von Ihnen, daß Sie sich selbst 100 %ig respektieren und auch, daß Sie andere 100 %ig respektieren. Wie kann das sein? Es *kann* sein, weil unsere Realität *kein* geschlossenes System ist. Es ist ein offenes System, in dem ich Ihnen 100 % geben kann und dann immer noch 100 % habe, die ich mir selbst geben kann.

Zusammenarbeit heißt für Sie sicherzustellen, daß *jeder gewinnt*, und daß Sie sich nicht mit weniger begnügen. Zusammenarbeit bedeutet, daß Sie weder sich, noch die andere Person für zu wenig verkaufen. Sie zeigen Ausdauer, Sie kommunizieren weiter und erforschen Alternativen. Sie lauschen weiter auf die wirklichen *Quellenkonflikte* hinter den *Präsentationsproblemen*, denn auf der Ebene der »Quellenkonfliktlösung« geschieht wahre *Zusammenarbeit*.

Kompromiß heißt Problemlösung auf der Ebene der *Präsentationsprobleme,* und darum hat auch keiner das Gefühl, das bekommen zu haben, was er wollte. Das haben sie natürlich auch nicht. Jeder von uns weiß intuitiv, daß die Lösung von oberflächlichen Präsentationsproblemen nicht das ist, was wir wirklich wollen. Obwohl wir diese umständlichen Vertuschungen auf uns nehmen, betet jeder von

uns innerlich, daß sich einer genügend sorgt, um die Bandagen abzu-
reißen und zu sehen, wer wir wirklich sind. Ich verspreche Ihnen,
daß Beziehungen, *wirkliche* Beziehungen, Ihre Bandagen abreißen.
Oder vielleicht sollte ich sagen: sie *abbrennen.* Erinnern Sie sich an
Paravatis Feuer?

Ich freue mich an der Tatsache, daß die zweite Definition im Webster für *Zusammenarbeit*, gleich nach »gemeinsam arbeiten«, lautet:
»mit dem Feind zusammenarbeiten«. Das ist perfekt. Sie werden wissen, wovon ich spreche, wenn Sie das Kapitel mit dem Titel »Die
Politik des Herzens« lesen.

Denken Sie über den Satz »mit dem Feind zusammenarbeiten«
in Ihrer gegenwärtigen Liebesbeziehung nach. Wenn ich in meiner
Liebesbeziehung an den Punkt komme, wo ich in Mittelmäßigkeit er-
trinke, wo ich meinen Kriegergeist nirgends mehr finden kann, neige
ich dazu, meiner Partnerin die Rolle des Feindes zuzuweisen. (Schließlich ist es ihr Fehler, daß ich einen Kompromiß geschlossen habe,
nicht wahr? Ich habe mich mit weniger begnügt, um Frieden zu halten, und sie kann verdammt noch mal dankbar dafür sein. Oh ja?)

Es ist für mich Zeit, mich auf den Weg zur *Zusammenarbeit*
zu machen. Für Sorbas, den Griechen, ist es Zeit, von »der Waschmaschine herunterzusteigen und hinüberzugehen und sich neben die
Dame im Waschsalon zu setzen«, die zufälligerweise meine geliebte
Person ist.

Es ist Zeit, mit meiner geliebten Person eine Sicherheitszone zu
schaffen, damit wir erforschen können, was genau 100 % für jeden von
uns bedeutet. Für jeden wird es etwas Anderes bedeuten, vielleicht
aber auch etwas Ähnliches. Es ist Zeit, zuzuhören und zu atmen. Es
ist Zeit, meine *Position* loszulassen, die mich an meine *Präsentationsprobleme* gekettet hält, damit *wir* gemeinsam die *Quellenkonflikte* in
unserer Beziehung angreifen können. Wir brauchen ein Maximum an
Selbstbehauptung, verbunden mit einem Maximum an Zusammenarbeit, wir müssen uns selbst maximal respektieren und auch den
Partner maximal respektieren – nicht weniger. Wir brauchen die tiefe
Überzeugung, daß ich alles haben kann und Du auch. Wir müssen
uns darauf einlassen, jenseits der dummen, verletzenden Rollen und
Spiele zu gehen, wo einer gewinnen und einer verlieren muß. Wir
müssen so lange dabei bleiben, bis wir Klarheit erhalten von dem,
was ich *wirklich* will und dem, was sie *wirklich* will. Das ist ein Ort,
an dem beide gewinnen können. Das ist Zusammenarbeit; das ist Zusammenarbeit mit dem »Feind«.

Wenn wir *diesen* Punkt der Klarheit erreichen, ist es nur zu offensichtlich, daß der einzige »Feind« sich in unserem eigenen dunklen Schatten befindet, den wir hinaus auf unsere geliebte Person projiziert haben – wahrscheinlich um uns selbst getrennt davon und »sicher« zu halten, denn Intimität ist erschreckend. Aber am Punkt der *Zusammenarbeit* steht der Krieger des Herzens Auge in Auge mit dem Krieger des Herzens auf der Wiese, zwischen den Trapezen. Intimität wird eine Art zu leben.

Loslassen

Auf dem Weg des Kriegers ist der vielleicht schwierigste Schritt in den Beziehungen der, wenn eine Person zugeben muß, daß ihre gegenwärtige Liebesbeziehung ein altes Trapez ist. Zuerst sind da zwei Fallstricke, die absolute Bewußtheit erfordern. Der eine Fallstrick ist der »das Gras ist immer grüner«-Fallstrick. Ja, es kommt mitunter vor, wenn die alten Spiele und Rollen tief in einer Beziehung verwurzelt sind, wenn das Leben dieser Beziehung durch seine Mittelmäßigkeit ertränkt wurde, daß Zusammenarbeit nicht möglich ist und man seinen Halt an diesem Trapez loslassen und weitergehen muß. Aber oft wird die »Flucht« als Entschuldigung benutzt, seinem eigenen Schatten nicht ins Gesicht sehen zu müssen. Das Heilen und Aufwerten unserer Beziehungen ist eine Aufgabe für jeden Krieger des Herzens (ungeachtet dessen, ob wir bleiben oder gehen).

Wenn wir gehen, wenn »das Leben wählen« bedeutet, diese alte Beziehung loszulassen, dann ist der zweite Fallstrick, daß wir zu früh ein anderes Trapez ergreifen. In unserer Einsamkeit, in unserem Bedürfnis, zu heilen und getröstet zu werden, greifen wir oft nach dem ersten Trapez, das vorbeischwingt. Oder wir schaffen sogar ein neues, bevor wir das alte losgelassen haben.

Erinnern Sie sich an diesen Zwischenraum, draußen im Unbekannten. Das ist ein machtvoller Ort des Wachstums und der Veränderung und er muß ganz erfahren werden, wenn wir wirklich wachsen sollen. Sonst greifen wir einfach nach dem gleichen, alten Trapez – nur, daß es neu gestrichen ist.

VI
Nach draußen reichen

*»Du kannst von mir sagen, ich sei ein Träumer,
aber ich bin nicht der Einzige.«*
John Lennon

KAPITEL 22

Die Politik des Herzens

Diese Ganzheit, das Eins-Sein
offen zu sein und andere hereinzulassen
von meiner Sklaverei befreit
John

Es ist Zeit, radikal zu werden. Wenn Sie sich den Lauf der menschlichen Geschichte ansehen, finden Sie bei demselben alten Thema kaum Fortschritte. Unsere Beziehungssysteme sind so gut wie unverändert mit nur geringen Verbesserungen. Wenn es Ihnen genügend am Herzen liegt, hinter die Blasiertheit und die Anpassung der letzten 1000 Jahren zu schauen, so werden Sie bemerken, daß die meisten Menschen auf diesem Planeten immer noch aus einer Position des Mißtrauens heraus miteinander umgehen, aus einer Position des Mangels und der Entfremdung, die das finstere Mittelalter geprägt haben.

Lassen Sie uns einmal *wahre* Veränderung betrachten. Lassen Sie uns den Mumm haben, etwas *wirklich* Neues zu versuchen, anstatt ein irreparables System des Spiele-spielens, dem man einen natürlichen Tod erlauben sollte, immer neu zu bandagieren.

Dieses neue Etwas nennt man die »Politik des Herzens«. Ich wähle den Ausdruck *Politik*, weil Politik mit Macht und Menschen und Veränderung zu tun hat. Ein Krieger des Herzens muß damit arbeiten und er muß es mit Integrität tun.

Hier sind die Richtlinien für eine Politik des Herzens:
1. Geben Sie Ihre Geheimnisse preis.
2. Laden Sie den Feind in Ihr Lager ein.
3. Finden Sie heraus, was Ihr Feind braucht, und geben Sie es ihm / ihr / ihnen.
4. Finden Sie heraus, was Sie brauchen, und verlangen Sie es von Ihrem Feind.
5. Finden Sie heraus, was Ihr Planet braucht.

Ich benutze in diesen Richtlinien mit Absicht das starke Wort *Feind*. Schauen Sie einmal hinter Ihr Ego-Ich, das Sie von sich selbst haben. Wahrscheinlich werden Sie herausfinden, daß Sie *Feind-Energie* gegen mindestens eine Person gerichtet haben, vielleicht gegen eine ganze Gruppe von Menschen.

> *»Es macht Spaß, das Unmögliche zu tun.«*
> Walt Disney

Klingt das verrückt? Können Sie sich vorstellen, daß Regierungen das tun? Ich wette, Ihnen fallen ein Dutzend gute Gründe ein, warum das nicht funktionieren wird. Können Sie sich vorstellen, daß *Sie selbst* das tun? Vielleicht fallen Ihnen zwei Dutzend Gründe ein, warum das nicht passieren wird. Ich glaube jedoch nicht, daß irgend jemand es jemals wirklich versucht hat, also wie können wir es dann wissen?

Wieviel davon *könnte* denn funktionieren? Wenn Sie sich jede dieser fünf Richtlinien ansehen: wie weit könnten Sie denn bei jeder von ihnen gehen?

Um das zu beantworten, müssen Sie zuerst folgendes tun:

1. Identifizieren Sie Ihre Geheimnisse.
2. Identifizieren Sie Ihren »Feind«.
3. Identifizieren Sie Ihr *Lager* (was schützen Sie?).
4. Identifizieren Sie Ihre Bedürfnisse (nicht speziell in Bezug auf Ihren Feind; was brauchen Sie, um sich ganz allgemein besser zu fühlen?).
5. Denken Sie über die größeren Bedürfnisse nach. Was ist für das Ganze am besten?

All das muß getan werden, bevor Sie damit beginnen können, irgendeine der Richtlinien zu verwirklichen. Selbst wenn Sie nie über diesen Schritt hinauskommen, haben Sie ein wunderbares Bewußtsein in Ihrem Leben geschaffen. Dann entdecken Sie vielleicht auch, daß das Verwirklichen einiger der Richtlinien einfacher und sicherer ist, als Sie dachten.

Auch sollten Sie sich jedesmal, wenn Sie darüber nachdenken, etwas zu verändern – selbst wenn es nur die »Positionen« sind, die Sie und jemand anders voneinander annehmen – die Frage stellen: Wie beeinflußt dies das Ganze, die größere Familie, die Erde? Werden sowohl die Bedürfnisse des Ganzen als auch meine/unsere persönlichen Bedürfnisse gestillt?

Ich wähle hier das Wort »Planet«, um Aufmerksamkeit auf die typischerweise nicht beachteten Bedürfnisse unseres »Heimes« zu ziehen, das selbst ein lebendiges, denkendes Wesen ist und sich mit den Lebewesen auf seiner Oberfläche weiterentwickelt. Stellen Sie sich vor, Sie bringen diese Dimension des »planetarischen Guten« jedesmal mit ein, wenn Sie eine Entscheidung treffen. Als Antwort auf diese umfassendere Fragestellung werden Sie häufig herausfinden, daß »das Ganze von dieser bestimmten Entscheidung nicht betroffen ist«. Aber Sie haben trotzdem das Ganze anerkannt, und das ist das »Doppelgewinner«-Bewußtsein.

Übung: IHRE Politik des Herzens

WIRKLICHE VERÄNDERUNG IN IHREM LEBEN SCHAFFEN

Zum Teufel, lassen Sie es uns versuchen, und zwar jetzt. Versuchen Sie es hier in diesem Buch, und reißen Sie dann die Seite heraus. Kleben Sie sie in Ihren Terminkalender oder in Ihr Tagebuch oder eine Woche lang an den Badezimmerspiegel.

1. Was sind meine Geheimnisse (diejenigen, die ich niemanden erzähle)?

2. Wer ist mein »Feind«? (Rationalisieren Sie das nicht weg.)

3. Wo ist mein Lager?

4. Was brauche *ich*?

5. Was braucht »mein Feind«?
(Ich schreibe das auf, von dem ich intuitiv vermute, daß
er/sie es braucht. Ich muß das mit ihm/ihr/ihnen abprü-
fen).

6. Wie beeinflussen die obigen Punkte das größere Gute, die
Bedürfnisse der Erde und all ihrer Kreaturen?

7. Okay, was ist mein nächster Schritt nach all dem? (Hand-
lungsschritt)

»Ihr habt gehört, daß gesagt ist:
›Du sollst deinen Nächsten lieben, und deinen Feind hassen‹.
Ich aber sage euch:
›Liebt eure Feinde und bittet für die, die euch verfolgen ...‹«
Die Worte Jesu aus Matthäus 5:43

KAPITEL 23

Eine Vision der Liebe

*»Gibt es keine Vision der Liebe,
die uns verbindet?«*
John Denver

Ich empfinde es als Segen, daß ich auf einem Gebiet arbeiten darf, das mir erlaubt, die gewaltigen, positiven Veränderungen, die auf unserem Planeten geschehen, zu sehen. Ich stehe nicht nur in einem engen Netzwerkkontakt zu Hunderten von Gruppen mit Hunderten von effektiven Programmen zum globalen Verstehen, sondern ich besuche auch jede Ecke des Globus. An *jedem* Ort, an den ich gehe, gibt es eine große Anzahl Menschen, die fleißig und fröhlich an einer besseren Welt für uns alle arbeiten. Es *geschieht.* Über das Meiste lesen Sie nichts und sehen es auch nicht im Fernsehen, weil der Großteil der Medien noch nicht über das Bedürfnis nach Sensationellem hinausgewachsen ist, und weil die Natur dieses positiven Veränderungsprozesses notwendigerweise »Wurzelarbeit« ist, erdnah, Mund zu Mund – von »normalen Menschen« gemacht und nicht von großen Tieren. Die große Stärke und Unverwüstlichkeit dieses Veränderungsprozesses liegt in seiner verstreuten, dezentralisierten Struktur. Die tiefreichende, globale Welle an positiver Veränderung ist ein Hologramm, keine Pyramide. In einem Hologramm ist jeder Punkt die Mitte. Die alte Pyramidenmachtstruktur kann das neue Machtmodell, in dem jeder Mensch die Mitte ist, nicht zerstören.

Aus meiner praktischen Erfahrung mit dieser globalen Veränderung kommt meine Vision der Liebe. Es ist eine praktische Vision aus dem wirklichen Leben, und sie geschieht bereits. Das ist keine Wolkenkuckucksheimphantasie von einem Planeten weißgekleideter Lichtwesen, die auf die Erde kommen, um uns zu retten, und uns zu dem großen Whirlpool im Himmel mitnehmen. Dies ist eine Vision von wirklichen Menschen, die ihr Eins-sein durch ihre Unterschiede erfahren.

Meine Vision wurde vor einigen Jahren an einem verregneten Morgen in Tscherkassy in der Ukraine (UdSSR) geboren. Ich hatte eine Gruppe amerikanischer Kinder in die Sowjetunion gebracht, damit sie dort russischen, georgischen und ukrainischen Kindern begegnen konnten.

An diesem verregneten Morgen befanden wir uns alle im Hinterhof einer Grundschule in Tscherkassy, nahe dem Fluß Dnjepr, der in das Schwarze Meer fließt. Die ukrainischen Kinder und die amerikanischen Kinder pflanzten zusammen einige Bäume. Der Schullehrer hatte das organisiert als Symbol der Bindung unserer beider Kulturen.

Meine Aufmerksamkeit wurde von einem bestimmten Grabeteam angezogen. Es waren die 13jährige Rosie Cole aus Bodega (Kalifornien) und Natasha, ein 13jähriges ukrainisches Mädchen mit blonden Haaren, die ihr bis zur Hüfte reichten. Sie gruben ein Loch, um eine Birke zu pflanzen – eine »beriozka«, das ukrainische Symbol für Frieden. Rosie und Natasha lachten und rutschten durch den Schlamm, kabbelten miteinander und warfen sich gegenseitig Dreck auf die Schuhe. Dann lachten sie wieder. Sie taten alles, außer ein Loch zu graben, und es war herrlich.

Plötzlich steckten beide ihre Schaufeln in den Boden und schaufelten gemeinsam einen Klumpen Erde heraus, ihre Schaufeln berührten sich. Als sie gemeinsam diese sich treffenden Schaufeln voller Erde hoben, sahen sie auf, und ihre Blicke trafen sich. Es war ein Augenblick, an dem die Erde anhielt.

Ich stand da und beobachtete mit Ehrfurcht, wie sie ihre Blicke ineinander gesenkt hielten. Rosie und Natasha sahen einander. Und die Welt war geheilt. Ich stellte mir vor, wie in diesem Augenblick dieses Kind aus Amerika und dieses Kind aus der UdSSR still zueinander sagten: »Ich kenne dich. Du bist meine Schwester, nicht mein Feind. Und niemand, keine Regierung, NIEMAND *wird mich dies je vergessen lassen. Wir werden einen Weg finden, diese Welt – gemeinsam – zu heilen.«*

Sie sind Rosie. Und da draußen gibt es eine Natasha, die Sie noch nicht gesehen hat, die noch nicht in Ihre Augen geblickt hat und so Ihre beiden Welten heilte. Vielleicht ist ihr Name nicht Natasha, vielleicht ist ihr Name Carlos oder Abdul oder Na-Dang.

Geben Sie Ihr Geschenk

Kennen Sie das Konzept des »Trimmruders«? Auf jedem Schiff gibt es doch ein Ruder, richtig? Auf großen Schiffen bedarf es eines sehr großen Ruders, damit man das Schiff in die richtige Richtung steuern kann. Um dieses große Ruder zu bewegen, braucht man eine Menge Kraft – Ketten, Rollen, Motor und Servomechanismen. Sie allein könnten dieses massive Ruder nicht von der Stelle rühren ohne gewaltige Systeme, die Ihnen helfen.

Aber jedes große Schiff hat an seinem Ruder zusätzlich ein Trimmruder. Das Trimmruder ist ein kleines Stück Metall, das auf der Rückseite des Ruders befestigt ist. Es gleicht die Fluktuationen im Kurs des Schiffes aus. Wenn das Trimmruder nicht richtig eingestellt ist, wandert das Schiff hin und her und ab vom Kurs. Weil es so klein ist und weil es an der richtigen Stelle am Ruder befestigt ist, um maximale Wirkung zu zeitigen, braucht es nur *sehr* wenig Kraft, um es zu bewegen. Sie, ein Mensch, könnten es ganz allein tun. Sie benötigen keine großartigen Systeme, die es für Sie tun.

Jeder von uns hat ein »Trimmruder«. Jeder von uns hat ein Geschenk zu geben, unser persönliches »Trimmruder«, um unserem Schiff (Raumschiff Erde) zu helfen, »auf Kurs« zu kommen. Wenn Sie es benützen wollen, müssen Sie nicht um Erlaubnis fragen. Sie müssen nicht »ihre« Zustimmung erhalten, um es zu benutzen. Sie sind vielmehr der Einzige, der es benutzen *kann*, und *wir brauchen Sie. Sie müssen es benutzen! Jetzt!*

Wie sieht Ihr Trimmruder aus? Sind Sie Masseuse? Nutzen Sie dieses Geschenk, um die Welt zu heilen. Lassen Sie die »Sicherheit« los und finden Sie einen Weg, den schwangeren Bauch einer Frau in Leningrad zu massieren. Gehen Sie nach West Virginia und reiben Sie die Füße eines alten, schwarzen Mannes, und sagen Sie nicht: »Ich bin hier, um Sie zu heilen«, sagen Sie vielmehr: »Lassen Sie mich zu Ihren Füßen sitzen, Großvater, und sie Ihnen reiben, während Sie mir beibringen, was ich lernen muß.«

Sind Sie Buchhalter, Graphiker, Computeroperator oder Programmierer? Steigen Sie von Ihrer Waschmaschine herunter und arbeiten Sie für Amnesty International oder bei einer Obdachlosenspeisung oder einem örtlichen Drogenrehabilitationszentrum oder einem Krankenhaus oder irgendeiner der vielen Organisationen in Ihrer Gegend, die etwas *tun*. Helfen Sie ihnen, effektiver und liebevoller zu sein. Tun Sie das nicht für immer, nur für kurze Zeit. Gehen Sie hin und machen Sie mit den Mitteln, die Sie haben, einen Unterschied. Lassen Sie sich dadurch verändern. Dann kommen Sie zurück und tun es dort, wo Sie Ihre Wurzeln haben (in Ihrer Nachbarschaft und Familie), und verwandeln Sie auch dieses Umfeld. *Seien* Sie die

Vision der Liebe. Sie tun dies, indem Sie das teilen, was genau vor Ihnen liegt. Das Teilen, der Mut, Ihre Grenzen zu öffnen und andere einzuladen, ihre Grenzen auch zu öffnen, werden die Welt heilen. Es sind die Mittel, die zählen, nicht die Ziele.

Ich werde immer gefragt: »Wie?« »Wie kann ich das tun? Ich weiß ja nicht einmal, wo ich anfangen soll.« Hören Sie auf, diese machtlose, hemmende Frage zu stellen. Nehmen Sie Ihre eigene Macht in Besitz; ändern Sie diese Vision und machen Sie sie zu *Ihrer* Vision der Liebe. Fangen Sie an, Menschen von Ihrem Traum zu erzählen. Fangen Sie an, nach offenen Türen zu schauen, nach relevanten Organisationen, nach Hinweisen. Fangen Sie an, sich selbst dem »Ärger« zu öffnen. Der Weg wird Ihnen gezeigt, wenn *Sie* zeigen, daß Sie es damit ernst meinen, das zu leben, was Sie sagen.

Meine Vision der Liebe ist eine Welt voller Menschen, die einfach Ihre Geschenke miteinander teilen. Es ist eine Vision von 10.000 Menschen, die nach Washington D. C. marschieren, nicht um die Regierung zu bitten, die Steuern zu senken oder um von irgendetwas mehr zu fordern, sondern um Bäume zu pflanzen. 500.000 Bäume, um der erstickten Stadtmitte ihre Lungen zurückzugeben. Während wir den Beton eines stillgelegten Parkplatzes oder eines alten Kaufhauses aufreißen, schauen wir in die Augen unserer Mitgrabenden, und es sind die Augen eines vietnamesischen Vietkong-Veteranen aus Da Nang und die Augen eines Palästinensers aus Beirut und die Augen eines Jungen aus einem Ghetto in Washington. Unsere Schaufeln reiben aneinander, und wir lachen und werfen uns gegenseitig Dreck auf die Schuhe. Ich habe bereits den ersten Schritt in Richtung auf meine eigene Vision der Liebe getan. Er heißt PeaceTrees Indien, PeaceTrees Costa Rica und seit kurzem Urban PeaceTrees USA.

Übung:

Was ist *Ihre* Vision der Liebe? Was ist *Ihr* Trimmruder? Schreiben Sie es jetzt auf, bevor Ihr Kopf diese Vision auseinanderreißt und Ihnen zwanzig Gründe nennt, warum sie nicht funktionieren kann...

Meine Vision der Liebe ist:

Mein Trimmruder ist:

Urban PeaceTrees – Friedensbäume in Städten

Dies ist nun ein Projekt, an dem wir uns alle beteiligen können. Das ist mein nächster Schritt in meiner »Vision der Liebe«. Es ist ein Schritt, den ich jetzt mit den Mitteln, die ich habe, tun kann. Es ist mein »Trimmruder« bei der Arbeit.

Das Earthsteward Netzwerk bringt Gruppen junger Menschen aus Indien, Costa Rica, den USA, der UdSSR und aus Nordirland zusammen. Als Team helfen sie den Menschen unserer geplagtesten, zubetonierten Städte. Sie bringen die Bäume zurück, pflanzen das Leben und die Lungen ihrer Städte neu und schaffen schöne, blühende Parkanlagen auf verlassenen Geröllhalden und auf ehemaligen Parkplätzen.
Stellen Sie sich das bildlich vor – ein sowjetisches Kind aus Estland, ein indisches Kind aus Tamil Nadhu, ein Kind aus Costa Rica

vom Stamm der Bre-bre in der Karibik, ein nordirisches Kind aus Belfast und ein Jugendlicher aus dem Zentrum von Washington D.C. Der Jugendliche aus Washington leitet das Aufreißen eines Stückes Asphalt. Neben ihm ein Haufen Kompost. Auf der Ladefläche eines Lastwagens liegt der junge Baum, den das Team in diesem freigelegten Stück von Mutter Erde pflanzen wird. Während sie zusammen arbeiten, gemeinsam in Schweiß und Schmutz geraten, entdecken sie, wie sehr sie sich ähneln, wie sehr dieser, unser Planet, von ihnen allen abhängig ist, und daß ihre neue Freundschaft die Hoffnung darstellt auf eine bessere Welt für uns alle.

Helfen Sie uns, diesen knospenden Gandhis, Kings und Mutter Teresas Macht zu geben. Wir haben nachweislich Erfahrung, wir haben die Aufmerksamkeit und den Respekt aller beteiligten Regierungen, und wir haben die Vision und den Willen, *Urban Peace-Trees* mit Auszeichnung abzuschließen. Alles, was wir brauchen, sind Sie.

Was will **Urban PeaceTrees** erreichen?

- Wir wollen junge Menschen der verschiedensten Kulturen, von denen viele miteinander in Konflikt liegen, zusammenbringen. Sie sollen voneinander und von der Erde lernen, daß wir eine menschliche Familie sind.

- Wir wollen ihnen beibringen, die neuen Führer einer friedlicheren, kooperativeren Welt zu sein. Viele der Kinder, die wir auswählen, werden möglicherweise aufgrund der Gegend, aus der sie stammen, vom Verbrechen angezogen. Bei uns werden sie die ihnen eigene Macht spüren, die Gesellschaft sowie ihr eigenes Leben auf *positive* Weise zu beeinflussen.

- Wir wollen den Wald in die Stadt zurückbringen. Umweltexperten meinen, daß kein Umweltschutzprogramm die Stagnation der mit Beton und Asphalt zugebauten Städte umkehren kann, wenn wir der Stadt nicht auch ihre »Lunge«, die Bäume, zurückgeben. Wie angemessen ist es doch, daß die Jugend der Stadt gemeinsam mit der Jugend der Welt ihrer Stadt wieder zu ihrer Fähigkeit, zu atmen, verhilft und unserem Planeten seine Fähigkeit wiedergibt, den Treibhauseffekt umzukehren.

- Wir schaffen ein Modell der Hoffnung und der Möglichkeiten für die Bewohner der niedergedrückten Städte. Das wird ein Strahl an guten Neuigkeiten in einer Welt der schlechten Neuigkeiten und der Verzweiflung.

- Wir wollen, daß *Menschen Menschen* helfen, sich selbst zu *helfen*. Das ist keine weitere »großer-Vati-hilf-uns« Masche. Da gibt es keine »Experten«, die den Menschen erzählen, was mit ihnen nicht stimmt. Es gibt nur Sie und mich und viele, viele andere gewöhnliche Menschen – und wir machen die Welt wieder funktionstüchtig.

Peace Trees

Wenn Sie einen Friedensbaum spenden möchten, damit ihn Kinder einpflanzen, füllen Sie bitte das folgende Formblatt aus. Wir senden Ihnen dann eine Karte, der Sie entnehmen können, wo Ihr Baum wächst. Denken Sie daran: jeder Pfennig Ihrer steuerlich absetzbaren Spende geht an Kinder, um Bäume zu pflanzen.

PeaceTrees in Städten

Meine Name _____

Straße _____

Stadt _____

Land _____

Telefonnummer _____

- Ich möchte einen Baum spenden, um diesen jungen Menschen zu helfen, Friedensbäume in den Städten zu pflanzen. Planzen Sie diesen Baum unter folgendem Namen:

_____ .

Ich lege 50 $ bei.

- Ich möchte eine Gruppe von fünf Bäumen spenden. Pflanzen Sie diese Bäume bitte unter folgendem Namen:

_____ .

Ich füge 200 $ bei.

- Ich möchte ein Wäldchen von 20 Bäumen gepflanzt haben. Ein kleines Schild wird in dem Wäldchen aufgestellt. Das Schild soll wie folgt graviert werden:

_____

_____

(maximal 50 Zeichen)

Einsenden an:

Earthstewards Network
P.O.Box 10697
Bainbridge Island, WA 98110, U.S.A.

KAPITEL 24

Beharrlichkeit

»Die Dicke deiner Haut wird sieben Spannen umfassen,
denn du wirst sicher sein vor Ärger,
vor Angriffen und vor Kritik. Mit endloser Geduld
wirst du deine Pflicht erfüllen
und deine Festigkeit wird gemäßigt durch die
Leidenschaft für dein Volk.
Weder Ärger noch Furcht sollen in deinem Geist
Wohnung finden und all deine Worte
und Taten werden gemäßigt durch ruhige Bedachtsamkeit.
In all deinen offiziellen Handlungen
wird dein eigenes Interesse Nebensache sein.
Du sollst auf das Wohl
des ganzen Volkes schauen und lauschen.
Behalte nicht nur die gegenwärtigen,
sondern auch die kommenden Generationen
immer im Auge – die Ungeborenen der zukünftigen Nation.«
Dekanawidah
an die Führer des Irokesen–Bündnisses

Meine Freunde, dieses Buch soll nicht mit meinen, sondern mit Ihren Worten enden. Ich nehme mir das Recht, Sie »Freund« zu nennen, da ich einen großen – manchmal unangenehmen – Teil meines Lebens auf diesen Seiten mit Ihnen geteilt habe. Sie kennen mich jetzt so gut, wie ich mich selbst kenne (in manchen Punkten vielleicht sogar besser, weil ich mir selbst zu nahe stehe, um mich wirklich zu sehen). Die Reise, die wir miteinander geteilt haben, muß mit *Ihren* Worten enden, denn nur dann war diese Reise auch Ihre Reise auf dem Weg zum Krieger.

Übung:

Nehmen Sie nun Ihre Macht in Besitz. Erforschen Sie, was Ihnen all dies bedeutet – auf Ihrem Weg als positiver Mittler der bewußten Veränderung unserer geliebten Erde. Nehmen Sie sich jetzt wertvolle Zeit, um Ihre Gedanken und Gefühle über folgende Punkte niederzuschreiben:

Ihre LEIDENSCHAFT. Erzählen Sie sich von Ihrer Leidenschaft …

Ihr TRAPEZ. An welches Trapez klammern Sie sich aus Furcht vor dem Loslassen?

Wann fühlen Sie sich »offen«? Was hilft Ihnen, sich offen zu fühlen?

Wann fühlen Sie sich mächtig?

Was tun Sie, worauf Sie stolz sind? Wie können Sie mehr davon tun? Wie können Sie es tun, damit auch die Erde auf Sie stolz ist?

Gehen Sie in sich und identifizieren Sie die fünf Elemente in Ihnen, die sie als Krieger-Geist erkennen ...

1.

2.

3.

4.

5.

Wie können Sie diese Krieger-Elemente mehr in Ihr tägliches Leben einbinden?

Wo verpflichten Sie sich als ein Krieger des Herzens zur Integrität? (Denken Sie nicht darüber nach. Schreiben Sie es einfach auf.)

Gute Reise,
meine Schwester-Kriegerin oder mein Bruder-Krieger.
Eines Tages werde ich Dich
in einem »Waschsalon des Lebens« treffen,
und wir werden einander erkennen.
Namaste.

Danaan Parry

ÜBER DANAAN PARRY

Ich traf Danaan Parry in Reston (Virginia) auf seinem dreitägigen Krieger-des-Herzens-Workshop, in dem er Konfliktlösung und Führungsfähigkeiten lehrt. Ich erkannte ihn von einem Photo, das ich gesehen hatte, und beobachtete, wie er bei seiner Ankunft die Menschen umarmte. Parry zu umarmen, so entschied ich, mußte so ähnlich sein, wie einen entkrallten Grizzlybär zu umarmen. Bei näherer Betrachtung fand ich heraus, daß seine Augen so sanft und einladend sind, daß man für ein Nickerchen hineinkriechen möchte. Er hat Sommersprossen im ganzen Gesicht und auf seiner Glatze. Parry bewegt seinen Bärenkörper katzenartig, wahrscheinlich ein Ergebnis von 12 Jahren Aikido-Training. Wenn er spricht, sind seine Gesten bestimmt, und sein herzliches Lachen scheint aus eigenem Antrieb herauszusprudeln.

»Sie können mit Ihrem inneren Drachen kämpfen, oder Sie können ihn auf andere projizieren«, sagt Parry zu den Teilnehmern des Workshops. Er ermutigt sie, im buddhistischen Sinne »Krieger« zu sein, d. h. jene Menschen, die den Mut haben, sich selbst zu erkennen (inklusive der dunklen Seite) und ihren eigenen Ängsten ins Gesicht zu schauen. Bei den Yaqui in Nord Mexiko, so beobachtet er, sind die Krieger diejenigen, die Veränderung in den Stamm bringen. Und tatsächlich ist der springende Punkt in Parrys Arbeit, Veränderung in das Leben der Menschen zu bringen.

Parry wuchs in Keansburg (New Jersey) auf, »einer stinkenden, kleinen Vergnügungsparkstadt«, wo er als Ferienarbeit das Riesenrad bediente. Nach Abschlußtiteln von Rutgers und der Universität von Kalifornien in Berkeley arbeitete er acht Jahre lang bei der Atomenergiekommission im Bereich Nuklearphysik. Er kündigte, um einen Abschluß in klinischer Psychologie zu erwerben. Anschließend arbeitete er eine Zeitlang als Therapeut, bevor er sich wieder für eine Veränderung entschied. Er reiste um die Erde, ging nach Indien und wurde dann Schüler eines eingeborenen, amerikanischen Schamanen auf Hawaii. Während seines schamanistischen Trainings fiel er von einer Klippe und fand so beinahe den Tod. Dies war eine tiefe Erfahrung, die ihn für ein Jahr in die Isolation gehen ließ. Danach fand er eine spirituelle Gemeinschaft in den Redwoods von Nordkalifornien.

Nachdem er Mutter Teresa getroffen hatte, fühlte Parry das Bedürfnis, »wieder in die Welt zu gehen«. Er wandelte seinen Wunsch

nach Frieden in aktives Friedensschaffen um, indem er die Holyearth
Foundation gründete, durch die er Konfliktlösung auf einer weltwei-
ten Ebene praktiziert. Zu den Gruppen, mit denen er gearbeitet hat,
gehören Moslems und Christen in Pakistan und Katholiken und Protestanten in Nordirland.

Das Earthsteward Network ist ein Zweig der Holyearth Foundation und bringt Menschen in den Vereinigten Staaten und im Aus-
land zusammen, »die einander unterstützen, während sie gemeinsam
eine friedlichere, einfühlsamere Welt schaffen«. Das Network spon-
sort viele Programme, darunter die Diplomatischen Bürgerreisen in
Länder wie Nordirland und die Sowjetunion. Ein Projekt schickt
Jugendliche aus den Vereinigten Staaten, der Sowjetunion und aus
Dritte-Welt-Ländern in Arbeitslager nach Indien und Costa Rica.
Das Earthsteward Network bietet auch an verschiedenen Orten
Workshops für Krieger des Herzens an sowie ein Training, das es den
Menschen ermöglicht, »die Negativität ihres Lebens in nützliche,
positive Handlungen umzuwandeln.«

Dana Branscum

(c) The Sun: A Magazine of Ideas, 107 North Roberson Street,
Chapel Hill, North Carolina 27516, USA (Heft 151: Juni 1988)

Leseliste
(Bücher, die mir auf meiner Reise geholfen haben)

Bach, Richard. *Illusionen. Die Abenteuer eines Messias wider Willen. Ullstein Verlag*

Barnaby, Frank, ed. *The Gaia Peace Atlas: Survival into the Third Millenium.*

Bateson, Gregory. *Steps To An Ecology Of Mind.*

Beer, Jennifer. *Peacemaking in Your Neighborhood: Reflections on an Experiment in Community Meditation.*

Brown, Lester. *State of the World 1990: A Worldwatch Institute Report on Progress Toward a Sustainable Society.*

Castaneda, Carlos. *Reise nach Ixtlan. Fischer Verlag*

Carlson, Don, und Craig Comstock, ed. *Citizen Summitry: Keeping the Peace When It Matters Too Much To Be Left To The Politicians.*

Crum, Thomas. *Magic of Conflict: Turning A Life of Work Into A Work Of Art.*

Eisler, Raine. *Chalice and The Blade: Our History, Our Future.*

Ferguson, Marilyn. *Die sanfte Verschwörung. Goldmann Verlag*

Fields, Rick. *Chop Wood, Carry Water: A Guide To Finding Spiritual Fulfillment in Everyday Life.*

Fisher, Roger, and William Ury. *Getting To Yes: Negotiating Agreement Without Giving In.*

Fulgham, Robert. *Alles was Du wirklich wissen mußt, hast Du schon als Kind gelernt. Goldmann Verlag*

Harmann, Willis. *Global Mind Change: The Promise of The Last Years of the Twentieth Century.*

Heider, John. *Das Tao der Führung. Sphinx Verlag*

Juergensmeyer, Mark. *Fighting with Gandhi.*

Jung, Carl. *Erinnerungen, Träume und Reflexionen. In »Gesammelte Werke«. Dtv Verlag*

Larson, J. und M. Cyrus-Micheels. *Seeds of Peace: A Catalog of Quotations.*

Macy, Joanna. *Despair and Personal Power in The Nuclear Age.*

Marks, Linda. *Living With Vision: Reclaiming The Power Of The Heart.*

Millmann, Dan. *Der Pfad des friedvollen Kriegers, Ansata Verlag*

Parry, Danaan and Lila Forest. *The Earthstewards Handbook.*

Peck, Scott. *Der wunderbare Weg. Goldmann Verlag*

Ram Dass, and P. Gorman. *Wie kann ich helfen? M. Wendt Verlag*

Schlindler, C. and P. Lapid. *The Great Turning: Personal Peace, Global Victory.*

Schmookler, Andrew. *Parable of The Tribes: The Problem of Power in Social Evolution.*

Starhawk, *Der Hexenkult als Ur-Religion der Großen Göttin.* Goldmann Verlag
Schwimme, Bryan. *The Universe is a Green Dragon: The Cosmic Creation Story.*
Trungpa, Chögyam. *Das Buch vom meditativen Leben. Die Shambhala-Lehren vom Pfad des Kriegers.* Rowohlt Verlag.
Theobald, Robert. *Rapids of Change: Social Entrepreneurship in Turbulent Times.*
Warner, Gail and Michael Schulman. *Citizen Diplomat: Pathfinders in Soviet American Relations.*

WICHTIGES REFERENZMATERIAL

In Context – Magazin für eine dauerhafte, menschliche Kultur
Box 11470, Bainbridge Island, WA 98110, USA

New Options Newsletter
Box 1932, Washington DC 20036, USA

Surviving Together – eine Chronik aller amerikanischer und sowjetischer Bürgerdiplomatie-Aktivitäten
I.S.A.R., 1608 New Hampshire Ave. NW,
Washington DC 20009, USA

Utne Reader
P.O.Box 1974, Marion, OH 43305, USA

Peace and Conflict Studies – eine Aufstellung von College- und Berufs-Programmen
Guide to Careers and Graduate Education in Peace Studies
Five College Program in Peace & World Security Studies, c/o Hampshire College, Amherst, MA 01002, USA

Journal of Conflict Resolution
Sage Publications, Ind. 2111 West Hillcrest Drive, Newberry Park, CA 91320, USA

DAS EARTHSTEWARD NETWORK

Die Earthstewards haben sich dazu verpflichtet, das Bewußtsein, welches sich auf dem Siebenfachen Weg des Friedens gründet, zu verbreiten:

Wenn wir in unseren Herzen im Frieden sind, sind wir mit jedermann und mit unserer Mutter Erde in Frieden.

Wenn wir erkennen, daß unser Planet selbst ein lebender Organismus ist, der sich zusammen mit der Menschheit entwickelt, werden wir es wert sein, Earthstewards (d. h. Verwalter dieser Erde) zu sein.

Wenn wir uns selbst als Verwalter unseres Planeten sehen und nicht als ihr Herr und Meister, werden wir aus unseren Mühen bleibende Zufriedenheit ziehen.

Wenn wir das Konzept der Richtigen Lebensweise als das grundlegende Recht aller akzeptieren, werden wir uns gegenseitig respektieren.

Wenn wir die Heiligkeit allen Lebens respektieren, werden wir wahrhaft frei werden.

Wenn wir uns von unserer Bindung an unsere Ego-Persönlichkeiten befreien, werden wir fähig sein, das Einssein zu erfahren.

Wenn wir unser Einssein erfahren – unsere völlige Verbundenheiten mit allen Wesen – werden wir in unseren eigenen Herzen im Frieden sein.

Als Earthsteward werden Sie von vielen Quellen Material erhalten und Teil eines Netzwerkes sein, das Ihnen hilft, den Schub der Menschheit in Richtung ganzheitlicher, liebevoller Beziehungen untereinander und mit allen Lebensformen, unserem Planeten eingeschlossen, zu richten.

Als Earthsteward verpflichten Sie sich, ein Handlungsprogramm zu entwickeln, welches das Konzept des siebenfachen Weges des Friedens in Ihr tägliches Leben einbindet. Diese Verpflichtung geben Sie sich selbst, und nur Sie können bestimmen, wie sie aussehen soll. Sie erhalten Material, das Ihnen bei der Planung hilft, aber Sie allein erschaffen die Natur der Verpflichtung. Auf diese Weise verändern Earthstewards überall buchstäblich die Welt. Unsere gegenwärtige Welt der Aggression, des Exzesses und der Isolation wird nicht durch massive Gegenbewegungen verändert; sie wird verändert durch Sie und mich und Tausende wie uns, die sich darauf einlassen, eine heilige Verpflichtung zu übernehmen, einen Unterschied zu machen, welcher Art auch immer. Wir können das mit den Mitteln, die wir jetzt haben, tun. Sorgen Sie sich nicht, wie Sie herausfinden, was Sie tun können. Die Funktion von Holyearth besteht darin, Ihnen zu helfen, Ihren eigenen Weg des Dienstes zu entdecken. Das Netzwerk ist eine wundervolle Hilfegruppe, an die Sie sich jederzeit wenden können.

Wir schlagen auch vor, daß Sie als Earthsteward üben, den Zehnten an alle Gruppen, Organisationen oder Projekte zu geben, die Sie der Unterstützung für wert befinden. Den Zehnten zu geben ist eine alte, sehr bewährte Methode. Die Zahl Zehn (der Zehnte) ist von Bedeutung. Viele Earthstewards legen 10 % eines bestimmten Teils Ihrer finanziellen Quellen für lohnende Ziele zurück (10 % ihres Brutto- oder Nettoeinkommens bzw. »Taschengeldes«, usw.). Ihr Gut mit anderen zu teilen, ist ein machtvoller Weg, Ihr Bewußtsein mit allem Bewußtsein auf unserem Planeten zu verbinden. Es ist wichtig, daß Sie als Earthsteward die Verantwortung für die Ausgabe Ihres Geldes, wie auch für Ihre Zeit und Energie übernehmen. Niemand wird Sie nach Ihrer Verpflichtung des Zehnten fragen; diese Vereinbarung treffen Sie nur mit sich selbst.

Wenn Sie bereit sind, diese Verpflichtung einzugehen, dann sind Sie bereit, Ihren Platz im Earthsteward Network einzunehmen. Füllen Sie bitte das Antragsformular aus. Holyearth wird Ihnen dann Informationen und Material senden, damit Sie einen Aktionsplan erstellen können. Sie und die Erde stehen am Rand einer neuen Bewußtseinsstufe. Wagen Sie den Sprung – für Ihre eigene Verwandlung und für die Verwandlung der Erde. Werden Sie ein Earthsteward!

EARTHSTEWARD NETWORK ANMELDEFORMULAR

Name _____

Straße _____

Stadt _____

Land _____

Telefonnummer _____

Datum _____

Nehmen Sie sich bitte ein paar Minuten, um drei Ihrer Lieb-
lingsinteressen / Fähigkeiten / Leidenschaften / Quellen aufzuschreiben.
(Bitte nicht mehr als 25 Buchstaben pro Zeile). Dürfen wir Ihren
Namen, Ihre Adresse, Telefonnummer und Ihre Interessen in unserem
jährlichen Earthsteward Network Mitgliederverzeichnis abdrucken?

            Ja _____   Nein _____

1. _____

2. _____

3. _____

Als Earthsteward werden Sie von vielen Quellen Material erhalten. Sie werden Teil eines aufregenden Netzwerkes von Menschen,
die einander bei der gemeinsamen Erschaffung einer friedlicheren, ein-
fühlsameren Welt unterstützen. Sie erhalten Einladungen zu allen
Seminaren, Ausflügen und Zusammenkünften, einschließlich des
jährlichen Treffens aller Earthstewards, wo Hunderte von uns zusammenkommen, um freudig zu lernen und zu lachen und uns aus-
zutauschen. Ihre erste Earthsteward-Sendung enthält das Earthsteward

Handbuch, Ihr persönliches Verpflichtungsdiagramm (um Ihnen zu helfen, Ihren eigenen Aktions- und Dienstplan zu erstellen), persönliche Berichte von Earthstewards, die ihre Erfahrungen teilen wollen und weltweite Netzwerkinformationen. Alle acht Wochen erhalten Sie den Earthsteward Network Rundbrief und regelmäßige aktuelle Informationen zu Projekten und Programmen.

○   Ich möchte dem Earthsteward Network beitreten und füge einen Scheck über 25 $ bei (30 $ außerhalb der USA).
    (Stellen Sie den Scheck auf die Holyearth Foundation aus.)

Holyearth Foundation / Earthsteward Network,
P.O.Box 10697,
Bainbridge Island,
WA 98110, USA,
Tel. 01-206-842-7986

Kontaktadressen in den U.S.A., in Deutschland und der Schweiz für Seminare mit Danaan Parry, sowie für Earthsteward Network und Friedensbäume (Peace Trees)-Projekte:

U.S.A.
Earthsteward Network
P. O. Box 10697,
Bainbridge Island,
WA 98110, U.S.A.
Telefon: 01-206-842-7986

Deutschland
Christoph Hatlapa,
Rosenanger 5,
D-3074 Steyerberg
Telefon: 05764/2385 oder 2357

Schweiz
Martina Keiser und Urs Michel,
Bleiki,
CH-8143 Stallikon
Telefon: 01/7001375   Fax: 01/4630107
Susanne Stocker,
Dorfgasse 45,
CH-8708 Männedorf
Telefon: 01/9206175

Stephen Wolinsky
mit Margaret O. Ryan

Die alltägliche Trance

Heilungsansätze in der Quantenpsychologie

Wie wird die individuelle Wirklichkeit geschaffen? Wie werden unsere Symptome und Probleme über Jahrzehnte hinweg erschaffen und erhalten?

Dr. Stephen Wolinsky integrierte die *östliche Philosophie*, die westlichen psychotherapeutischen Ansätze von *Milton H. Erickson* und die *Quantenphysik* in bahnbrechender Weise und schuf damit höchst originelle Antworten.

Durch Bündel von Trance-Zuständen, die von uns erschaffen werden, erleben wir Probleme wie zum Beispiel chronische Angstzustände, phobische Reaktionen, zwanghafte und obsessive Verhaltensweisen, sexuelles Fehlfunktionen, gestörtes Eßverhalten und das wiederholte Scheitern unserer Beziehungen. Diese problematischen Trance-Zustände stammen aus unserer Kindheit, in der sie dazu dienten, das Kind zu bewahren und zu schützen. Sie werden vom verzweifelten Kind auf »Automatik« geschaltet und funktionieren in den meisten von uns bis in unser Erwachsenenleben hinein.

Therapeuten, als auch Leser, die in keinem Heilberuf tätig sind, finden bemerkenswert handfeste Methoden, um die Art zu ändern, mit welcher sie bisher die Erfahrung ihrer Welt erschaffen haben.

DIE ALLTÄGLICHE TRANCE wurde als »bahnbrechende Arbeit« (John Bradshaw) bezeichnet, als »*Geschichte machende Psychotherapie ... eine transzendente Erfahrung*« (Carl Whitaker), als »*revolutionär*« (Carl Ginsburg). Es enthält eine Goldmine an Ressourcen für Inzest-Überlebende, für jene, die an den destruktiven Verhaltensmustern der Sucht leiden und für jeden, der sich in wenig wünschenswerten emotionalen oder verhaltensmäßigen Zuständen befindet. Wenn wir lernen, aus unseren selbst-erschaffenen Trance-Zuständen herauszutreten, dann lernen wir, in die Gegenwart einzutreten – in unseren natürlichen »trancelosen« Zustand, in dem wir einen unbehinderten Bewußtseinsfluß erfahren.

»Diese faszinierenden Trance-Geschichten aus dem Alltagsleben als auch aus dem Behandlungsraum nähren das Gefühl für das Wunder und die Kreativität, die die einzige Hoffnung für die menschliche Gesellschaft sind.«
Dr. Ernest L. Rossi

»Dieses Buch ist nicht nur für Psychotherapeuten, es ist für all diejenigen von uns, die sich danach sehnen, einen Sinn in unser Leben und in unsere Welt zu bringen.«
Ron Kurtz, Begründer der Hakomi Therapie

302 Seiten, kartoniert. ISBN 3-925898-17-4

QUANTENBEWUSSTSEIN

Das experimentelle Handbuch der Quantenpsychologie

von Dr. Stephen Wolinsky

Der Autor von *Die alltägliche Trance: Heilungsansätze in der Quantenpsychologie* hat ein neues Buch herausgebracht: einen schrittweisen Führer in die tieferliegende Einheit des Quantenbewußtseins. Dr. Stephen Wolinsky gibt uns über 80 Übungen an die Hand, um den Quantenansatz an Problemlösungen zu erforschen und zu erfahren. Dieses Abenteuer kann man allein, zu zweit oder in einer Gruppe unternehmen; es führt uns in neue Welten und überschreitet die Grenzen der weitreichendsten gegenwärtigen psychologischen Überlegungen.

Dr. Stephen Wolinsky hat eines der interessantesten und anregendsten psychologischen Konstrukte seit Abraham Maslow geschaffen. **Colin Wilson**

Sie werden **Quantenbewußtsein** *übervoll finden – reich an hilfreichen Übungen und an Einsichten, die oft auf den eigenen Erfahrungen von Dr. Wolinsky basieren. Sie werden Techniken begegnen, um das Bewußtsein in jenen Situationen zu ändern, in denen feste Wahrnehmungsmuster die Menschheit viel zu lange in den Höhlen der Nicht-Erleuchtung gefangen hielten.* **Dr. Fred Alan Wolf**

Dr. Stephen Wolinsky hat hier einen gewaltigen Schritt nach vorn getan: in die spurlose Leere des Quantenbewußtseins – wo die Welt als vibrierende Möglichkeit erfahren wird. **Dr. Nick Herbert**

Dieses Buch basiert auf einer einfachen, aber profunden Wahrheit: die Art und Weise, wie das Universum funktioniert, enthält wichtige Erkenntnisse darüber, wie der menschliche Geist arbeitet. Dr. Wolinsky wendet die Lektionen der modernen Physik auf eine orginelle, praktische und erregende Weise auf die Psychologie an. Heute suchen Physiker eine Theorie, die alles umfaßt. Hat Wolinsky die Psychologie entdeckt, die alles umfaßt? Dieses Buch bringt die Psychologie – auch wenn sie dabei um sich tritt und schreit – auf den Stand der Wissenschaft des zwanzigsten Jahrhunderts – eine Entwicklung, die schon lange überfällig war. **Quantenbewußtsein** *ist ein wesentlicher Beitrag, der die gesamte Psychologie neu beleben könnte.*
Dieses Buch ist ein Weckruf an alle Disziplinen, einschließlich der Medizin, die sich mit menschlichen Wesen und deren Problemen befassen. Es zeigt, daß wir nicht als Zuschauer am Spielfeldrand der Physik des 20. Jahrhunderts sitzen und dieses tiefe Wissen ignorieren können; dessen Implikationen sind einfach viel zu tief, zu reich und zu wichtig für das Wohlbefinden der Menschen, als daß man sie übersehen könnte. **Dr. Larry Dossey**

296 Seiten, kartoniert · ISBN 3-925898-18-2

...wege zu Gott – leben aus der Liebe...
Herausgeber: Benjamin Shield und Dr. Richard Carlson

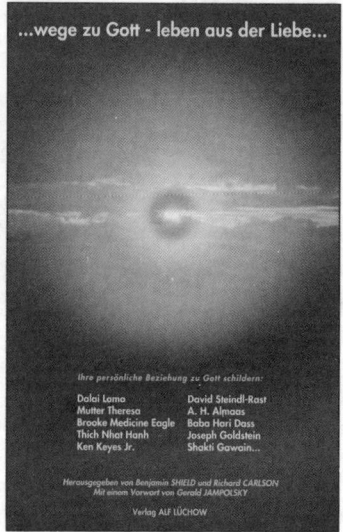

192 Seiten · kartoniert DM 28,–
ISBN 3-925898-10-7
Mit einem Geleitwort von G. Jampolsky.

...wege zu Gott – leben aus der Liebe... ist eine herrliche Sammlung neuer Beiträge, die die spirituelle Renaissance des ausgehenden zwanzigsten Jahrhunderts wiederspiegelt. Shield u. Carlson, die Herausgeber, haben mit diesen sechsundzwanzig Essays eine reiche Vielfalt spiritueller Weisheit zusammengetragen. Bekannte Persönlichkeiten der ganzen Welt äußern sich über ihre persönliche Beziehung zu Gott; sie bieten Denkanstöße und geistige Nahrung für das innere Wachstum. Mit Beiträgen von: **Dalai Lama, Mutter Theresa, Thich Nhat Hanh, Ken Keyes Jr., David Steindl-Rast, Shakti Gawain, Brooke Medicine Eagle, Matthew Fox, Anne Wilson Schaef, Jean Shinoda Bolen, Sri Kriyananda u. a.**

„Manche empfinden den Begriff »Gott« als einengend, andere gebrauchen ihn gar nicht. Doch die Worte Seiner Heiligkeit des Dalai Lama – in dessen Beitrag das Wort »Gott« nicht auftaucht – bewegten mich ebenso wie die Aussagen anderer, die über Gott schrieben. Die Schlichtheit der Bemerkungen Seiner Heiligkeit über das Üben von Freundlichkeit, Mitgefühl und Toleranz in unserem Leben, über die Harmonie zwischen unserem Herzen und unserem Denken sowie über die Wichtigkeit unserer spirituellen Ernährung spricht unmittelbar zum Kern unserer Seele."

G. Jampolsky